事例でおさえる民法

改正債権法

磯村 保

有斐閣

はしがき

民法（債権関係）の改正法（「民法の一部を改正する法律」〔平成29年法律第44号〕。以下，ここでは改正債権法と略称）は，2017年5月26日に成立し，2020年4月1日から施行されている。改正事項は広範かつ多岐にわたるが，大きく見れば，その改正事項は，(1) 改正前の民法（旧法）の下で判例・学説によって確立していた解釈ルールを条文化したもの，(2) 旧法の下で議論が対立していた解釈問題について，一定の解釈ルールを採用して条文化し，議論の対立に終止符を打つもの，(3) 旧法の規定に対して指摘されていた解釈上，法政策上の疑義や批判を考慮し，旧規定とは異なる新しいルールを新設するもの等に分けることができる。また，改正の審議過程において，改正の検討対象として考慮されながら，最終的には立法化が見送られた事項も多数に上る。したがって，改正債権法の意義を正確に理解するためには，旧法と改正後の民法のこのような連続性と非連続性を考慮することが不可欠である。

筆者は，2018年度及び2019年度に早稲田大学法学部の選択科目「応用民法Ⅰ」の授業で改正債権法の重要なテーマを取り上げ，基本的な事例を用いながら講義を行ったが，その際，学生諸君の理解の便宜のために，事例に解説を加えた授業資料を作成・配布した。その後，有斐閣法律編集局書籍編集部から，これらの資料をまとめて単行本として出版してはどうかというお誘いを頂いた。

改正債権法については，改正に関わった研究者や実務家等の多くの解説書があるほか，改正債権法に対応した基本書・体系書もすでに少なからず現れており，本書の刊行に躊躇を覚えるところもあった。しかし，具体的な事例に即して，どのような改正が行われ，改正がなぜ必要とされたか，旧法とはどのような点でどのように異なっているか，改正後の民法にはどのような問題点が残っているか等を単著で解説するものはいまだ少なく，本書のようなスタイルのテキストを刊行することにも意義があると考え，編集部ともご相談をしながら，上記の授業資料に加筆・修正を加え，ようやく完成に漕ぎつけることができた。

本書が主要な読者として想定しているのは，法学部において民法の必修科目を履修し，あるいは法科大学院において法学未修者1年次の民法科目の履修を終え，民法の基本的な学識を備えている学生諸君であるが，すでに民法の学習が相当程度進んでいる方々や，旧法を学んで実務家になられた方々にとっても，改正債権法のポイントを理解するのに役立つところがあるのではないかと考えている。

以下，本書を利用されるにあたって，とくに留意していただきたいと考えている点を順不同で掲げることとする。

①本書は，改正債権法の問題を網羅的に取り扱うものではなく，また，取り上げているテーマについても，そのすべての事項について事例に即して解説をしているわけではない。これまでの教育経験で，学生諸君にとってとくに重要であると思われるテーマと事例を重点的に扱うものである。

②民法の諸制度が具体的にどのような場合にどのような形で問題となるかを理解するために，基本的な事例を手がかりとして考えることはきわめて重要である。改正債権法についてもこれと異なるところはなく，本書で取り上げている具体的な事例の検討を通じて，改正の趣旨と必要性をよりよく理解することができるものと考えている。

③解説に際して，冒頭にも述べた旧法と改正後の民法の連続性と非連続性を意識し，必要な限りで旧法の議論状況にも言及し，改正債権法と対比することによって，改正の意義と必要性を明らかにするように努めた。

④改正によって旧法における解釈上の疑義が払拭された事項は多いが，同時に，改正後の民法の解釈がどうなるかについて今後の議論の展開が必要であると思われることも少なくない。議論が分かれ，あるいは議論自体が十分に展開されていない問題については，客観的な解説や議論の紹介を超えて私見を述べているところがあるが，そのような箇所では，私見であることが分かるような記述をするよう心がけた。

⑤解説の中で，通常の本文よりも文字サイズを小さくした記述をしている箇所がある。そこでは，本文の解説に関連する発展的な問題や多くの学生諸君が誤解をしやすい点に言及し，あるいは，筆者が疑問を提示し，私見を述べている。改正債権法の内容と事例の解説の理解という点からすると，まだ学習が十分に進んでいるとはいえない方々は，最初はこの部分を読み飛ばしていただく

ことも可能である。なお，脚注でも文献引用のほか，本文の解説を補充する記述を加えているところがある。文字サイズを小さくして本文中に記述するか，脚注で補充するかは，論旨の流れを考慮したものではあるが，必ずしも厳密な区別があるとはいえない。

⑥民法の学習において，判例の正確な理解が重要であることはいうまでもないが，学生諸君が判例を学ぶに際して，その要旨と結論を覚えるだけで，判決文を直接読まない例に接することが多い。解説の中で，判旨を引用している判例が少なくないのは，こうした事情を考慮したものである。

⑦改正債権法については，法制審議会の民法（債権関係）部会における膨大な立法関係資料があるほか，それに先行する立法提案，改正債権法に関する解説，研究論文，基本書・体系書等が公刊されているが，学習用テキストという本書の性格を考慮し，原則として，引用している文献は読者が容易に入手しやすい一部のものに限定している。

筆者は日頃の授業でも，学生諸君に対して，なぜそう考えるのか，そのように考えるべき理由・根拠は何かを問いかけることが多いが，本書を手にされる方々に，改正債権法がなぜ必要であったか，改正規定がなぜそのように解釈されるべきかを理解していただけるよう願っている。

本書の刊行にあたって，有斐閣法律編集局書籍編集部の藤本依子さん，三宅亜紗美さん，荻野純茄さんには大変お世話になった。取り上げるテーマや事例についても貴重なご意見を頂いたが，とりわけ，校正に際して，読者の視点に立って多くの貴重なコメントを付していただき，事例や解説を修正する箇所が多かった。ここにとくに記して感謝を申し上げる。

2021年6月

磯村　保

目　次

第4講　時 効　77

第16講　請負契約　315

凡　例

法令

民法は，原則として条・項・号数のみを掲げる。平成29年法律第44号（改正債権法）による改正前の条文には「旧」，改正後の条文でとくに旧法と対比すべきものには「新」を条数等の前に付す。平成30年法律第72号（相続法）による改正の条文についても同様とする。

単に「改正附則」というときは，平成29年法律第44号附則を指す。

その他の法令を（　）内で掲げる際は，有斐閣『六法全書』巻末「法令名略語」による。

判例

以下の略語を使用する。

大連判　　大審院連合部判決
大判（決）　　大審院判決（決定）
最大判（決）　　最高裁判所大法廷判決（決定）
最判（決）　　最高裁判所判決（決定）

民録　　大審院民事判決録
民集　　大審院民事判例集，最高裁判所民事判例集
家月　　家庭裁判所月報
判時　　判例時報
判タ　　判例タイムズ
金法　　金融法務事情

戦前の裁判例の判旨は，平仮名漢字混じり文に改めている。

引用した判旨の下線は筆者による。

文献

以下の略語を使用する。

内田貴『民法Ⅱ』　　内田貴『民法Ⅱ〔第3版〕』（東京大学出版会，2011年）
潮見佳男『改正法の概要』　　潮見佳男『民法（債権関係）改正法の概要』（金融財政事情研究会，2017年）
潮見佳男『債権各論Ⅰ』　　潮見佳男『基本講義 債権各論Ⅰ〔第3版〕』（新世社，2017年）

潮見佳男『債権総論』　潮見佳男『プラクティス民法 債権総論〔第5版補訂〕』(信山社，2020年)

筒井健夫他編著『一問一答』　筒井健夫＝村松秀樹編著『一問一答 民法（債権関係）改正』(商事法務，2018年)

中田裕康『契約法』　中田裕康『契約法』(有斐閣，2017年)

中田裕康『債権総論』　中田裕康『債権総論〔第4版〕』(岩波書店，2020年)

中田裕康他著『債権法改正』　中田裕康＝大村敦志＝道垣内弘人＝沖野眞已『講義 債権法改正』(商事法務，2017年)

第 1 講

法律行為と意思表示

I 意思表示に関する改正の概要

意思表示に関する改正事項として，まず，意思能力を有しない者がした法律行為の効力について，3条の2が新設されたこと，意思表示の効力規定について，心裡留保，錯誤，詐欺に関する規定が改正されたこと，及び，意思表示の効力発生に関する規定が改正されたこと等が重要である。以下，それぞれ事例に即して検討する。

II 意思能力を有しない者がした法律行為

[事例 1]

80歳のAは自宅で成年の子Bと同居している。Aは数年前から判断能力や記憶力の低下が目立つようになっているが，日中，Bが仕事で不在の間は，ひとりで生活をしている。以下の各場合に，Aが行った法律行為の効力はどうなるか。

(1) 事業者Cは，Aの自宅を訪れ，Aの了解を得て水道工事を行い，工事代金として20万円を請求した。Bは，帰宅してから水道工事が行われた事実を知った。Bは，この工事契約が無効であるとして代金の支払を拒絶することができるか。この場合において，Aが後見開始の審判を受けていたかどうかにより相違が生じるか。

(2) Aは，Bに相談をすることなく，Dスーパーマーケットで食品甲を購入した。しかし，Bは，甲はAの健康によくないものであるとして，Dとの契約の効力を争いたいと考えている。Aが行った食品甲の売買契約は有効か。また，Aが甲をすでに食べてしまっていたときにはどうなるか。

1　意思能力を有しない者がした法律行為の効力

旧法の下で，意思能力を有しない者がした法律行為の効力については，とくに規定が置かれていなかったが，判例（大判明治38年5月11日民録11輯706頁）・通説は，そのような法律行為は無効であると解する点で異論がなかった。私的自治の原則や契約自由の原則は，私人が自己の意思に従って法律関係を形成することができるとするものであるが，その原則は，私人がその意思に従って判断することができる能力を備えていることが前提となると考えられるからである。

新3条の2は，このルールを明文で規定するものであるが，「意思能力」についての定義規定を置かず，どの程度の判断能力が備わっていれば意思能力があるとされるかは条文上明らかではない。これまで，不法行為における責任能力（713条参照）が10〜12歳程度の子供の判断能力を想定するのに対して，意思能力はこれより年齢の低い6〜7歳程度の子供の判断能力を想定することが多かった。しかし，意思能力の有無が，法律行為の種類や態様を問わず一律に判断されるのか，あるいは，問題となる法律行為との相対的関係において判断されるのかどうかについては，改正の審議過程においても議論が分かれていた。たとえば，日常的に行われる少額の売買と重要な財産の処分に関わる法律行為（不動産の売買や贈与等）を考えると，前者の法律行為について必要とされる意思能力と後者の法律行為について必要とされる意思能力には相違があるとする考え方を採るべきではないかと思われるが，この点は，新法の下で解釈論として議論がなされる必要がある。[→1]

なお，旧法の下で，意思無能力を理由とする無効については，意思無能力者側からのみ主張することができ，相手方からの無効主張は認められないとする考え方が有力であった（いわゆる取消的無効）。改正の審議過程においては，意思無能力の場合の効果を無効ではなく，取り消しうるものとする考え方も主張

1｜　意思無能力に関する規定が行為能力の規定の前に置かれているのは，意思能力についても法律行為の内容に関わらないという考え方とより親和的である。

されたが，これによると，取消権が行使されるまでは法律行為が不確定的にではあるが有効であり，履行請求も認められることになる。また，取消権の行使可能期間（126 条参照）が経過すると，法律行為は確定的に有効となる。これらの点を考慮し，３条の２は，効果を無効と規定したものであるが，相手方から無効主張ができないとする解釈は，新法の下でも維持されることになろう。

2　意思無能力と制限行為能力

意思無能力は，必要な判断能力を継続的に欠いている状態にある場合と，一時的に判断能力を失っている場合の双方を含む。したがって，幼児や，高齢のゆえに判断能力が継続的に低下している場合のほか，アルコールの影響により酩酊状態で法律行為を行う場合も，３条の２の意思無能力に該当しうる。

継続的に判断能力が十分でない場合には，制限行為能力者に当たることも少なくない。幼児の場合には，制限行為能力者であると同時に，意思無能力にも当たる。これに対して，たとえば，継続的に判断能力が低下している高齢者が成年被後見人とされるためには，「精神上の障害により事理を弁識する能力を欠く常況にある者」に該当する場合であって，かつ，家庭裁判所によって後見開始の審判を受けていることが必要である（7 条）。

したがって，[事例 1]（1）において，A が後見開始の審判を受けた成年被後見人であるときは，C との間で行った水道工事契約（請負契約）は取り消しうるものとなり（9 条本文），成年後見人が取消権を行使すると契約は遡及的に無効となる。また，A が同時に意思無能力であったときは，契約は３条の２によっても無効である。この場合，旧法の下で，A（正確には，A の成年後見人）が取消しを主張するか，無効を主張するかは自由に選択することができると解されていたが（二重効），新法の下でもこれと同様に解される。もっとも，意思無能力を理由とする無効についても，A の意思能力が回復していない限り，A 自身が無効を主張することはできず，成年後見人が A の法定代理人として無効を主張することになる。

これに対して，A が法律行為を行うのに必要な意思能力を有していないが，後見開始の審判を受けていないときは，契約の効力を争うためには３条の２

を援用する必要があるが，この場合，A が契約締結時に意思無能力であったことは，A 側で主張・立証する必要がある。また，小問(1)とは異なり，A が C の請求を受けて工事代金 20 万円をすでに支払っていたときは，C に対して不当利得に基づく返還請求をすることになる（121 条の 2 第 1 項)。C が任意に返還に応じないときは，A は訴えを提起する必要があるが，意思能力を欠く A は訴訟能力がないから（民訴 28 条)，後見開始の審判により成年後見人の選任が必要となる（民 7 条，8 条)。

3　9 条ただし書との関係

成年後見を理由とする取消しと意思無能力を理由とする無効の相違は，9 条ただし書との関係でも問題となる。

［事例 1］(2)において，A が D スーパーマーケットとの間で締結した甲の売買契約は，「日用品の購入その他日常生活に関する行為」に該当し，したがって，成年被後見人であることを理由とする取消しは認められない。しかし，9 条ただし書の場合も法律行為であることに変わりがないから，3 条の 2 に該当するときは，意思無能力を理由として契約の無効を主張することができる。

4　契約が無効となる場合の効果

行為能力の制限を理由とする取消しによる遡及的無効や意思無能力を理由とする無効の場合，契約に基づく履行請求はできないが，では，無効な契約が事実上すでに履行されている場合にはどうなるか。この場合，各当事者が相手方からの履行によって得た利益は法律上の原因がない利得として，相互に返還義務を負うのが原則である。

不当利得返還義務については，一般原則として 703 条・704 条に規定が置かれているが，改正により新設された 121 条の 2 は，法律行為の無効（取消しによる遡及的無効を含む）の場合に，1 項で原則ルールを定めるとともに，同条 3 項で，意思無能力の場合及び制限行為能力者の場合に，例外規定を置いている。

まず，121 条の 2 第 1 項の原則によれば，契約当事者は相手方に対して相互に原状回復義務を負うことになるが，これは，[事例1]（2)に即していえば，DはAに対して売買代金を返還し，Aは甲を返還する義務を負う。小問(2)の後半の場合のように，Aが甲をすでに食べてしまったときは，Aは甲の原物を返還することができず，甲の価額を返還する義務を負うことになる。しかし，これをそのまま貫くと，Aが意思無能力を理由として契約の無効を主張し，あるいは行為能力の制限を理由として契約を取り消しても，契約が履行され，Aがその利益を得たときには，事実上，Aは有効な契約をした場合と同じ状況に置かれることになり，契約の無効や取消しを主張できることの意義が失われることになる。

そこで，121条の2第3項は，意思能力を有しなかった者及び制限行為能力者の不利益を防止するために，これらの者については，1項の例外を認めて，「現に利益を受けている限度において」返還すれば足りるとし，Aが甲をすでに消費してAの下に利益が残っていない場合には，その返還義務を負わない旨を規定している。すでに，旧121条ただし書が，制限行為能力者について同趣旨の規定を置いていたが，121条の2第3項は，意思無能力に関する規定の新設に伴い，制限行為能力者の場合及び意思無能力の場合の双方について，現存利益の範囲で返還すれば足りる旨を規定したものである。

Ⅲ　心裡留保

[事例2]

Aは，絵画甲を所有していた。Bは，日頃から甲を手に入れたいと考え，Aに甲を売って欲しいという意思を伝えていたが，Aは，Bをからかうつもりで，2021年6月1日，「1000万円で甲を売る意思がある」と告げ，Bはこれを信じてただちに承諾の意思表示をした。Aは甲をBに引き渡したが，同月8日になって，Bに対して，甲の売買は真意ではなかった旨を告げて，甲の返還を求めた。しかし，Bは，同月6日，甲を第三者Cに売却し，代金1200万円の受領と引換えに，甲をCに引き渡していた。この場合，AはCに対して甲の返還を求めることができるか。

1　心裡留保による意思表示の効力

旧93条は，心裡留保による意思表示，すなわち表意者が，自ら真意でないことを知りながらなす意思表示は原則として有効であるとしつつ（同条本文），そのただし書において，相手方が「表意者の真意を知り，又は知ることができたとき」は意思表示は無効であると規定していた。

しかし，相手方が積極的に表意者の真意を知らない場合であっても，少なくとも，表意者の真意ではないことを知っていたとき，あるいは知ることができたときは，相手方を保護する必要がないと解される。旧法の解釈としても同様に考えられてきた。この趣旨を明確にする趣旨で，新93条1項ただし書は旧規定の文言を改め，「表意者の真意ではないことを知り，又は知ることができたとき」と規定している。

［事例2］において，買主Bが善意であることは前提とされているが，売主Aの真意でないことをBが知ることができたかどうかは明らかではない。Bが知ることができたときは，契約は無効となるが，この事実についてはAが証明する責任を負う。

2　第三者との関係

意思表示の相手方も悪意であるときは，第三者との関係が生じることはまれであるが，買主Bが，売主Aの真意ではないことを過失により知らなかった場合には，［事例2］のように，Bが売買目的物を第三者Cに転売することがありうる。このような場合，旧法の解釈として，心裡留保による意思表示をした表意者と第三者の関係は，94条2項の場合に類似する関係にあることから，旧93条ただし書により無効となる場合でも，94条2項を類推適用するべきであるとする考え方が多数であった。93条2項はこの考え方を採り入れて，条文として明示したものである。

これによれば，［事例2］において，Aはその真意ではないことを知りながらBに対して甲を売るという意思を表示し，Bがこれを承諾することにより甲の売買契約が成立している。

この場合，まず，Bが，Aに甲を売る意思がないことを知らず，かつ，知ることができなかったときは，93条1項本文に従い，A・B間の売買契約は確定的に有効であり，したがって，Cも甲の所有権を確定的に取得する。

これに対して，Bが，善意であるが，Aに売る意思がないことを知ることができたときには，AはBに対する関係においては，93条1項ただし書に従い，売買契約が無効であったと主張することができるが，この間の事情について第三者Cが善意であるときは，AはA・B間の売買契約の無効をCに対抗することができず，Cは甲の所有権を取得し，AのCに対する返還請求は認められない。

3　93条の規定の存在意義

もっとも，[事例2] のようなケースが実際に生じることはあまり考えられず，93条の心裡留保規定が実際の事件として適用されることはまれである。旧法において93条が最も重要な役割を果たしてきたのは代理権の濫用（代理人が，代理権の範囲内において自己又は第三者の利益を図るために代理権を行使する場合を指す）の場合であったが，**第2講**で説明しているとおり，代理権の濫用については，107条の規定が新設され，もはや93条の類推適用による解決の必要性は失われた。したがって，新法の下では，93条の実際的意義は乏しくなると考えられる。

Ⅳ　錯誤と詐欺

[事例3]

(1)　AはB旅行会社のカタログをみて，同社の企画する旅行プランの中から立山黒部アルペンルート特集に関心を抱き，①宇奈月温泉・上高地をめぐるツアーに参加したいと考えた。このツアーのコース番号は1010であり，同じ特集で②黒部・立山をめぐるツアーのコース番号は1001となっている。以下の各場合に，Aは錯誤を理由として旅行契約を取り消すことができるか。

(a)　Aは，①のツアーに申し込む意思で，コース番号を1010と記載するつもりで1001と誤記して申込みを行い，B社はこれを承諾した。

(b)　Aは，①のツアーに申し込む意思で，①と②のコース番号を取り違えて，1001と記入して申込みを行い，B社はこれを承諾した。

(2)　(1)において，Aは，①のツアーに申し込む意思で，コース番号を1010と記入して申し込んだ。その際，Aは，携帯のカレンダーで予定を確認し，①のツアーの旅程日は仕事の予定がないと考えていたが，実際には，重要な予定が入っており，ツアーには参加できないことが後日判明した。Aは錯誤を理由として旅行契約を取り消すことができるか。また，この場合において，Aが，B社に申込みをした際に，「旅程日には仕事が入っていないのでツアーに参加することができる」という事情を伝えていた場合に相違が生じるか。

(3)　絵画甲の所有者Cは買主Dとの間で甲の売買契約を締結した。契約締結に際して，甲の作者はXであることが前提とされ，売買代金は200万円とされた。しかし，その後，甲はXの作品ではなく，Yの作品であり，市場価格は20万円程度であることが判明した。Dは，売買契約を取り消すことができるか。この場合において，Cが甲の作者はYであり，その市場価格が20万円程度であることを知りながら，売買契約を締結していた場合にはどうなるか。

(4)　絵画乙の所有者Cは買主Dとの間で乙の売買契約を締結した。契約締結に際して，乙の作者はXであることが前提とされ，売買代金は200万円とされた。しかし，その後，乙はXの作品ではなく，Zの作品であり，市場価格は2000万円程度であることが判明した。Cは，売買契約を取り消すことができるか。この場合において，Dが乙の作者はZであり，その市場価格が2000万円程度であることを知りながら，売買契約を締結していた場合にはどうなるか。

(5)　(4)において，Dが乙を買い受けた後，乙を第三者Eに転売していた場合に，Cは売買契約を取り消して，Eに対して乙の返還を求めることができるか。

1　錯誤

(1)　錯誤の効果

錯誤に関する旧95条の規定の文言は，新95条によって大きく変更されている。新95条の錯誤取消しが認められるための要件を検討する前に，まず，旧95条との効果の違いを確認しておく。

旧95条は，錯誤の効果を無効であるとしていた。これは，もともと，意思と表示の不一致型錯誤を前提として，表示に対応する意思を欠く場合には無効となるとしたものであった。これに対して，詐欺・強迫については，表示に対応する意思が存在するが，その意思の形成に瑕疵がある場合に当たるとして，取り消しうるものとされていた。しかし，旧95条の下でも，動機の錯誤（動機錯誤）が一定の要件の下で要素の錯誤に当たるとする判例・通説が確立しており，これによる限り，意思と表示の不一致があるとはいえない動機の錯誤は，意思の形成過程に瑕疵があるという点で詐欺・強迫と共通していた。また，解釈論としても，錯誤の無効は表意者を保護するためのものであるから，表意者が錯誤無効を主張しない場合に，相手方から無効を主張することはできないとする考え方が判例（最判昭和40年9月10日民集19巻6号1512頁）・通説であった。

そこで，新95条1項は，錯誤の効果を取り消しうるものに改めている。これにより，取消権の行使期間，追認や法定追認に関して，錯誤と詐欺の間での相違はなくなった。また，後に見るように，第三者との関係についても，錯誤と詐欺の効果は共通している。

(2)　錯誤の類型

旧95条の下で，錯誤は，一般に，（ア）表示上の錯誤，（イ）表示内容の錯誤，及び，（ウ）動機の錯誤に分類されてきた。

まず，[事例3]（1）(a)において，表意者Aは1010と記入する意思を有していたが，誤って1001と記入しており，自己の意思と異なる表示をしたといえる。このような場合を（ア）表示上の錯誤という。これに対して，小問(1)(b)においては，表意者Aは1001と表示する意思で1001と記入しており，（ア）の場合とは異なる。ここでは，Aは1001が①のツアーを意味すると考えて，②のツアーに申し込む表示をしている。すなわち，この場合には，Aは1001のコース番号が①のツアーであると誤解しており，1001のコース番号の意味内容を取り違えていたといえる。このような錯誤を（イ）表示内容の錯誤（又は表示意味の錯誤）と呼ぶ。もっとも，（ア）と（イ）は概念的には区別することができるが，両者は，表意者の行った表示の意味が表意者の真意と一致していないという点では共通しており，両者を合わせて表示の錯誤（表示錯誤）という。表示の錯誤は，表示に対応する真意が存在せず，意思不存在型錯誤と呼ばれる。

これらに対し，［事例 3］(2)においては，A は，①のツアーに申し込む意思でその意思どおりの表示を行っており，意思と表示の間に不一致はなく，ただ，①のツアーの旅程中に仕事がないという前提ないし動機に基づいて意思表示をしたところ，その前提・動機に誤りがあったというにすぎない。このような錯誤を（ウ）動機の錯誤というが，動機の錯誤は表示の錯誤とは異なり，意思不存在型錯誤には当たらない。

なお，学生諸君において，表示の錯誤に当たるケースを動機の錯誤に当たると誤解する例がしばしば見られる。たとえば，小問(1)(b)において，「A は 1001 が①のツアーを意味する」と誤信したことが動機の錯誤に当たると解するものが多い。これは，意思表示の内容を決定する過程にとらわれた誤解であり，意思不存在型錯誤に当たるかどうかは，成立した契約の内容と表意者の真意が一致しているかどうかを基準として判断することが必要である。

(3) 旧法における錯誤の保護要件をめぐる対立

新 95 条の錯誤取消しの要件を理解するためには，旧法の下での議論の概要を理解しておくことが有益であり，以下，まずこの点について概観する。

上述した錯誤の分類を前提に，旧法下における判例・通説は，表示の錯誤と動機の錯誤が保護される要件を区別してきた（二元論と呼ばれる）。これに対して，一部の有力学説は，両者を区別することに実際上の意義はなく，いずれも錯誤として統一的な保護要件を立てるべきであると主張していた（一元論と呼ばれる）。

しかし，後に見るように，新 95 条は二元論の立場を採り入れ，[→2] 表示の錯誤（同条 1 項 1 号）と動機の錯誤（同項 2 号）の区別を条文上も明らかにした上，後者については，同条 2 項により特別の保護要件を定めている。したがって，

2｜ 錯誤規定改正の審議過程においても，一元論の立場はほとんど考慮されず，二元論の立場を前提として，動機の錯誤の保護要件をどのように解するべきかが議論された。

以下においても，旧法における二元論と一元論の対立の詳細に立ち入りすることは避け，二元論を前提として，動機の錯誤がどのような要件の下で保護されると解されてきたか，その要件が，新95条の下でどのように解されるべきかに焦点を当てることとする。

(4)　旧法における動機錯誤の保護要件

旧法下の判例・通説は，その定式には微妙な違いがあるものの，動機の錯誤が保護される要件として，①動機が表示されたこと，及び，②表示された動機が意思表示（法律行為）の内容となったことが必要であると解してきた。

最高裁の先例である最判昭和29年11月26日民集8巻11号2087頁は，買主が，売買の目的物である家屋の賃借人が買主との同居を承諾しているとの前提の下で売買契約を締結したところ，賃借人が同居を拒絶したため，売買契約の錯誤無効を主張したという事案において，「意思表示をなすについての動機は表意者が当該意思表示の内容としてこれを相手方に表示した場合でない限り法律行為の要素とはならないものと解するを相当とする。」と判示した。

また，最判平成元年9月14日家月41巻11号75頁は，離婚に伴う財産分与に際して，夫Xは財産の分与を受ける妻Yが財産分与に伴う税金を負担すると考えていたところ，実際には財産を分与するXが税金を支払う必要があったという事案において，先例として上掲昭和29年最判を引用しつつ，以下のように判示した。

> 「意思表示の動機の錯誤が法律行為の要素の錯誤としてその無効をきたすためには，その動機が相手方に表示されて法律行為の内容となり，もし錯誤がなかったならば表意者がその意思表示をしなかったであろうと認められる場合であることを要するところ（最高裁昭和27年（オ）第938号同29年11月26日第2小法廷判決・民集8巻11号2087頁，昭和44年（オ）第829号同45年5月29日第2小法廷判決・裁判集民事99号273頁参照），右動機が黙示的に表示されているときであっても，これが法律行為の内容となることを妨げるものではない。」

さらに，最近の判決である最判平成28年1月12日民集70巻1号1頁は，信用保証協会が，主たる債務者が反社会的勢力であることを知らずに保証債務を引き受けた後，この事実が判明したことを理由として保証契約の錯誤無効を主張した事案で，以下のように判示して，上掲平成元年最判の定式を踏襲するとともに，上述した①の要件が充たされていても，②の要件が充たされていなければ錯誤無効の主張が認められないことを強調している。

> 「信用保証協会において主債務者が反社会的勢力でないことを前提として保証契約を締結し，金融機関において融資を実行したが，その後，主債務者が反社会的勢力であることが判明した場合には，信用保証協会の意思表示に動機の錯誤があるということができる。意思表示における動機の錯誤が法律行為の要素に錯誤があるものとしてその無効を来すためには，その動機が相手方に表示されて法律行為の内容となり，もし錯誤がなかったならば表意者がその意思表示をしなかったであろうと認められる場合であることを要する。そして，動機は，たとえそれが表示されても，当事者の意思解釈上，それが法律行為の内容とされたものと認められない限り，表意者の意思表示に要素の錯誤はないと解するのが相当である（最高裁昭和 35 年（オ）第 507 号同 37 年 12 月 25 日第 3 小法廷判決・裁判集民事 63 号 953 頁，最高裁昭和 63 年（オ）第 385 号平成元年 9 月 14 日第 1 小法廷判決・裁判集民事 157 号 555 頁参照）。」

この定式に照らして，旧 95 条の下で［事例 3］の解決を考えると，まず，小問(1)においては，(a)，(b)双方について，意思と表示の不一致があり，その不一致が「要素の錯誤」に当たり，また，表意者に重大な過失がない限り，無効主張が認められる。要素の錯誤に当たるためには，(i) その錯誤がなければ表意者がそのような意思表示をしなかったこと（主観的因果関係），及び (ii) 通常人であってもそのような意思表示をしなかったこと（客観的重要性）が必要であると解されていたが，旅行の申込みについて，申し込みたいと考えていたツアーの内容と表示されたツアーの内容が一致しないことは，いずれの要件も充たすといえる。

これに対して，小問(2)においては，A の錯誤は動機の錯誤にすぎないから，上述した①及び②の要件を充たす必要がある。事例前半においては，動機がそもそも表示されておらず，①の要件を充たしていない。また，事例後半においては，A がツアーに参加できる事情を告げており，①の要件は充たしているが，その事情が旅行契約の内容になっているとはいえず，②の要件を充たしていない。上掲平成28年最判が強調するとおり，たとえ動機が表示されても，Aが一方的に表示しているにとどまり，Aのスケジュールがどうなっているか，どのような事情でツアーに参加するかは，相手方であるB社にとっては関わりのないことであり，単なる動機の錯誤として無効主張は認められない。

これと事情が異なるのが小問(3)の場合である。この場合も，CとDは売買目的物を甲とし，その代金を200万円とする点では意思と表示が一致しており，表示の錯誤があったとはいえない。しかし，この場合，Dは，甲がXの作品であるという前提の下に契約を締結しており，かつ，合意された価格がXの作品にふさわしい価格であることから，甲がXの作品であることはDが一方的に誤信したというにとどまらず，売買契約の内容に取り込まれていたといえる。したがって，Dは甲の作者に関する錯誤を理由として錯誤無効を主張することができる。

小問(4)は，小問(3)とは反対に，売主の錯誤が問題となるケースである。一部の学説は，売主は自己の売却する目的物の性質等について，原則として自ら責任を負うべきであり，錯誤無効の主張を認めるべきでないと主張している。→3 しかし，小問(4)の場合にも，本来，Zの作品であればはるかに高額の売買価格が合意されるべきところ，Xの作品であるとCが誤解し，かつ，買主Dもこれを前提として，Xの作品に対応する廉価で契約が締結されており，ここでも，①と②の要件を充たしており，Cの錯誤無効の主張が認められるべきである。

(5)　新95条の概要

では，これらの事例は，新95条の下ではどのように解決されることになるか。

まず，95条1項は，1号の錯誤と2号の錯誤を区別する。1号の錯誤は，

3｜　四宮和夫＝能見善久『民法総則〔第9版〕』（弘文堂，2018年）264頁参照。

「意思表示に対応する意思を欠く錯誤」であり，これまでの表示の錯誤（＝意思不存在型錯誤）に対応する。また，2号の錯誤は，「表意者が法律行為の基礎とした事情についてのその認識が真実に反する錯誤」であり，これまでの動機の錯誤に対応する。→4

95条1項は，錯誤取消しの共通の要件として，「その錯誤が法律行為の目的及び取引上の社会通念に照らして重要なものである」ことが必要であるとする。これは，旧95条の要素の錯誤に関する解釈に対応するものであり，要素の錯誤という文言が何を意味するのか分かりにくいことから，表現を改めたものである。より正確にいえば，表意者が意思表示をしなかったという主観的因果関係は，意思表示が「次に掲げる錯誤に基づく」ものであることによって示されており，上記の文言は客観的重要性を示す要件である。

これによれば，1号の錯誤（＝表示の錯誤）については，この共通要件を充たせば，原則として取消しが可能である。例外的に，表意者に重大な過失があるときは，取消しは認められない（95条3項）。もっとも，これにはさらに例外があり，「相手方が表意者に錯誤があることを知り，又は重大な過失によって知らなかったとき」（同項1号），又は，「相手方が表意者と同一の錯誤に陥っていたとき」（同項2号）には，取消しが認められる。→5 したがって，［事例3］(1)については，新95条の下でも，重大な過失があった場合を除いて，AはBとの旅行契約を取り消すことができる。なお，規定は置かれていないが，Aに過失がある場合には，契約の取消しによってBが被った損害の賠償義務を負うと解されている。

これに対して，2号の錯誤（＝動機の錯誤）については，1項の要件に加えて，

4｜　条文の文言上，動機の錯誤という表現は用いられていないが，これは改正の審議過程において，動機とは法律行為の内容にならない場合を前提とする概念であり，動機が法律行為の内容になっているときには，もはや動機の錯誤ではなく，法律行為の内容に関する錯誤に当たるとする意見が主張され，これを考慮したものである。しかし，筒井健夫他編著『一問一答』22頁は，2号錯誤を動機の錯誤と呼んでいる。

5｜　もっとも，この例外は，表示の錯誤についてはほとんど意味を持たない。たとえば，［事例3］(1)において，AだけではなくBも，1001のツアー申込みが①のツアー申込みであると誤解していた場合，契約解釈の一般原則に従い，当事者の一致した意味に従って契約は解釈され，①のツアーについての旅行契約が成立するから，そもそも錯誤があったとはいえないと解される。

2項の要件を充たす必要がある。これは上述したとおり，新95条が，表示錯誤の保護要件と動機錯誤の保護要件を区別する二元論の立場を条文に取り込んだことを明らかにするものである。

> この区別に関連して，従来，錯誤の定義として，「錯誤とは意思と表示の無意識的不一致の場合をいう」とする定式が用いられることも少なくなかった。しかし，これは，旧95条においても，動機の錯誤が一定の要件の下で保護される以上，適切な定義とはいえなかった。新95条1項は，錯誤が1号の錯誤と2号の錯誤の双方を含むものであることを条文上も明確にしており，新法の下では，上述の定式が不適切であることが一層明らかである。新95条の錯誤とは，意思と表示の不一致について表意者が気づいていなかった場合及び表意者が法律行為の基礎とした事情について誤解していた場合をいうと定義すべきことになる。

(6)　新95条2項の要件

改正の審議過程においても争いがあり，最終的に成立した95条2項の要件について最も問題となる点が，同項の要件が，旧95条の下で動機の錯誤を理由として無効を主張するために必要とされた要件，すなわち，①動機が表示され，②その動機が法律行為の内容となったことと一致しているかどうかである。

2項の文言は，「その事情が法律行為の基礎とされていることが表示されていたときに限り」となっており，まず，法律行為の基礎とした事情（動機）そのものの表示ではなく，その事情が法律行為の基礎とされていることが表示されていることが必要であるとする点で，①の要件とは異なっている。また，その文言による限り，表示されていることが重視されており，法律行為の内容となっていることという要件を文言から直接読み取ることは容易ではない。

このような条文になった事情は，審議過程を詳しく検討する必要があるが，要約的にいえば，改正の審議において，①の要件を重視する考え方と，②の要件を重視する考え方等が対立し，条文案が最後まで固まらなかった中で，最終的な妥協案として，95条2項の要件が定められることとなった。→6

この要件に関し，潮見佳男『改正法の概要』9頁以下は，動機が表示され，

6｜　筒井健夫他編著『一問一答』23頁は，議論が対立していた状況を要約的に紹介している。

法律行為の内容となっているとするのが判例法理であり，新95条2項はこれを取り込んだものであると評価し，同項の要件である「表示されていた」を，「意思表示の内容になっていた」ことを意味するものと読むべきであるとしつつ，他の法律構成がありうることを認めている。これに対して，中田裕康他著『債権法改正』22頁（大村敦志執筆）は，「法律行為の内容」という表現が何を意味するかについて，従来から意見が一致せず，新法は1つの見方を示したものであるが，「従来の錯誤論はこの表現を取り込んだかたちでの再編成を迫られることになろう」と述べている。潮見佳男，大村敦志はともに改正の審議に幹事として参加していた民法学界を代表する研究者であるが，その間でも受けとめ方に違いがあることが窺われる。[→7]

［事例3］(2)については，一見すると，Aが仕事の予定に関する事情をB社に伝えている限り，95条1項2号に該当する錯誤について，同条2項の要件を充たすかに見える。しかし，実質論として，一方的に事情を告げることによって，「その事情が法律行為の基礎とされていることが表示されていた」と見ることは疑問であり，旧95条の下での動機の錯誤に関する要件と同様に，そのような事情の誤りのリスクを相手方に転嫁することを正当化する事情が必要であると解するべきである。したがって，新95条2項は，上述した潮見説と同じく，旧95条の①・②の要件と同一内容を規定したものと解釈されるべきである。これを条文の文言に則していえば，一定の事情を一方的に表示しただけでは，「その事情が法律行為の基礎とされていることが表示されていたとき」に当たるとはいえないと解釈されることになる。[→8]

小問(2)とは異なり，小問(3)については，甲がXの作品であるというDの認識が真実に反しており（95条1項2号に該当），かつ，合意された価格から，

7｜　佐久間毅『民法の基礎1　総則〔第5版〕』（有斐閣，2020年）156頁以下においても，新95条2項の要件の理解の仕方が一義的に明らかではないことが指摘されている。

8｜　なお，本文で引用した最判平成28年1月12日民集70巻1号1頁は，新95条2項の改正法案が国会に提出された後に現れた判決であるが，動機の表示があっても，法律行為の内容となっていなければ錯誤無効は認められないとする点をとくに強調しており，この点は新95条2項の解釈についても示唆的である。

甲がXの作品であることが売買契約の基礎とされていることが表示されている。したがって，この場合には95条2項の要件も充たしており，Dは売買契約を取り消すことができる。

また，小問(4)においては，売主の錯誤について売主の保護を制限するという立場を取らない限り（上述参照），乙がXの作品であるというCの認識が真実に反しており，かつ，合意された価格から，乙がXの作品であることが売買契約の基礎とされていることが表示されており，やはり95条2項の要件も充たしているといえる。

(7)　第三者との関係

旧95条は，詐欺取消しに関する旧96条3項の場合とは異なり，第三者保護規定を置いていなかった。したがって，文言を素直に読めば，錯誤無効は善意の第三者にも対抗することができると解するのが自然なように思われた。

しかし，すでに旧法の解釈として，錯誤無効の場合に旧96条3項の類推適用を認めるべきであるとする考え方が有力に主張されていた。これは，相手方に欺罔された表意者に比して，自ら錯誤に陥った表意者がより強く保護されることがバランスを失するという理由に基づくものであった。新95条4項は，この考え方を条文に取り込み，かつ，詐欺取消しに関する新96条3項に合わせて（この点は後述），単なる善意ではなく，善意無過失を要件として，第三者保護を認めている。

> なお，これと関連して，旧法の下で，94条2項についても，その文言とは異なり，善意無過失を要件とするべきであるとする解釈論が主張されてきた。しかし，新95条4項及び96条3項が善意無過失を要件としているにもかかわらず，94条2項については善意の要件が維持されており，94条2項については無過失は不要であるとする考え方がとられたものと見ることができる。したがって，新法の下で，94条2項の第三者について無過失であることを要件とすることは困難である。

95条4項によれば，[事例3] (5)の場合，Cが乙の売買契約を取り消すことができるとしても，第三者Eが善意無過失であれば，その取消しによる遡及効（121条参照）を対抗することができない。したがって，Eは正当な所有者であるＤから乙を買い受けたことになり，ＣのＥに対する返還請求は認められない。この場合，ＣはＤに対して，不当利得や不法行為に基づいて乙に代わる価額の返還や損害賠償請求をすることになる。

2　詐欺

(1)　改正事項の概要

新96条は，2点について旧規定を改めている。第一に，96条2項の第三者による詐欺の場合について，相手方が悪意の場合にのみ取消しが可能であるとしていた旧規定を改めて，善意であるが過失があった場合にも取消しが可能であるとした。第二は，先にも触れた96条3項の規定であり，旧規定が善意の第三者に対抗することができないとしていたのに対して，無過失の要件を追加している。

いずれも，すでに旧法における解釈論として，相手方や第三者と欺罔された表意者とのバランスを考慮して，無過失を要件とするべきであるとする考え方が有力に主張されていたところであり，これを条文に取り込んだものである。

(2)　詐欺と錯誤の競合

［事例3］(3)後半の事例のように，Ｃが，甲の実際の作者はＹであることを知りながら，これをＤに告げずにＸの作品であるとして売買契約を締結していた場合，Ｄは，錯誤取消しのほか，詐欺取消しを主張することもできる。また，小問(4)後半の事例でも，Ｄが乙の実際の作者はＺであることを知りながら，Ｃの錯誤を利用して売買契約を締結していた場合，違法性が認められる限り，Ｄの不作為による詐欺が認められる。[→9]

9｜　詐欺の故意には，①相手方を錯誤に陥れ，かつ，②その錯誤に基づいて意思表示をさせるという二段の故意が必要であるとされるのが一般的である。しかし，すでに相手方が錯誤に陥っている場合に，情報を提供すべき相手方が故意にその提供をせず，相手方の錯誤を利用したときは沈黙ないし不作為による詐欺が認められる。したがって，①の要件は，必ずしも正確ではないことになる。

しかし，新法の下では，錯誤と詐欺の効果は同一であり，また，第三者との関係においても，善意無過失の第三者に対抗できないという点で異なるところがない。錯誤と詐欺の双方の可能性がある場合に，欺罔者の故意の立証が必要となる詐欺取消しを主張する必要性は乏しい。→10

もっとも，錯誤については，95条1項の規定に従い，錯誤が重要であること，すなわち，錯誤に気づいていれば，表意者だけでなく，通常人であってもそのような意思表示をしなかったであろうことが必要であるのに対して，詐欺の場合には，重要性の要件は不要であり，表意者について欺罔行為と意思表示の間に主観的な因果関係があれば足り，通常人であれば取り消さなかったとしても，取消権の行使が可能である。

V　意思表示の到達等

97条2項は，意思表示は到達によって効力が生ずるとする1項の規定を前提として，「相手方が正当な理由なく意思表示の通知が到達することを妨げたとき」は，その通知が「通常到達すべきであった時に到達したものとみなす」とする規定を新設した。

旧法の下で，最判平成10年6月11日民集52巻4号1034頁は，内容証明郵便が配達されたが，不在のため受領されず，不在配達通知書が郵便受けに差し入れられ，相手方はその通知書に従い受領の方法を指定することによって通知を受領することができたという事案において，「本件内容証明郵便の内容である遺留分減殺の意思表示は，社会通念上，被上告人の了知可能な状態に置かれ，遅くとも留置期間が満了した時点で被上告人に到達したものと認めるのが相当である。」と述べて，「到達」の解釈として，このような場合に到達があったと判断していた。97条2項は，この趣旨を条文に取り込んだものといえる。

10｜　取消しの効果として認められる原状回復義務（121条の2第1項）の内容について，取消原因の相違が影響を及ぼすかどうかが議論されている。錯誤よりも詐欺を取消原因として主張する方が有利となる可能性があることに留意が必要である。この点につき，第3講参照。

また，97条3項は，先述した意思無能力規定の新設に伴い，表意者が意思表示を発信した後に意思無能力になっても意思表示の効力が妨げられないことを明らかにするとともに，旧規定が行為能力の「喪失」としていた文言を，行為能力の「制限」に改めている。

Ⅵ　公序良俗違反の法律行為

公序良俗違反に関する旧90条は，「公の秩序又は善良の風俗に反する事項を目的とする法律行為」となっていたが，たとえば，旧法の解釈においても，賭博資金として貸し付ける目的で行われる金銭消費貸借のように，法律行為の客観的な内容（金銭の消費貸借）だけでなく，当事者の動機（賭博目的）を含めて公序良俗違反性を判断する必要があることに異論がなかった。このような場合を含めて考えると，旧規定の文言は狭きに失することから，新90条は，単に「公の秩序又は善良の風俗に反する法律行為」と改めている。

なお，改正の審議過程において，90条とは別に暴利行為に関する規定を新設するべきであるとの意見も有力であったが，最終的には規定は新設されず，従来の解釈論が新90条の下で展開されることになる。

第 2 講

代 理

I 代理に関する改正事項概要

代理に関する主要な改正事項として，①代理行為の瑕疵に関する101条，②制限行為能力者の行う代理行為の効力に関する102条，③任意代理人による復代理人の選任に関する旧105条の削除，④代理権濫用に関する107条の新設，⑤利益相反行為に関する108条2項の追加，⑥表見代理における重畳適用に関する規定の新設（109条2項，112条2項），⑦無権代理人の責任に関する要件の改正（117条2項）等をあげることができる。

以下，これらのうち，とくに①，④，⑤，⑦を重点的に取り上げ，その他の改正事項についてはごく簡潔に触れることとする。

II 代理行為の瑕疵

[事例 1]

(1) Aは絵画甲を所有しているが，BはAから甲を購入したいと考え，売買契約の締結に関する代理権をCに授与した。AはCとの間で甲の売買代金について交渉し，売買代金を200万円とする契約を締結した。この契約締結に際して，甲の作者は画家Xであることが前提とされていた。Bは200万円をAに支払って，甲の引渡しを受けたが，その後，甲の作者はYであり，甲の市場価格は20万円程度であることが判明した。BはAとの売買契約を取り消すことができるか。

(2) (1)において，契約締結の時点で，Cが，甲の作者がXではなくYであることを知っていたときにはどうなるか。

(3) (1) において，AはCとの契約締結時に，甲の作者はXではなくYであり，甲の市場価格が20万円程度であることを知りながら契約を締結していた。BはAとの売買契約を取り消すことができるか。

(4) Aは絵画甲を所有しているが，BはAから甲を購入したいと考え，売買契約の締結に関する代理権をCに授与した。甲はXの作品であり，市場価格200万円程度の価値のある絵画であるが，CはAを欺罔し，甲はXの弟子であるYがXの作風を模倣した絵画であり，市場価格は20万円程度であると説明し，Aはこの言を信じて，甲を20万円で売る契約を締結した。その後，Cの欺罔の事実を知ったAはBとの売買契約を取り消すことができるか。

(5) Aは乙土地を所有しているが，BはAから乙土地を買い受けたいと考え，売買契約の締結に関する代理権をCに授与した。Aは乙土地を売却する意思はなかったが，Cとの間で，形式的に乙土地の登記名義をBに移転することを合意し，虚偽の売買契約書を作成し，これに基づいて乙土地の移転登記が行われた。この場合，Bは乙土地の所有権を取得することができるか。また，AはBに対して乙土地の売買代金の支払を請求することができるか。

(6) (5) とは反対に，CはAとの売買契約締結が虚偽仮装のものであることを知らなかったが，BとAの間で，売買契約を形式的に締結するにすぎないことが了解されていたときにはどうなるか。

1　意思表示の決定と効果の帰属

代理とは，代理権を有する者が，本人の名において意思表示を行うことにより，その効果が本人に帰属することを認める制度であるが，ここでとくに重要であるのは，意思表示を行う者（代理人）と代理行為の効果帰属者（本人）が別人であり，契約の場合を前提とすると，本人は契約当事者となるが，自ら意思表示をしているわけではないという点である。

2　101条の規定内容

新101条は，旧101条と対比すると2つの点で異なっている。第1は，「代理人が相手方に対してした意思表示」の効力（1項）と，「相手方が代理人に対してした意思表示」の効力（2項）を分けて規定した点であり，第2は，旧

101条2項が「本人の指図に従ってその行為をした」場合について，1項の例外を認めていたのに対して，新101条3項はこの例外を拡大し，「本人は，自ら知っていた事情について代理人が知らなかったことを主張することができない。本人が過失によって知らなかった事情についても，同様とする」としている点である。以下，これを［事例1］に即して具体的に見よう。

(1)　代理人Cの錯誤

小問(1)において，契約当事者となるのはBであるが，意思表示の内容を決定するのは代理人Cであり，101条1項に従い，甲の作者に関する錯誤を理由とする取消しができるかどうかは，代理人Cについて判断される。

小問(1)においては，Cは，甲の作者がXであり，甲の市場価格が200万円程度であるという事情を前提として売買契約を締結しているが，実際にはその認識が誤っていたことから，95条1項2号の錯誤があり，かつ，絵画の作者に関する錯誤は，95条1項柱書の重要性要件も充たしている。また，Aとの間で合意された売買代金額からすると，甲の作者がXであるという事情が売買契約の基礎とされていることが表示されていたといえ，同条2項の要件も充たしている。さらに，Cに重大な過失があった場合には錯誤取消しが認められないのが原則であるが（同条3項本文），この事例においては，Aも甲の作者がXであると考えていたときは3項2号に該当し，また，Aが甲の作者がXではないことを知っていたときは3項1号に該当し，いずれの場合にも，Cに重大な過失があったときでも錯誤取消しを主張することができる。

したがって，意思表示をしたCについて錯誤取消しの要件が充たされており，Bは契約当事者として取消権を行使することができる。念のために付言すると，取消権を有するのは本人であるBであって，代理人Cではないことに注意が必要である。代理行為の効果を受けるのは本人であるBであり，Bが契約の効力を争うためには，Bが取消権を有する必要がある。

これとは反対に，小問(2)においては，Cは，甲の作者がYであることを知りながら甲の売買契約を締結しており，Cにはこの点に関する錯誤は存在しない。この場合，たとえ，買主Bが甲の作者について錯誤に陥っていたとしても，意思表示を行ったCに錯誤がなかった以上，Bは錯誤取消しを主張することができない。

(2)　代理人Cに対する詐欺

小問(3)において，AがCを欺罔して，Cとの間で売買契約を締結した場合，Cの意思表示はAの欺罔行為によってなされたものといえるから，101条1項の規定に従い，Bは売買契約を取り消すことができる。

(3)　代理人Cの詐欺

小問(4)は，小問(3)とは反対に，代理人Cが相手方Aに対して欺罔行為を行った場合に関するものである。

旧101条1項は，新101条とは異なり，「意思表示の効力が……」と規定するにとどまり，①代理人が相手方に対して意思表示をする場合と，②相手方が代理人に対して意思表示をする場合を区別していなかった。判例（大判明治39年3月31日民録12輯492頁）は，旧101条1項は代理人が詐欺を行った場合にも適用されると解していたが，学説上は，同項の詐欺は，代理人が相手方の欺罔行為に基づいて行う意思表示に関するものであり，代理人が詐欺を行った場合に適用される趣旨ではないとしてこれを批判する立場が有力であった。新101条1項はこの学説の考え方を採り入れ，同項の詐欺は代理人が相手方に対してする意思表示に際して詐欺を受けた場合に限る趣旨を明らかにしている。

では，新法の下で，小問(4)のように代理人が相手方を欺罔した場合はどうなるのか。この点については，96条1項と2項の関係を見る必要がある。これらの規定によれば，表意者が相手方から詐欺を受けた場合には取り消すことができるが，相手方以外の「第三者」から詐欺を受けたときは，相手方が悪意又は有過失である場合に限って取り消すことができる。ここで問題となるのは，Bの代理人Cが96条2項の第三者に当たるかどうかである。本人と代理人の密接な関係を考えると，本人は代理人が行った行為の不利益を自ら引き受けるべき関係にあることから，CはBにとって第三者とはいえず，したがって，Aは，Cの詐欺を理由としてBに対して売買契約を取り消すことができる。→1

(4)　代理人Cとの虚偽表示

小問(5)においては，A及びCが行う意思表示は，94条1項の通謀虚偽表示に当たる。この場合，Bがたとえ善意者であっても，Bは不実の外観を信じて新たに法律上の利害関係を有するに至った第三者ではないから，同条2項の保護を受けることはなく，101条1項・2項の適用により，A・C間で締結された虚偽の売買契約はB自身が虚偽表示をした場合と同様に無効である。したがって，Bは乙土地の所有権を取得することはできず，また，AはBに対して代金の支払を請求することはできない。

では，小問(6)のように，代理人Cが虚偽表示であることを認識していなかったときにはどうなるか。この場合，101条3項が重要な意味を持つ。すなわち，Cが事情を知らなかったときであっても，本人BがA・C間で締結される売買契約が虚偽表示であることを認識していたときは，Cがその認識を欠いていたことを理由に売買契約が有効であると主張することはできない。旧101条2項の文言は，「本人の指図に従って」行為をした場合にのみ例外を認めていたが，これが限定的にすぎるとして，101条3項の文言が改められたものである。

Ⅲ　制限行為能力者の行う代理行為の効力

旧102条は，代理人が制限行為能力者であっても代理行為は有効であるとする趣旨を簡潔に規定していたが，新102条本文は，この趣旨をより分かりやすく書き換えたものであり，その限りで内容は同一である。

1｜　改正の審議過程において，代理人による詐欺が第三者による詐欺ではないことを前提とした上で，代理人以外の者（たとえば，契約締結を媒介する者）でも，第三者には当たらない場合がありうることから，第三者を具体的に定義する可能性についても議論された。しかし，最終的に，96条2項の第三者の範囲を文言によって画定することは難しいと判断され，第三者の定義は置かれないまま解釈に委ねられることになった。

改正点は，ただし書の追加である。本人をA，代理人をB，相手方をCとすると，Bが制限行為能力者であっても，Bが行った代理行為の効果はAに帰属し，Bが不利益を受けることはなく，また，任意代理であれば，AがBを代理人に選任した以上，Bの行為の効果がAに不利益となる場合であっても，それはAが自己の意思に基づいて引き受けたリスクであると解することができる。制限行為能力者であっても代理人となることができるのは，このような趣旨に基づく。

しかし，制限行為能力者が行う代理行為の本人が制限行為能力者である場合，[→2] たとえば，Aが未成年者であり，Aの親権者Bが被保佐人である場合，Bの代理行為の効果が確定的に有効であるとすると，行為能力の制限を受けるBが行った法律行為の効果がAに帰属し，Aに不利益が及ぶ可能性がある。そこで，新102条はただし書で例外を認めるとともに，13条1項に10号を新設し，Bがその保佐人Dの同意を得ずに，13条1項1号ないし9号に掲げられる行為を法定代理人として行ったときは，当該行為を取り消すことができるとしている。

Ⅳ　任意代理における復代理

旧105条1項は，任意代理人が復代理人を選任した場合について，選任・監督についてのみ責任を負うとしていた。しかし，このような限定を付することは適切ではないとされ，一般原則に従い，債務不履行責任を負うかどうかのみを基準とすれば足りるとされ，旧105条は削除された。

また，旧107条2項は，任意代理人と復代理人の代理権の範囲が同一であることを前提としていたが，新106条2項は，「その権限の範囲内において」という文言を追加し，任意代理人の代理権の範囲と復代理人の代理権の範囲が

2｜　このような事態が生じるのは例外的な場合である。未成年者Aに未成年の子Bがいるときは，親である未成年者Aに代わって，Aの親CがBに対する親権を行使する。818条1項及び833条参照。

異なりうる趣旨を明らかにしている。

V　自己契約，利益相反行為と代理権の濫用

［事例 2］

(1)　甲土地を所有するAは甲土地の管理及び処分について包括的な代理権をBに授与していた。以下の各場合に，Bの行った代理行為の効力はどうなるか。
(a)　Bは，自ら甲土地を買い受けたいと考え，Aの代理人として，甲土地を市場価格に相当する3000万円でBに売却する契約を締結した。
(b)　Bは，自己の債権者Cに対して負担する債務を担保するため，Aの代理人として甲土地に抵当権を設定した。
(c)　Bは，日頃からつきあいのあった第三者Dから依頼を受け，Aの代理人として，DがEに対して負担する債務を担保するため甲土地に抵当権を設定した。
(d)　Bは，自らの事業資金を得るため，甲土地をFに売却してその売買代金を事業資金に流用することを計画し，Fとの間で甲土地の売買契約を締結した。その後，Fは甲土地を第三者Gに転売した。
(2)　(1)とは異なり，Aが未成年者であり，Aの単独親権者であるBが法定代理人として，(1)の(a)～(d)の代理行為を行った場合，それぞれその効力はどうなるか。
(3)　(2)において，BがAの未成年後見人であった場合にはどうなるか。

1　自己契約と利益相反行為

(1)　旧108条と新108条1項の関係

［事例 2］(1)の(a)は，Bが一方においてAの代理人として，他方において自ら買主として相手方当事者となるケースであり，このような場合を自己契約という。旧108条本文も一方当事者が相手方の代理人となることはできない旨を規定していたが，自己契約を禁止する趣旨は，代理人の利益において本人の不利益となる代理行為を行う危険性が定型的に生じることを回避するためであり，その効果は無権代理となると解する点で判例・学説は一致していた。旧

108条ただし書が，債務の履行の場合及び本人があらかじめ許諾している場合には自己契約が可能であるとしているのも，このような規定の趣旨を裏側から示すものであった。また，本人の同意を得ていなかった場合でも，本人は自己契約を追認することができた。[事例2]（1）の(a)において，AがBの自己契約について事前に承諾を与えていなかった場合でも，合意された売買代金が適正であれば，売買契約を追認する可能性は少なくないといえる。

新108条1項は，旧108条と同一の内容を規定したものであるが，「代理人となることはできない」とされていた文言に代えて，「代理権を有しない者がした行為とみなす」と規定している。これは，自己契約の効果が無権代理であることを明確にしようとするものであるが，文言上の違和感もないとはいえない。なぜなら，「……とみなす」という文言は，本来，そうでないものをそうであると擬制するというニュアンスが強く，実際には無権代理人でない者を無権代理人とみなすと読む可能性がある。しかし，新108条1項の場合には，自己契約を行った代理人は無権代理人にほかならず，「みなす」必要はないともいえるからである。後述するが，この点で，新107条の場合の「みなす」とは意味が異なるものである。この点を除けば，新108条1項は，旧108条と内容的に異なるところはない。

(2)　利益相反行為に関する規定の新設

自己契約が，代理人が相手方当事者となるという法形式から本人との利益対立が予想される場合であるのに対して，自己契約に当たらない場合でも，代理人と本人との間に利益対立が生じることが少なくない。たとえば，[事例2]（1）の(b)において，BはCに対する自己の債務を担保するため，本人Aの所有する甲土地に抵当権を設定しているが，この場合，Bが債務を履行しないときには，相手方CはAに対して有する抵当権を実行して甲土地を競売し，その代金からBの債務の弁済を受けることができ，これにより，Bはその限りでCに対する債務を免れることができる。このような場合を利益相反行為と呼ぶが，旧法の下では，親権者や後見人の法定代理権について利益相反行為禁止の規定が置かれているにとどまり（826条，860条参照），任意代理については特段の規定が置かれていなかった。

親権者や後見人における利益相反性の判断については，一部に異論もあるが，判例（最判昭和43年10月8日民集22巻10号2172頁）・通説は，利益相反行為とは，行為の外形から判断して本人の不利益において代理人が利益を受けるべき関係にある場合をいうと解していた（形式的判断説）。この考え方は新設された任意代理における利益相反行為についても当てはまるといえる。108条2項が自己契約と同じ取り扱いをしているのは，利益相反行為についても，自己契約と同じく行為の外形から利益相反性が判断されるという理解を前提とするものと解される。

108条2項は，1項の自己契約の場合と同じく，利益相反行為に当たる場合についても，無権代理行為とみなすとする規定を置いており，小問(b)の場合，抵当権設定行為は108条2項に従い，本人Aがあらかじめ許諾していた場合を除いて無権代理となり，Aが追認しない限り無効である。

> なお，自己契約もそれ自体として利益相反行為に当たるものであり，利益相反行為の規定を置くのであれば，自己契約に関する規定は不要であるともいえる。利益相反行為の典型例である自己契約は，利益相反行為の例示として維持されたと見ることになろうか。

(3)　自己契約・利益相反行為と表見代理の成否

自己契約や利益相反行為に該当する場合に，代理行為の相手方は110条の表見代理を主張することができるか。これは原則として否定される。なぜなら，自己契約についても，利益相反行為についても，代理行為の相手方は行為の外形から判断して代理人が無権代理人であると判断できるから，かりに，正当な代理権を有すると信じたとしても，原則として，そう信じることについて正当な理由があるとはいえないからである。

もっとも，自己契約や利益相反行為に該当する場合でも，本人があらかじめ許諾をしていれば有効な代理行為となるから（108条1項ただし書及び2項ただし書），相手方が自己契約ないし利益相反行為に当たることを認識していた場合でも，本人の許諾があったと信じたことについて正当な理由がある場合（判例・通説によれば善意無過失であった場合）には，例外的に，110条の表見代理が成立する可能性がある。自己契約の場合には代理人自身が相手方となるから，正当な理由が認められることは考えにくいが，利益相反行為の場合には，代理行為の相手方に正当な理由がある場合もありうると思われる（たとえば，[事例2]（1）(b)において，Cが，BがAからBのCに対する債務の担保のために甲土地に抵当権を設定する代理権を授与されていたと信じるべき事情があった場合）。

2　代理権の濫用

(1)　107条の新設

[事例2]（1）の(c)の場合には，自己契約，利益相反行為の場合とは異なり，法律行為の形式から判断すると，代理人が自己の利益を受けるのと引換えに本人が不利益を受ける関係にあるとはいえない。ここでは，代理人が自己の代理権の範囲内において，Dの利益を図るために，本人Aに不利益となる行為を行ったといえる。また，小問(d)の場合，Bは売買代金を当初から流用することを目的として，すなわち自己の利益を図る目的で代理権を行使しているが，この場合にも，法律行為の形式から代理人が本人の不利益において利益を受ける関係にあるとはいえない。

このように，「代理人が自己又は第三者の利益を図る目的で」代理権の範囲内で代理権を行使する場合を代理権の濫用というが，旧法の下では，この場合の効果を直接規定している条文はなく，判例（最判昭和42年4月20日民集21巻3号697頁）・通説は，旧93条ただし書の類推適用という法律構成を通じて，代理行為の効力を考えてきた。すなわち，まず，代理人が代理権を自己又は第三者の利益のために行使する意図を有していたとしても，代理行為の相手方がその事情を知りえないときは，代理権を有する者が行った代理行為である以上，99条の原則どおりに，代理行為の効果は本人に帰属する。しかし，相手方が代理人の背信的意図を知り，又は知ることができたときは，心裡留保の場合に準じて，旧93条ただし書の類推適用により代理行為は無効となる。この場合，代理権を濫用する代理人は，代理行為の効果を本人に帰属させる意思（代理意思）を有しており，心裡留保による意思表示とはいえず，したがって，旧93条ただし書を直接適用することはできないが，代理人は本来であれば本人の利益のために代理権を行使するべき立場にありながら，その利益に反することを認識しつつ代理権を行使している点で，心裡留保の場合に類する関係にあると考えることができる。

しかし，この法律構成の当否については，反対説も存在していた。とくに，旧93条ただし書の類推は仮託的構成であり，より直截に，代理行為は有効であるが，悪意又は重大な過失ある相手方が代理行為の有効を主張することが信義則に反すると解する説（信義則違反説）も有力に主張されていた。

107条は代理権の濫用に関する規定を新設し，代理権が濫用されても本来有権代理行為であるが，代理行為の相手方が代理人の濫用目的を知り，又は知ることができたときには，無権代理人がした行為とみなすとしている（本来の意味でのみなし規定)。したがって，無権代理行為として扱われ，本人が追認をすれば有効となるが，通常の場合，代理権の濫用を主張して代理行為の効力を争う本人が事後にこれを追認することは考えにくい。相手方が代理人に対して無権代理人の責任を追及することができるかどうかが主要な問題といえる。

小問(c)において，Bが，Dの利益を図るために代理権を行使したことをDが知り，又は知ることができた場合，また，小問(d)において，BがBの利益を図るために代理権を行使したことをFが知り，又は知ることができたときは，いずれも代理行為が無効となるが，DやFがBの目的を知ることができなかったときは，代理行為は原則どおり有効である。この場合，相手方がBの代理権濫用を知り，又は知ることができたことについては本人Aが証明する責任を負う。

> 比較的多く見られるのは，代理権の濫用に当たる場合には代理行為が無効となるという誤解である。107条の規定からも明らかなように，代理権の濫用に当たる場合でも原則として代理行為は有効であり，「相手方がその目的を知り，又は知ることができたとき」という要件が充たされる場合に限って無権代理とみなされる。

(2)　第三者との関係

[事例2]（1）の(d)において，Fから甲土地を譲り受けたGの立場はどうなるか。

従来，代理行為が代理権の濫用のゆえに例外的に無効となる場合に，その相手方からの転得者等がどのような地位に立つかが議論されてきた。

旧93条ただし書類推適用説に立つと，相手方が悪意又は有過失の場合，代理行為は無効となり，したがってFは無権利者であるから，Fからの転得者Gも甲土地の所有権を取得しえないように見える。しかし，旧93条の解釈として，その相手方からの善意の転得者は，94条2項の類推適用により保護されると考えられてきた。この考え方は，新93条2項において条文化されている（第1講6頁以下参照）。

また，上述した信義則違反説では，代理行為の相手方は無権利者となるわけではなく，権利行使が信義則によって制限されているにとどまり，第三者に権利を譲渡したときには，第三者は，第三者自身の権利行使が信義則に反する場合を除いて，取得した権利を主張することができると解されていた。

この点に関して，新107条は，第三者保護に関する規定を含んでおらず，無権代理とみなされることの帰結として，相手方Fが甲土地の所有権を取得しえない結果，Gもまた無権利者となるように見える。[→3] しかし，旧法の下で，解釈論として認められてきた第三者保護が，規定の新設によってかえって認められなくなることには疑問がある。また，実質論として，代理権濫用は本来代理権を与えられた者が行った有権代理行為であり，善意の第三者との関係において無権代理であると主張できることにも疑問が残る。

佐久間毅『民法の基礎1　総則〔第5版〕』（有斐閣，2020年）255頁は，本人が代理権を濫用した代理人に代理権を授与したことを考慮して，通常の94条2項類推適用の場合とは異なり，代理権の濫用が無権代理とみなされる場合に，相手方に生じている権利の外観について本人の意思的関与があると見る可能性を示唆している。

しかし，私見は，より進んで，代理権の濫用の場合，代理人は代理権の範囲

3｜　潮見佳男『改正法の概要』21頁が，192条や，本人が外観を放置した場合に認められる94条2項の類推適用により保護されるにとどまるとするのは，この理解を前提としている。

内で代理権を行使しているのであり，ただ，例外的に，悪意又は過失ある代理行為の相手方との相対的な関係において，無権代理と「みなされる」のであり，代理行為の相手方からの転得者との関係においては，有権代理であるという原則がそのまま適用され，転得者自身が悪意ないし有過失であった場合を除いて，第三者の保護が優先されるべきではないかと考えている。これによれば，[事例 2]（1）(d)において，甲土地の転得者 G は B の代理権濫用の事情を知り，又は知ることができた場合を除いて，甲土地の所有権を取得することができることになる。

3　代理権の濫用と利益相反行為との関係

これまで，法定代理について論じられてきた問題であるが，利益相反行為が無権代理の問題であるのに対して，代理権濫用は，本来代理権の範囲内の行為であるものを一定の要件の下で無権代理とみなすものであることから，利益相反行為に当たる場合には，もはや代理権濫用を問題とする余地はない。

したがって，たとえば，[事例 2]（1）(b)において，B が自己の利益のために抵当権を設定しており，代理権の濫用の問題と誤解する可能性があるが，利益相反行為に当たる場合には無権代理であり，有権代理を前提とする代理権の濫用の問題にはならないことに注意が必要である。

4　法定代理の場合

(1)　親権者の自己契約と利益相反行為

親権者が自己の財産を，親権に服する未成年の子に贈与する場合も，形式的には自己契約に当たるが，これまで，そのような行為は未成年者にとって単に利益を与えるものにすぎず，したがって，利益相反行為には当たらないから，自己契約による贈与は有効であると解されてきた。反対に，親権者が未成年の子が有する財産を親権者に贈与する契約を自己契約として行う場合，利益相反行為に当たり，826 条の規定に従い，親権者は代理権を有さず，特別代理人を選任する必要があると解されてきた。

これによる限り，826 条は旧 108 条の特則であると見ることができる。もっとも，その場合，利益相反行為という概念自体も，未成年者の不利益において親権者が利益を得る行為の場合に限定されており，未成年者の利益において親権者が不利益を受ける場合は排除されていたといえる。このような，いわば片面的な利益相反性を前提として考えると，新 108 条 2 項についても，本人の利益において代理人が不利益を受けるにすぎない場合には，無権代理と解する必要性がないといえる。

［事例 2］(2)の場合に，(a)，(b)については，いずれも，行為の外形から，B の利益において A が不利益を受けるおそれがあると判断され，B はその限りで無権代理人となるから，代理行為は無効である。また，親権者の場合，108 条 1 項・2 項のただし書の本人の許諾も意味を持たない。

さらに，110 条の表見代理の適用の余地もないと解される。法定代理の場合に，110 条の適用があるかどうかについては議論が分かれているが，判例・通説のように，一般論として，110 条が法定代理にも適用されると解する立場を前提としても，相手方は行為の外形から自己契約や利益相反行為に当たると判断することができ，かつ，本人の許諾を考える余地がない以上，110 条の正当な理由がある場合を想定することができないからである。

新法の下で，108 条 2 項と 826 条の関係が問題となるが，後者の規定は，親権者の代理権が制限されるだけでなく，家庭裁判所に対して特別代理人の選任を請求する必要があることを定めており，また，代理行為の場合に限定されず，同意権を行使する場合にも適用があること，108 条 2 項ただし書における本人の許諾は法定代理にはなじまないものであること等からすると，826 条は利益相反行為について 108 条 2 項の特則に当たると解すべきものと思われる。

(2)　親権者の法定代理権濫用

親権者の法定代理権濫用について，旧法下の判例である最判平成 4 年 12 月 10 日民集 46 巻 9 号 2727 頁は，以下のように判示して，親権者が広範な裁量権限を有するとの立場を明らかにした。

「親権者が子を代理してする法律行為は，親権者と子との利益相反行為に当た

> らない限り，それをするか否かは子のために親権を行使する親権者が子をめぐる諸般の事情を考慮してする広範な裁量にゆだねられているものとみるべきである。そして，親権者が子を代理して子の所有する不動産を第三者の債務の担保に供する行為は，利益相反行為に当たらないものであるから，それが子の利益を無視して自己又は第三者の利益を図ることのみを目的としてされるなど，親権者に子を代理する権限を授与した法の趣旨に著しく反すると認められる特段の事情が存しない限り，親権者による代理権の濫用に当たると解することはできないものというべきである。」

この判決の事案は，未成年者Xの単独親権者である母親Aが，Xの叔父（=Xの亡父の弟）が経営する会社BのYに対する債務を担保するため，Xの所有する甲土地にYのために抵当権を設定したというものであり，Xは抵当権の効力を争ったが，最高裁は，上記引用の判旨を述べて，親権の濫用を認めた原審判決を破棄し，原審に差し戻した。

これによれば，任意代理の場合における代理権濫用に比して，親権者の代理権濫用が認められる範囲はより狭く解されていたといえる。

これに対して，107条は任意代理と法定代理の区別をしておらず，文言のみから判断すると，親権者の場合にも単に「自己又は第三者の利益を図る目的で」という要件が共通に適用されるかに見える。しかし，改正の審議過程において，親権の濫用について判例の考え方を修正する意見が出ていたわけではなく，旧法下の判例の立場を変更する意図はなかったものと思われ，裁判実務上は，新法の下でも，上掲平成4年最判の立場が踏襲されるものと推測される。

これを前提とすると，［事例2］(2)において，親権者Bが(c)や(d)の行為を行った場合も，特段の事情がある場合を除いて，Bの法定代理権は「自己又は第三者の利益を図る目的で」行使されたとはいえず，代理行為は有効であると判断されることになる。

(3)　後見人の法定代理

［事例2］(3)は，Bが親権者ではなく，未成年後見人である場合にどうなるかを問うものである。親権者と未成年後見人の法定代理権の範囲は，細部の点

で相違があるものの，未成年者の財産管理について包括的な権限を有しており（824条，859条），また，利益相反行為に当たる場合に法定代理権が制限されることについても類似の規定（826条，860条）が存在する。したがって，(a)，(b)については，親権者の場合と同様に解されることになる。

では，(c)や(d)の場合にはどう考えるべきか。上掲平成4年最判は，法定代理権の濫用について一般的に論じたものではなく，親権者について広範な裁量を認めたものであることに注意が必要である。すなわち，親権者の法定代理権は，その範囲が包括的であるだけでなく，親と子という身分関係を考慮すると，その性質上，親権は子供の利益のために行使されるのが通常であり，親権の行使について無用な介入を避けることが望ましいという考え方が成り立ちうる。しかし，826条が準用される後見人の場合に，親権者の場合と同じ前提を採ることができるかどうかは疑問である。少なくとも，上掲平成4年最判の射程は，親権者以外の法定代理人にも及ぶとはいえず，未成年後見人や成年後見人の代理権行使について広範な裁量を認めることには慎重を要するというべきである。

Ⅵ　表見代理規定の一部改正

109条2項は，代理権授与表示がなされた場合に，その代理人が表示された代理権の範囲を越えて代理権を行使したときに110条の趣旨が及ぶこと，また，112条2項は，代理権が消滅した後に，もともと存在していた代理権の範囲を越えて代理権が行使されたときに，同じく110条の趣旨が及ぶことを規定したものである。旧法の下で，判例・通説が，旧109条，110条の重畳適用，旧112条，110条の重畳適用を認めてきたが，これを条文に取り込んだものといえる。

Ⅶ　無権代理人の責任

[事例 3]

> 甲土地を所有するAは甲土地の管理について代理権をBに授与していた。しかし，Bは，「AはBに対して甲土地の売却について一切の権限を与える」旨を記載したAの委任状を偽造し，これを相手方Cに提示して，甲土地の売買契約を締結した。甲土地の市場価格は3000万円程度であるが，売買代金は2700万円とされ，Cは契約締結時に代金の一部として500万円をBに支払った。以上の事実関係を前提として，以下の各小問はどうなるか。
> (1)　Cは，売買契約に基づいて甲土地の引渡しと移転登記を請求することができるか。
> (2)　CはBに対して117条1項の責任を追及することができるか。この場合において，かりに，Bが，Bは甲土地の処分についても代理権を与えられていると信じていたときはどうなるか。
> (3)　(2)において，CのBに対する責任追及が認められる場合に，Cは具体的にどのような請求ができるか。

1　表見代理の成否

Bが与えられた代理権を逸脱して代理行為を行った場合，原則として，代理行為の効果はAに帰属しない（99条参照）。もっとも，109条～112条の表見代理が成立するときには例外的に代理行為の効果帰属を主張することができる。

［事例3］においては，Aが代理権授与表示をしたわけではなく，Bが勝手に委任状を偽造したにすぎないから，109条1項の表見代理は問題とならない。また，代理権消滅に関する事案でもないから，112条の適用の余地もない。甲土地の財産管理についてBに一定の代理権が与えられている場合には，[→4] 権限

4｜　単に事実行為としての管理権限であれば，110条は適用されないとするのが判例・通説である。

の踰越として110条の表見代理の成否が問題となる。

110条の表見代理が成立するためには，Bが一定の代理権（基本代理権）を有すること，及び代理行為の相手方Cが，Bが代理行為について権限を有すると信じるについて正当な理由があること（代理権が存在しないことについて善意無過失であること）を要する。［事例3］で示された事実のみでは，一義的な判断は不可能であるが，小問(1)の請求が認められるのは，110条の表見代理が成立する場合に限られる。

2　無権代理人に対する責任の追及

(1)　117条1項の責任追及

これに対し，①表見代理が成立しない場合，及び，②表見代理が成立する場合であっても，Cが表見代理の成立を主張しないときは，CはBに対して無権代理人の責任を追及することになる。→5

この場合に，旧117条2項と新117条2項の間には大きな相違がある。

旧法の下では，無権代理であることについて相手方が悪意であり，又は善意であるが過失があったときは，117条1項の責任を追及することができず（旧117条2項），これは，無権代理人が自ら無権代理行為であることを認識していた場合でも同様であった。旧117条2項の過失を重大な過失の意味で理解するべきかどうかが争われた事案において，最判昭和62年7月7日民集41巻5号1133頁は，117条1項の責任が法定の無過失責任であり，それとのバランスで，相手方にも無過失が必要となるとの趣旨を述べていた。しかし，無権代理行為が行われる場合，通常，代理人は無権代理であることを知っており，その場合にも，相手方が無過失でなければ保護されないとすることの政策的当否には疑問が持たれていた。

5｜　一致した判例（最判昭和62年7月7日民集41巻5号1133頁）・学説によれば，Cが表見代理の要件を充たしている場合であっても，無権代理人Bの方から表見代理の成立を主張して117条1項の責任を免れることはできない。表見代理は代理行為の相手方を保護する制度であり，無権代理人が自己の責任を免れるために表見代理を主張することはできないからである。

新117条2項は，無権代理人が悪意の場合と善意の場合を区別し，無権代理人が悪意であったときは，相手方に過失があっても，悪意でなければ117条1項の責任を追及できるとし（117条2項1号及び2号ただし書参照），無権代理人が善意の場合に限って，相手方は善意無過失であることが必要であるとしている。通常の場合には，無権代理人は自分が代理権を有していないことを認識していると考えられるから，新法によれば，小問(2)において，相手方Cは悪意でない限り，原則として，117条1項の責任を追及することができることになる。もっとも，規定の体裁からすると，無権代理人Bが悪意であったことについては，相手方Cにおいて主張・立証することが必要である。

しかし，例外的にBが善意であったときは，Cが善意無過失であったことが必要となるが，117条1項の要件が充たされているにもかかわらず，その責任を免れようとする無権代理人Bは，代理行為の相手方Cの悪意又は有過失を主張・立証する必要がある。

(2)　117条1項の責任の内容

小問(3)の場合，Cは履行責任と損害賠償責任のいずれかを選択することができるが，甲土地の売買契約のように，所有者でなければ履行できない債務については，履行責任を選択しても履行不能となり，結局，損害賠償請求によるほかはない。この損害賠償請求については履行利益の損害賠償請求が認められるとするのが判例・通説である。

［事例3］において，CはAとの契約が履行されていれば2700万円の代金支払と引換えに3000万円の価値のある甲土地を取得することができたはずであるから，履行がなされなかったことにより300万円の差額利益を失ったことになる。したがって，この差額損害は履行がなされていればCが得たであろう利益として損害賠償請求ができる。

また，［事例3］とは異なり，たとえばCが売主であり，Bが買主Aの無権代理人として売買契約を締結していたときは，Cは履行責任を選択して，Bに対して売買代金の支払請求をすることができる。代金を支払う債務はBであっても履行することができるからである。もっとも，CにとってBが買主であっても問題がないと考えるかどうかは，Bの財産状況や無権代理行為を行ったBを取引の相手方として信頼できるかどうか等による。

(3) 不当利得及び不法行為の可能性

最後に，見落としやすい点であるが，［事例3］(2)において，CがBに対して117条1項の責任を追及することができない場合であっても，CがBに支払った一部代金500万円は，代理行為が無効である以上，Bが保持するべき法律上の原因がなく，不当利得に当たる。したがって，Cは703条，704条の規定に従って，支払った代金の返還を請求することができる。[→6]

また，Bに故意・過失がある場合，Bの無権代理行為によってCが損害を被ったときには，Cは709条に基づいて損害賠償請求をすることもできる。もっとも，旧法の下では，117条1項の責任を追及するための要件が限定的であり，無権代理であったことについて過失ある相手方は709条の損害賠償請求を行使することに大きな意味があった。しかし，新法においては，Cに過失があっても117条1項の責任追及が認められる可能性が広がったことから，相対的に，709条の持つ意味は小さくなったといえる。

6｜ この場合，Bは契約当事者としてCの給付を受領したのではないから，C・B間において121条の2第1項の適用はなく，CのBに対する不当利得返還請求権の根拠規定となるのは703条，704条である。

第 3 講

法律行為の無効・取消しと原状回復義務

I　はじめに

1　121 条の 2 の新設

法律行為が無効である場合，各当事者は相手方に対してその履行を請求することはできないが，法律行為が無効であるにもかかわらず，事実上その履行がなされたときに，事後の法律関係はどうなるか。

この問題に関して，121 条の 2 は，当初から無効な法律行為又は取消しによって遡及的に無効となる法律行為（同条 2 項括弧書参照）に基づいて給付を受けた者は，相手方を原状に復させる義務（＝原状回復義務）[→1] を負うと規定している。改正によって新設されたこの規定の意義を明らかにするにあたって，まず，この問題が旧法の下でどのように考えられていたかを理解することが重要である。また，同条 1 項の規定する原状回復義務は，その文言上，解除の効果に関する 545 条 1 項の規定と共通するが，法律行為の無効の場合の原状回復義務と解除における原状回復義務がどの点で共通し，どの点で異なるかは，解除による原状回復義務の法的性質をどのようなものと見るか，121 条の 2 の定める返還義務の内容がどのようなものかに依存するが，121 条の 2 の返還義務については，解釈に委ねられているところが少なくない。

本講の解説を通じて，121 条の 2 の解釈がどのような点で問題となるかを明

1｜　条文のタイトルは「原状回復の義務」となっているが，一般的な用語法に従い，原状回復義務と表記する。

らかにしたいと考えるが，議論が十分に熟しているとはいえない状況にあることから，今後の議論の参考として，筆者自身の見解に立ち入ることが少なくないことにもあらかじめ留意されたい。

以下，具体的な事例に即した検討に先だって，いくつかの前提問題について検討する。

2　旧121条ただし書との関係

旧121条ただし書は，制限行為能力を理由とする取消しによる遡及的無効の場合に，制限行為能力者が「現に利益を受けている限度において」返還義務を負うと規定していた。このただし書は，制限行為能力者は現存利益の範囲内でのみ返還義務を負うという特則を定めるものであるが，返還義務の範囲に関する原則が何かは，同条の規定からは明らかではなかった。同条は，より正確には，①取り消された行為は初めから無効である，②取消しによって無効となる法律行為に基づいて給付を受けた者は，受けた利益を返還する義務を負う，③ただし，制限行為能力者については，現に利益を受けている限度において返還義務を負うと規定すべきものであり，同条ただし書は，①に対してではなく，②の原則に対する例外としての意義を有していた。

では，②に当たる原則はどの規定から導かれるのか。この原則を定めるのが703条，704条の不当利得規定である。法律行為が無効である場合，あるいは取消しによって遡及的に無効となる場合，その法律行為に基づいて給付を受けた者は，その利益を法律上の原因なく受領したものであり，不当利得に基づいて返還義務を負う。704条は「悪意」[→2]の場合の不当利得返還義務を規定するものであり，これと対比すると，703条は，その文言には明示されていないが，善意者の場合の不当利得返還義務を規定したものと解される。これによれば，旧121条ただし書は，制限行為能力者の場合，たとえ悪意であっても現存利益の返還義務を負うにとどまるという点で，704条に対する特則となっていた

2｜「悪意」の意味については，後述する。

といえる。

> なお，703条は「その利益の存する限度において」という文言であり，旧121条ただし書や新121条の2第2項の「現に利益を受けている限度において」という文言とは同一ではないが，両者の間に実質的な相違はなく，いずれについても現存利益の返還義務を定めたものであるとする解釈が確立している。

旧121条ただし書の趣旨は新121条の2第3項の規定と共通するが，この問題については事例に即して後に検討する。

3　不当利得制度の理解と121条の2

(1)　公平説と類型論の対立

伝統的な通説[→3]は，不当利得制度の本質は公平の理念であるとし，「形式的・一般的には正当視される財産的価値の移動が，実質的・相対的には正当視されない場合に，公平の理念に従ってその矛盾の調整を試みようとすることが不当利得の本質である」と説いてきた。これは公平説と呼ばれる考え方であるが，判例も，不当利得が公平の理念に基づくものであるという趣旨を繰り返し述べている。

その一例として，騙取金銭事例（＝MがXから金銭を騙し取り，その金銭で自己の債権者Yに弁済をした場合に，XがYに対して不当利得返還請求ができるかどうかが問題となる事例）に関する最判昭和49年9月26日民集28巻6号1243頁は，以下のとおり，不当利得が公平の観念に基づいて利得者に利得の返還義務を負担させるものであるとし，公平説に立って，金銭を騙取された者と騙取金銭による弁済を受けた者との間で，損失と利得の因果関係を肯定し，悪意又は重過失ある弁済受領者には法律上の原因がないと判示した[→4]。

3｜　我妻榮『債権各論 下巻一』（岩波書店，1972年）938頁以下参照。
4｜　最判平成19年3月8日民集61巻2号479頁も，先例として上掲昭和49年最判を引用して，同趣旨を述べている。

「およそ不当利得の制度は，ある人の財産的利得が法律上の原因ないし正当な理由を欠く場合に，法律が，公平の観念に基づいて，利得者にその利得の返還義務を負担させるものであるが，いま甲が，乙から金銭を騙取又は横領して，その金銭で自己の債権者丙に対する債務を弁済した場合に，……甲が騙取又は横領した金銭をそのまま丙の利益に使用しようと，あるいはこれを自己の金銭と混同させ又は両替し，あるいは銀行に預入れ，あるいはその一部を他の目的のため費消した後その費消した分を別途工面した金銭によつて補填する等してから，丙のために使用しようと，社会通念上乙の金銭で丙の利益をはかつたと認められるだけの連結がある場合には，なお不当利得の成立に必要な因果関係があるものと解すべきであり，また，丙が甲から右の金銭を受領するにつき悪意又は重大な過失がある場合には，丙の右金銭の取得は，被騙取者又は被横領者たる乙に対する関係においては，法律上の原因がなく，不当利得となるものと解するのが相当である。」

もっとも，この判決において，Yが悪意又は重大な過失がある場合に法律上の原因がないと解される理由は明らかになっているとはいえない。この問題に関する学説の議論も分かれており，騙取金銭事例を不当利得の問題として位置づけること自体の当否も争われているが，一致した考え方は得られていない状況にある。[→5]

(2) 類型論の考え方

公平説が不当利得制度を一元的に捉えるものであるのに対して，現在の学説においては，類型論と呼ばれる考え方が通説となっている。[→6] これは，不当利得の要件である法律上の原因の不存在が種々の類型に区別され，その類型の相違に応じて，不当利得の要件・効果が異なるものであるとする考え方であり，不当利得制度を多元的に捉えるものといえる。

その類型の代表例が，給付利得と侵害利得である。給付利得とは，無効な法律行為の当事者が相手方に対して債務の履行をする場合のように，ある者が自

5｜ この点について，窪田充見編『新注釈民法（15）』（有斐閣，2017年）153頁以下（藤原正則執筆）参照。

6｜ 類型論の考え方は，もともと，オーストリア，ドイツの法学者によって提唱されたものであり，日本の学説がこれを受容して発展させたものである。その詳細については，窪田編・前掲注5 80頁以下（藤原執筆）参照。

己の意思に基づいて相手方に給付をする（利益を帰属させる行為を行う）場合を指す。法律行為に基づく給付の場合には，当該給付の受領を根拠づけるのが法律行為であるから，法律行為が無効であれば法律上の原因が存在せず，不当利得となる。しかし，給付利得は，法律行為が無効である場合に限らず，自己の意思に基づいて相手方に給付を行ったところ，その給付の受領を根拠づける法律関係が存在しなかった場合を広く含むものであり，たとえば，法律上扶養義務を負っていると考えて扶養料を支払ったところ，実際には扶養義務が存在していなかった場合等においても，給付利得に基づく不当利得返還請求が問題となる。

これに対して，侵害利得とは，たとえば，他人の土地を無権原で利用することによって利用者が利益を得る場合のように，正当な権利者の意思に基づかず，その権利を侵害し，権利者の意思に反して利益を得る場合をいう。多くの場合，侵害行為は不法行為にも当たるが，他人の権利が自己に属すると信じ，かつ，そう信じたことについて過失がないときは，「侵害者」は709条の損害賠償責任を負わないが，その場合でも，侵害によって得た利益を保持する権利はないから，その利得の返還義務を負う。この場合には，その利益を得た者が利益を保持する権利を有していないことが，法律上の原因の不存在に当たる。

類型論によれば，両類型の相違は，たとえば189条の規定の適用についても現れる。同条は善意占有者が果実収取権を有する旨を規定するが，類型論の理解によれば，同条は，侵害利得類型が問題となる場面において善意者についての特則を定めるものであり，無効な契約に基づいて買主が目的物の占有を取得し，果実や使用利益を得たときは，その返還義務については法律行為の無効に関するルールである121条の2が適用され，189条の適用はないと考えられている。もっとも，後述するように，121条の2には果実や使用利益の返還義務に関する明文の規定がなく，具体的な内容は解釈に委ねられている。

給付利得，侵害利得以外の類型として，他人が負担すべき費用を代わって支払った場合に問題となる費用償還利得，他人が負担する債務を代わって弁済した場合に問題となる求償利得等の類型を認めるのが一般的である。もっとも，実質的に費用償還利得や求償利得に当たる場合に，民法自身が明文の規定を置いていることも少なくない。たとえば，費用償還利得について608条1項・2

項や196条は費用償還請求権を規定し，求償利得についても，保証人や物上保証人の求償権に関する規定が置かれている（460条以下，351条参照）。本講ではこれらの類型の詳細に立ち入る余裕はないが，以下，121条の2が703条，704条とどのような関係に立つか，また，この規定が給付利得類型とどのように関わっているかについて検討する。

(3) 121条の2の特則の意義

上述したとおり，法律行為が無効の場合の不当利得返還義務について，旧法の下では703条，704条が適用されてきたが，とくに双務有償契約が無効である場合に，703条の規定をそのまま適用して，善意の受益者が現存利益の範囲で返還義務を負うにとどまるとすることには疑問があると解されていた（この点について，具体的には後述する）。

121条の2は，法律行為が無効である場合に，有償の法律行為と無償の法律行為を区別し，[→7] 無償の法律行為については善意の受益者について現存利益の範囲での返還義務を認めるが，有償の法律行為については，善意者であっても原状回復義務を負い，利得の消滅を主張することができないとしている。これは，法律行為が無効である場合の不当利得返還義務について，703条，704条とは異なる内容を規定するものであり，両条の一般原則に対する特則となっている。[→8]

また，新121条の2は，給付利得の類型に属する無効な法律行為について，その法律行為が有償であるか無償であるかを考慮して不当利得返還義務の範囲を定めるものであり，従前から，双務有償契約の場合に703条の適用を否定してきた類型論の考え方とも親和的である。したがって，新121条の2は，類型論の考え方を前提としたものであるとの評価もなされている。[→9]

しかし，121条の2が類型論の考え方を当然に前提としているといえるかど

7｜ 従来，契約の無効・取消しについて，双務契約と片務契約を区別してきたが，単独行為を含む法律行為の無効については，有償・無償の区別が用いられることになる。
8｜ たとえば，潮見佳男『債権各論Ⅰ』342頁。筒井健夫他編著『一問一答』35頁も，121条の2が703条，704条の特則であるという理解を当然の前提としている。
9｜ 潮見佳男『改正法の概要』30頁参照。

うかについては，とくに以下の2点を考慮する必要がある。

第一に，121条の2は，類型論における給付利得類型の一部の場合を規定するものにすぎない。先述したとおり，給付利得類型は法律行為の無効の場合のほか，たとえば，法律上の義務が存在しない場合に，給付すべき義務があると誤信して，自己の意思に基づいて給付を行う場合を含んでおり，法律行為が無効である場合以外の給付利得については703条，704条が適用される。

> 契約ないし法律行為が不成立の場合も，121条の2の直接適用はないが，意思表示の合致がなく契約が成立しない場合と，意思表示の合致があるが錯誤によって取消しが認められる場合の類似性を考慮すると，契約不成立の場合には121条の2が類推適用されると解すべきであろう。

第二に，意思無能力による無効や行為能力の制限を理由とする取消しに基づく遡及的無効の場合には，その性質上，給付者がその意思に基づいて相手方に給付をしたとはいえない。また，類型論を採る学説においても，詐欺・強迫による取消しの場合には，給付者の意思が違法行為によって形成されたものであり，むしろ侵害利得と見るべきであるとする主張も見られる。[→10]

したがって，121条の2は給付利得の一部について適用されるにとどまり，また，類型論の考え方によっては，給付利得類型に属するとはいえない場合についても不当利得の要件・効果を定める特則となっているのであり，同条が類型論と親和的な面が多いとはいえ，類型論を前提とするものとまではいえないと見るべきである。本条の最も重要な意義は，有償の法律行為の無効と無償の法律行為の無効の場合を区別し，前者について703条の一般原則とは異なり，善意の受益者も利得の消滅を主張することができないことを明らかにしたことにあるといえる。

10｜　この問題に言及するものとして，四宮和夫『事務管理・不当利得・不法行為 上巻』（青林書院新社，1981年）100頁。

4　解除に基づく原状回復義務との関係

(1)　解除に基づく原状回復義務の法的性質

121条の2は，法律行為が無効であり，給付の受領を正当化する法律上の原因がない場合に，不当利得として原状回復義務を定めるものであるが，この原状回復義務と545条の定める解除による原状回復義務との関係をどのように考えるべきか。

解除に基づく原状回復義務の法的性質は解除の効果をどう考えるかという問題と不可分に関わっている。現在の判例（最判昭和34年9月22日民集13巻11号1451頁）・通説は，いわゆる直接効果説に立ち，解除によって契約関係は遡及的に消滅すると解している。昭和34年最判は，買主が売主に使用利益返還義務を負うことを認めたものであるが，以下のとおり判示した。

> 「特定物の売買により買主に移転した所有権は，解除によつて当然遡及的に売主に復帰すると解すべきであるから，その間買主が所有者としてその物を使用収益した利益は，これを売主に償還すべきものであること疑いない（大審院昭11・5・11言渡判決，民集15巻10号808頁参照）。そして，右償還の義務の法律的性質は，いわゆる原状回復義務に基く一種の不当利得返還義務にほかならない……」

この判旨が説くように，直接効果説を前提とすると，解除に基づく原状回復義務の法的性質は不当利得にほかならないと解される。では，旧法の下で，703条，704条の不当利得返還義務とは別に解除について原状回復義務を定める意味はどこにあったのか。これは，解除の場合の原状回復義務の要件・効果が不当利得の一般原則とは異なっており，当事者の善意・悪意を区別することなく，したがってまた，善意者について利得の消滅を主張することもできないという点にあった。

これに対して，学説においては，解除の遡及効を否定する考え方も有力である。すなわち，錯誤・詐欺や強迫等による取消しの場合に法律行為が遡及的に無効となる（121条）のは，法律行為が行われた時点で意思表示の瑕疵が存在していたことによるものであるが，解除は，有効に成立した契約の効力を事後的に消滅させるものであり，遡及効を認める必要がないとされる。解除の遡及効を否定する立場においても，細かく見れば考え方はさらに分かれるが，代表的な考え方として変容説[→11]をあげることができる。変容説は，解除によって当初の契約関係が契約の清算を目的とした原状回復関係に変容すると解する立場であり，これによれば，545条1項の規定する原状回復義務は不当利得返還義務ではなく，契約の清算を目的として認められる新たな返還義務と解される。

直接効果説と変容説の相違は，物権変動についても現れる。すなわち，直接効果説によれば，売買契約に基づいて売主Aが特定物甲を買主Bに譲渡し，その後，AがBの債務不履行を理由として契約を解除した場合，売買契約が遡及的に消滅し，Bはそもそも甲の所有権を取得しておらず，Aが当初から甲の所有者であったことになる。

これに対して，変容説によれば，Bは売買契約に基づいて甲の所有権を取得しており，Aの解除によって甲をAに返還する義務を負うことになるが，Bが当初から無権利者となるわけではなく，甲の所有権はいったんBに移転し，解除によってBからAにあらためて移転することになる。この場合，変容説においても，BからAへの所有権の移転について，A・B間であらたな行為を行う必要はない。所有権は原状回復義務という債権の効果としてAに移転すると解されるからである。

(2)　121条の2の原状回復義務と545条の原状回復義務の異同

解除の原状回復義務の法的性質を不当利得返還義務と解するか，それとは異なる返還義務と解するかに関わらず，法律行為の無効と解除の間で，具体的な返還義務の内容についてどのような相違があるかを考える必要がある。

規定の文言だけを比較すると，解除の場合には，有償か無償かという区別や給付を受領した者の善意・悪意の区別はなく，他方，金銭の受領者については利息支払義務，金銭以外の物の受領者については果実の返還義務が規定されている。これに対して，121条の2では，有償・無償で区別しているが，利息支払義務や果実返還義務に関する規定が存在しない。

もっとも，具体的には後述するように，121条の2において利息支払義務や

11｜　この用語法について，中田裕康『契約法』224頁，潮見佳男『債権各論Ⅰ』61頁等参照。

果実返還義務の規定が置かれなかったのは，無効・取消原因の相違を考慮すべき可能性があり，一律にこれらの義務を定めることができないと考えられたことによるものである。実際に，どのような相違があるかは，121条の2の解釈に依存する。その解釈が定まっていない現状では，両者の異同を明確に示すこともできないが，すでに旧法の下でも，法律行為の無効・取消しの場合に各受益者が利息支払義務や果実返還義務を負うかどうかは，703条，704条の規定の解釈として議論されており，少なくとも，121条の2の文言を単純に反対解釈して利息支払義務や果実返還義務を否定することはできないと解される。

なお，今回の改正により，545条については3項の果実返還義務が新設された。これは，従前から，545条2項とのバランスを考慮して，判例・学説において果実返還義務（使用利益を含む）が認められてきたことから，これを条文に取り込んだものである。

もっとも，545条2項や3項を，解除原因を考慮することなく一律に認めるべきかどうかについては，政策論として検討の余地があると思われる。たとえば，売主Aが目的物甲を買主Bに売却し，甲の引渡しを終えたが，Bが代金を分割で支払うことが合意されていたところ，Bがその後分割払債務の不履行に陥ったため，Aが契約を解除した場合，545条2項によれば，Aはそれまで受領した金銭について当然に利息支払義務を負うことになる。しかし，Aが実際に法定利息に相当する利益を得ていなかった場合に，Bの債務不履行を理由とする解除の効果として，Aが法定利息の支払義務を負うとするのは疑問ではないか。

II　原状回復義務(1)——無償の法律行為の場合

1　贈与が無効である場合

(1)　はじめに

Iで述べた一般論を前提として，以下，具体的な事例に即して，121条の2によって当事者がどのような義務を負うかを検討する。121条の2は無効である法律行為が有償である場合と無償である場合を区別しており，以下においても，まず無償の法律行為の典型事例である贈与契約における原状回復義務の内容を検討する。

(2)　金銭の贈与の場合

[事例 1]

> (1)　Aは，100万円をBに贈与した。Bは，それまで海外旅行の経験がなかったが，Aから100万円の贈与を受けたことから，思い切って妻と二人で海外旅行に出かけ，その費用として60万円を費消した。また，Bは，残額40万円を生活費に充てた。この後，Aの贈与がAの意思無能力のゆえに無効であることが判明し，Aの成年後見人に選任されたCがBに対して100万円の返還を求めた。この場合，Bは贈与を受けた金銭を返還する義務を負うか。
> (2)　(1)において，Bが，贈与時にAが意思無能力であったことを知っていた場合，知ることができた場合にはそれぞれどうなるか。
> (3)　(1)において，Bは贈与の時点ではAが意思無能力であることを知らなかったが，海外旅行に出かける前にその事実を知ったときにはどうなるか。

(a)　原状回復義務と善意の受益者の例外

贈与契約が無効である場合，受益者は原則として121条の2第1項に従い，原状回復義務を負うから，[事例 1]（1）において，Aの意思無能力のゆえに贈与契約が無効であったときは，Bは，原則として，原状回復義務に従い，受領した金銭100万円を返還する義務を負う。

しかし，Bが，贈与契約が有効であり，100万円が自己の財産となったと信じた場合，その信頼を保護することが必要となる。従前においては，703条の規定に従い，善意の受益者は利得の消滅が生じた場合，消滅した利得について返還義務を免れ，現存利益の範囲で返還義務を負っていた。121条の2第2項は，無償の法律行為が無効である場合について，これと同様のルールを規定するものである。もっとも，善意の受益者の返還義務の範囲については，いくつかの解釈論上の問題点がある。

(b)　121条の2第2項における「知らなかったとき」（＝善意）の意義

改正前において，法律上の原因がないことを知らなかったことについて受益者に過失があった場合には，受益者は703条の利得消滅の抗弁を主張することができず，704条の悪意者に当たるとする考え方と，過失があっても善意である者は，自己への財産の帰属に対する信頼が保護されるとする考え方が対立していた。

私見は，後者の考え方を支持し，受益者が返還義務を負うことを現実に認識していない以上，受けた利益が自己の財産に帰属したという信頼を保護されるべきであると解してきたが，この議論の対立は，121条の2第2項の解釈についても同様に当てはまる。従前において過失ある善意者は悪意者としての返還義務を負うと解していた立場においては，121条の2第2項についても，知らなかったことについて過失があった受益者には適用されないと解することになろう。

以下，説明の便宜上，単に善意・悪意という表現を用いるが，その意味は上記の考え方の対立に応じて異なることに留意されたい。

(c) 利得の消滅

では，利得の消滅が認められるのはどのような場合か。この問題は，従来703条の解釈問題として議論されてきた。

まず，[事例 1]（1）において，Bが善意であった場合であっても，生活費に費消した40万円については利得の消滅を主張することができないと解されている。これは，いわゆる出費の節約理論によるものである。すなわち，Bは，Aから受領した40万円を生活費に充てることにより，贈与がなければ必要であった他の財産からの生活費の支出を免れており，したがって，Bの利得は，Bが本来必要であった出費を節約することができたという形でBの財産に残っていると考えられるからである。

これに対して，海外旅行に費消した60万円については考え方が対立してきた。多数説は，小問(1)の事情からすると，Bは贈与がなければ海外旅行をしなかったと解され，生活費の場合とは異なり，60万円はもはやBの財産中に存在していないから，利得の消滅が認められると解してきた。これに対し，一部の有力説は，海外旅行のための支出であっても，受益者のリクリエーションや娯楽に役立つ限りでは利益が現存すると解すべきであると主張してきた。→12

12｜ 四宮・前掲注10 89頁，内田貴『民法II』609頁等。

しかし，不当利得における利得の現存は財産的利益が残っているかどうかを基準と解すべきであり，かりに有力説のように解すると，Bは，自己の財産からの支出なしに海外旅行ができると考えて旅行に出かけたのに，利得の消滅が認められないことになれば，自己の財産を支出して海外旅行をしたのと同じ結果となり，贈与がなければ海外旅行をしなかったというBの意思に反し，Bに過大な不利益を生じさせることになる。

この問題は，121条の2第2項についても同様に問題となるが，703条についても，121条の2第2項についても，従来の多数説の考え方によるべきである。

> この問題を考えるについて重要であるのは，生活費か浪費かという形式的な区別ではなく，その受益がなければ支出をしなかったかどうかという判断基準である。Bが毎年海外旅行に出かけている場合，贈与を受けた金銭をその費用に充てたとしても，本来支出するはずであった自己の財産の支出を免れたのであるから，この場合，出費の節約理論によって，利得は現存していると解される。

(d)　利得消滅の抗弁と証明責任

利得消滅の抗弁が認められるかどうかについて，その証明責任が以下の2つの点で問題となる。第一は，利得が消滅したことの証明責任であり，第二は，善意であったことの証明責任である。

従来は703条，704条の解釈としてこの点が議論されてきたが，第一の利得の消滅については，判例（最判平成3年11月19日民集45巻8号1209頁）は，金銭の不当利得の事案について，利得が消滅したことの主張・立証責任は，利得消滅を主張する受益者にあるとし，学説もこれを支持していた。

しかし，第二の善意については，考え方が分かれていた。多数説は，704条が加重責任を規定していることから，悪意であることの証明責任が不当利得返還請求権を行使する側にあるとしていた。しかし，703条が善意の受益者に関する例外的規定であるとすれば，その例外を主張しようとする受益者は，利得消滅の事実に加えて，自己の善意についても証明責任を負うと解するのが自然であった（潮見佳男『基本講義 債権各論Ⅰ〔第2版〕』〔新世社，2009年〕308頁は，旧法の解釈としてこの趣旨を説いていた）。

121条の2第2項については，その規定の構造からすると，1項の原状回復義務が原則であり，無償の法律行為については，2項により善意者が例外的に現存利益の範囲で返還義務を負うのであるから，受益者であるBが自己の善意と利得の消滅の双方について抗弁として主張する必要があると解することがより自然である。

(e) 悪意の受益者の原状回復義務と利息支払義務

小問(2)のように，受益者Bが贈与に基づいて100万円を受領した時にAの意思無能力について悪意であったときは，Bは，受領した金銭の返還請求を受けることを当然に予期すべきであるから，その後に利得を消滅させる行為をしたとしても，これを理由として責任を免れるべき理由はない。したがって，Bは受領した金銭100万円の返還義務を負う。

この場合に，Bはそれに加えて利息支払義務を負うか。121条の2は，先述したとおり，545条とは異なり，利息支払義務を負うかどうかについて規定を置いていない。しかし，立法の経緯からすると，これを単純に反対解釈して，Bは利息支払義務を負わないと解釈することはできない。

すなわち，121条の2の制定過程において，当初は，解除と同様に，利息支払義務や果実返還義務に関しても規定を置くことが検討されていた。しかし，法律行為の無効・取消しの原因は多様であり，たとえば，相手方の詐欺・強迫に基づいて金銭や物の給付を受けた場合に，受益者が一律に利息支払義務や果実返還義務を負うべきかどうかについて議論が分かれた。このため，545条に対応する規定を置くことは断念されたが，これは，どのような場合に利息支払義務や果実返還義務を負うかについて，解釈に委ねることとしたものであり，これを一律に否定する趣旨ではなく，むしろ，これを否定するのは例外的な場合であると解されていたといえる。

したがって，小問(2)においては，Bが，Aが意思無能力であることを認識しつつ金銭を受領した場合，従前においては，704条の適用により，法定利息の支払義務を負っていたが，121条の2の適用の場合にも，悪意の受益者について利息支払義務を免れさせるべき理由はなく，Bは利息支払義務を負うと解すべきである。

(f)　給付受領後に悪意となった場合

121条の2第2項の文言を注意深く読むと，善意であるかどうかの基準時点は「給付を受けた当時」となっている。これを反対に解釈すると，小問(3)において，Bは100万円を受領した時点では善意であったから，利得の消滅を主張できるように見える。

しかし，従来，703条，704条の解釈として，判例（上掲平成3年最判）・通説は，当初善意であった者が事後に悪意となった場合，その時点から利得の消滅を主張することはできないと解していた。小問(3)においても，Bが，贈与が無効であったことを知った以上，受領した金銭を返還する義務があることを知ったのであるから，これを費消して，利得の消滅を主張することはできないと解される。

では，121条の2第2項が，「給付を受けた当時」と規定した理由は何か。なぜ，事後に悪意になった場合にも利得の消滅を主張することができないと規定しなかったのだろうか。この点に関して，従来から，事後的に悪意となった場合に，つねに利得の消滅を主張することができないと考えてよいかどうかについては疑問も提起されていた。121条の2第2項は，この点を考慮し，条文としては「給付を受けた当時」に悪意であった者については利得の消滅を主張することができないと規定し，事後的に悪意となった場合に利得の消滅が認められる場合があるかどうかを解釈に委ねることとしている。この問題は，以下の［事例2］(4)を検討する際にあらためて取り上げる。

(3)　中古車の贈与の場合

［事例2］

(1)　Aは，自己の所有する中古車甲（市場価格100万円）をBに贈与した。Bが甲の引渡しを受けてから半年後に，Aが甲の贈与契約を錯誤により取り消した場合，Bはどのような利益の返還義務を負うことになるか。
(2)　(1)において，Aの錯誤取消しの前に，Bが甲を運転中に第三者Cの運転する車に追突され，甲が大破して無価値となっていた場合，Bはどのような利益の返還義務を負うことになるか。
(3)　(1)において，Bは，甲を運転中にサイドブレーキ乙に不良があることに気づき，これを修理させ，その費用として6万円を支払った。また，その際，タイヤを新品丙に交換し，その代金として4万円を支払った。Bはこれらの費用をAに償還請求することができるか。
(4)（1）において，Bは贈与の時点ではAが錯誤に基づいて契約を取り消しうることを知らなかったが，その後，Aは錯誤を理由として契約を取り消し，甲の返還を求めた。Aの返還請求がなされた後，(a) Bが甲の運転を継続していたところ，第三者Dが運転する車に追突され，甲が大破して無価値となった場合，(b) Bが甲を自宅の車庫に保管して，Aに引取りを求めていたところ，甲が第三者Eによって盗取されてしまった場合に，それぞれ，AはBに対して甲の価額の返還請求ができるか。

(a) 取消しによる遡及的無効と原状回復義務

[事例2] は，中古車甲の贈与契約が錯誤によって取り消される場合に関するものであるが，無償の法律行為が取消しにより遡及的に無効となる場合にも，当初からの無効の場合と同じく，121条の2の規定が適用される。もっとも，[事例1] とは3つの点で異なるところがある。

第一に，取消しの場合には，実際に取消権が行使されてはじめて法律上の原因が遡及的に消滅することになる。これが，善意・悪意の基準時とどのように関わるかを考える必要があるが，この点について，121条の2第2項の括弧書によれば，無償の法律行為の受益者は「給付を受けた当時その行為が取り消すことができるものであること」を知らなかったときは現存利益の返還義務を負う。したがって，Bが，甲の贈与を受けた時点でAが錯誤に基づいて贈与を取り消すことができることを知っていたときは，Bは悪意者に当たり，利得の消滅を主張することができない。この場合，Bは給付を受けた時点で取消権が行使される可能性を認識しており，実際に取消権が行使されれば受領した利益を返還する必要があることも認識していたといえるからである。

第二に，金銭の場合とは異なり，とくに有体物の場合[→13]には，一方において，

13｜ 債権や知的財産権等の無体的な権利の場合にも，権利の行使により利益が生ずることが少なくないが，ここでは有体物の場合について検討する。

その物の利用によって果実や使用利益が生じうるが，他方，利用によって物の価値が減少する可能性がある。この点は，物の種類・性質によっても異なりうる。たとえば，給付の目的物が土地であるときは，土地を賃貸すれば法定果実である賃料が生じ，また，自ら使用する場合にはその使用利益を得ることができるが，これらの利用によって土地の価値自体が減少するとは考えにくい。また，建物の場合，利用によって一定の減価が生じるが，この減価と果実や使用利益が対応する関係にあるとはいえない。これに対して，[事例2] で対象とする自動車やその他多くの消費用動産の場合には，利用による果実・使用利益と目的物の減価の関係をどのように考えるかという問題が重要な意味を持つ。

もっとも，同じく動産であっても，美術品等の場合には，原則として利用による減価を考慮する必要はない。また，著名な美術品の場合には，展覧会のために賃貸することも考えられるが，一般的には，その利用によって財産的な利益が生じることも考えにくい。

第三に，受益者が給付を受けた物に対して一定の費用を支出することがありうる。たとえば，保管のために費用が必要であり（車検費用，駐車場使用料等），あるいは，物の価値を維持するために修補費用を支出し，また，その物の効用・価値を高めるためにも費用を支出することがある。これらの費用は，受益者が目的物を受領していなければ負担しなかったはずであるから，受益者が給付者に対してそれらの費用の償還を請求することができるかどうかが問題となる。

以下，これらの諸点にも留意しつつ，[事例2] を検討する。

(b)　有体物における原状回復義務

小問(1)において，Aが贈与契約を取り消すと，Bは121条の2第1項に従って原状回復義務を負うが，Bが甲の引渡しを受けた当時に贈与契約が取り消しうるものであることを知らなかったときは，現存利益の範囲で返還義務を負う。

Bが，契約が取り消しうるものであることを過失によって知らなかったとき，あるいは，事後的に契約が取り消しうるものであることを知ったときにどうなるかは，法律行為が当初から無効であった場合と同様に処理される（上述51頁以下参照）。

では，原状回復義務の原則によれば，Bはどのような返還義務を負うことになるか。Bは受領した甲を保持する法律上の原因がなかったのであるから，まず，甲そのものを返還する必要があるが，Bが甲を半年間利用することによって甲の価値が減少している場合，甲を返還するだけでは原状が回復されたとはいえず，甲の減価分についてその価額を償還する義務を負う。たとえば，小問(1)において，AがBに甲の返還請求をした時点で，Bの使用により甲の価額が70万円に下落していたときは，甲の返還に加えて差額30万円を金銭で返還してはじめて原状回復が実現されることになる。同様に，小問(2)において，交通事故により甲の価額がゼロになったときは，引渡しを受けた当時の価額100万円を返還する義務を負う。

ここで問題とされているのは物の利用によって生じた減価分の価額償還義務であることに注意が必要である。これに対して，市場価格の変動による価値の下落については，受益者がその下落分を補填する必要はなく，また反対に，市場価格が引渡しを受けた時点より上昇していたとしても，差額利益を保持することはできず，価値の上昇した現物を返還する必要がある。価格の変動の結果による利益・不利益は本来の権利者であるAに帰属する。

この場合に，原状回復義務と果実や使用利益の返還義務との関係をどのように考えるべきか。上述したとおり，金銭の場合の利息支払義務と同様，果実や使用利益の返還義務についても，明文の規定は置かれず，解釈に委ねられることとなった。金銭について利息支払義務を原則として肯定するとすれば，有体物の場合にも，果実の返還義務を肯定することが整合的であるように見える。実際に生じた果実[→14]については，これを保持させる理由がないから，原則として原状回復義務に含まれると解すべきである。

無権原占有者と回復者の関係を規定する190条によれば，悪意の占有者（189条2項も参照）は，収取した果実のみならず，収取を怠った果実の代価についても償還する義務を負うとされる。また，704条は悪意の受益者について，損害賠償義務を負うと規定する。121条の2は法律行為の無効の場合の特則であり，これらの規定は直接には適用されないが，同条の解釈としてどのように考えるべきかという問題は残されている。

これに対して，使用利益の返還義務については，使用による減価についての価額償還義務との関係を考慮する必要がある。給付者Aが原状回復として甲の給付当時の価額の回復をすることができた上に，使用利益についても返還請求ができることになると，Aが二重の利得を受けることになるのではないかという疑問が生じる。もしAが甲をBに贈与することなく，甲を自分で利用していたとすれば，やはり使用による減価が生じていたのであり，Bから甲の価額の返還を受ければ原状回復義務の履行としては十分であるとも考えられるからである。もっとも，この点についての解釈は定まっておらず，今後の議論が必要である。

利用によっても物の価値の減少が生じない土地の場合には，自動車の場合とは事情が異なる。土地の場合，土地の返還に加えて，使用利益の返還義務を認めても，給付者に二重の利得が生じるとはいえない。なぜなら，贈与がなければ給付者は土地の使用利益を自ら得ることができ，かつ，使用による土地の減価が生じることもないからである。

また，使用利益の返還義務を認める場合に，その価値をどのように算定するかという問題がある。中古車の贈与のケースに即していえば，受益者がどの程度その車を利用するのか等によって使用利益が異なり，金銭についての法定利息のような客観的な基準に従ってその価額を算定することは困難である。

なお，解除に関しては，545条3項が果実返還義務を明文で規定しているが，使用利益の返還義務を原状回復義務の中でどのように位置づけるかという問題があり，この点の議論も一致した結論が得られているとはいえない状況にある。→15

14｜ 金銭の利息については，実際の運用利益があったかどうかに関わらず，法定利息の支払義務があると解されてきた。解除に関する545条2項も同様に解される。しかし，果実について，189条，190条は実際に生じた果実と生じるはずであった（収取すべきであった）果実を区別しており，545条3項も「生じた果実」の返還義務を規定している。これによれば，原状回復義務としては，果実や使用利益については，受領者が実際に得た果実や使用利益の返還義務を負うにとどまり，受領者が果実や使用利益の取得を怠ったことについて帰責事由があったときは，損害賠償義務としてその価額の支払義務を負うと解すべきである。

(c) 費用償還請求

小問(3)のように，受益者が受領した物のために費用を支出した場合については，従来，703条，704条の下で議論がなされてきた。物に対する費用の支出に関しては，民法が多くの規定において必要費と有益費を区別しているが(196条，299条，583条2項，608条等)，196条ないし299条の規定を類推適用するという考え方と，善意者については目的物を保持できると信頼したことによって支出した費用をすべて償還請求できるという考え方が対立している。

私見は，196条は占有者・回復者の関係にとどまらず，他人の利益となる費用を支出した者と受益者の利益調整規定として汎用的な性格を有する規定であり[→16]，同条の類推適用を認めるべきであると考えている。299条と196条の規定内容はほとんど異ならないが，299条は留置権に基づく占有が適法である場合に関する規定であり，占有権原がない場合に関する196条の方がより適合的ではないかと思われる。これによれば，小問(3)において，乙の修補費用については，必要費として償還請求ができるが，丙については，196条2項と同じ範囲で費用償還請求ができることになる。

(d) Bが善意者である場合

原状回復義務の一般原則とは異なり，受贈者Bが善意であったときは，Bは利得の消滅を主張して現存利益の範囲で返還すれば足りる。したがって，小問(1)においては，減価した甲をそのまま返還すれば足り，小問(2)のように，甲が滅失したときは価額償還義務を負わない。もっとも，Bが車両保険契約を締結しており，甲の滅失によって保険金を取得する場合には，保険金の限度で甲の価値が存続しているから，Bはすでに保険金を受領した場合にはその金額を，また，保険金支払請求権を有する場合には，その請求権をAに譲渡することが必要である。

15｜ この問題について，中田裕康『契約法』228頁以下。

16｜ 類型論によれば，法律行為の無効の場合に，同じく占有者・回復者の関係に関する189条，190条は121条の2の場合には適用されないと解されているのに対して，121条の2について196条の類推適用が認められているのは，196条の規定の汎用性によるものと見ることができる。

小問(2)で第三者Cに対する損害賠償請求権が発生する場合にはどうなるか。この場合，所有者はAであり，したがって被害者はBではないから，AはCに対して固有の損害賠償請求権を行使することになる。[→17] もっとも，Cが，Bが正当な所有者であると信じて損害賠償義務をすでにBに対して履行した場合において，478条の規定に従い，Cが損害賠償義務を免れるときは，AはBに対して，BがCから受領した賠償金の支払を求めることができる。

また，Bが甲の使用によって得た果実や使用利益が現存している場合には，その返還義務を負う。たとえば，Bが甲を利用していなかったとすれば月額2万円の通勤費用を自己負担すべきであったところ，甲を利用することによって月額1万5000円の通勤費用を自己負担していたときは，月額5000円の出費を免れていたのであるから，その差額利益はBの財産にとどまっており，その利益は現存利益に含まれることになる。これも出費の節約という考え方によるものである。

(e)　Bが事後に悪意となった場合

(ア)　返還義務の認識と返還不能のリスク負担　　小問(4)は，当初は善意であったBが，事後に法律上の原因がないことを認識した場合にその返還義務がどうなるかを問うものである。

すでに，[事例1] について述べたとおり，旧法における判例・学説は，当初からの悪意者と事後的に悪意となった者をとくに区別せず，悪意となった時点で現存する利益が返還するべき利益であり，その後の利得消滅は考慮されないと解していた。しかし，小問(4)の(a)，(b)の相違を意識すると，事後の悪意者を当初の悪意者とまったく同じであると見ることには疑問が残る。

まず，小問(a)においては，Bが悪意者となり，甲を返還するべき義務を負っていることを認識しながら，甲車を走行させることにより交通事故に遭遇する危険を招いたのであるから，交通事故惹起に関するB・Dの責任如何に関わ

17｜　窪田編・前掲注5 113頁（藤原執筆）は，加害者に対する損害賠償請求権を目的物の代位物として譲渡する必要があるとするが，所有権侵害を受けるのはAであって，Bではないから，BがCに対して損害賠償請求権を取得するという前提が成り立たないと解される。

らず，B は悪意者として利得の消滅を主張できず，価額償還義務を負うと解するべきである。

しかし，小問(b)においては，B が悪意となった後は，A に対して甲を返還するまで善管注意義務を尽くして甲を保管する義務を負っていると考えられるところ（400 条参照），第三者 E によって甲が盗取されたことについて B に帰責事由がない場合にも，B が悪意であるがゆえに価額償還義務を負うと解することには疑問がある。この場合，B は他人である A の所有物を保管しているにすぎず，B に帰責事由のない目的物の盗取や滅失・損傷等については，所有者である A がその危険を負担するべきであると考えられる。

したがって，私見によれば，事後的に悪意となった場合に，その時点から画一的に悪意者として利得の消滅を主張できなくなると解するべきではなく，返還義務を負うことを認識している状態の下で，どのような事情によって利得が消滅したかを考慮して，B の返還義務の範囲を定める必要がある。

（イ） 返還債務の履行地　このような考え方を採る場合には，これまで十分な議論がなされていないが，B の返還債務の履行地がどこか，すなわち，B が持参債務を負っているのか，取立債務を負っているにすぎないのかという問題が重要な意義を有すると考えられる。

［事例 2］(4)において，B が持参債務を負っていたとすれば，B は A に甲の引取りを求めるだけでは足りず，A の住所地に甲を持参する必要があるから，B が甲を保管しているだけでは甲の返還債務について履行遅滞に陥っており，したがって，履行遅滞中の履行不能については，履行不能（ここでは甲の盗取）そのものについて B に帰責事由がなかったとしても，B は返還不能について帰責事由があるとみなされ，返還義務の履行に代わる損害賠償義務を負うと考えられる（413 条の 2 第 1 項）。これに対して，B が取立債務を負っていたにすぎないとすれば，B は A に甲の引取りを催告すれば足り，帰責事由のない返還不能の場合に，損害賠償義務も価額償還義務も負わないと解される。また，このような理解によれば，事後的な悪意の場合には，利得の消滅が主張できるかという観点ではなく，返還義務の不履行について受益者が責任を負うべきかどうかが問題となっていると考えることができる。

では，不当利得返還義務についての履行地はどのようなルールによって決まるのか。債務の履行地についての原則規定は484条であり，この規定がそのまま適用されるとすれば，特定物の引渡しについては，特定物の所在地が履行地となり，それ以外の債務については債権者の住所が履行地となる。しかし，484条は，別段の意思表示があれば適用が排除される意思の推定規定であり，契約上の債務については合理的な基準であるとしても，不当利得のような法定債権関係についてもそのまま適用があると解することには疑問がある。同じく特定物の不当利得返還義務が問題となる場合でも，たとえば，贈与の取消原因が贈与者の錯誤である場合と，受贈者の詐欺である場合を考えると，取消原因を与えた者が損失者か受益者かの相違を考慮して，前者の場合には贈与者が取り立てる必要があるが，後者の場合には受益者が持参する必要があると考えるべきであり，特定物の所在地のみを基準として判断することは適切ではないと考えられる。

この理解によれば，小問(4)(b)においては，Bは取立債務を負うにとどまり，Bの帰責事由なくして甲が盗取された場合，Bは価額償還義務や損害賠償義務を負わないと解される。

もっとも，事後的な悪意者の返還義務をどのように考えるかという問題自体について確立した考え方がなく，小問(a)と(b)の場合を区別すべきかどうか，Bの返還債務の履行地がどのような意味を持つか等についても，これまで十分な議論がなされておらず，上述した考え方は筆者の私見であることをあらためて強調しておきたい。

2　貸借型契約が無効である場合

[事例3]

(1)　Aは，100万円をBに無償で貸与した。返済期日は1年後とされたが，Bが100万円を受領してから3ヶ月後に，金銭消費貸借契約はAの錯誤に基づくものであることが判明し，Aは契約を取り消した。この間，BはAから借り受けた金銭で海外旅行をして60万円を費消した。この場合，Bが金銭の受領時にA

の錯誤を認識していたかどうかによって，Bの返還義務に相違が生じるか。
(2)　Cは自己の所有する甲建物を無償でDに貸すこととし，Dが甲の居住を開始した。Dの居住中に火災が生じ，甲の一部に損傷が生じた。この後，C・D間の使用貸借契約が無効であることが判明した場合，CはDに対してどのような請求をなしうるか。

(1)　契約類型の考慮の必要性

これまで，給付利得返還義務の範囲については，主として贈与や売買を念頭に置いて議論がなされてきた。これらの契約類型においては，その性質上，給付者の給付が確定的に受領者に移転することが前提とされており，当該契約が無効であった場合に，契約が有効であれば自己の財産に帰属すべき利益を受領した利得者がどのような範囲で返還義務を負うかが問題となる。

これに対して，貸借型契約（消費貸借，使用貸借，賃貸借）においては，給付の受領者は，金銭や目的物を一時的に利用することができるが，一定の期間が経過した後，同額の金銭や目的物を給付者に返還することが予定されている。このような契約類型の相違は，契約が無効であり原状回復が問題となる場面でも重要な相違をもたらすものであることに，とくに注意が必要である。

(2)　無償の金銭消費貸借契約の無効

[事例 3]（1）は，無償の金銭消費貸借が無効であるケースに関わるものであるが，この場合，借主Bは，たとえ善意であっても，Aから借り受けた100万円が確定的に自分の財産に帰属するのではなく，返済期限が到来すればその返還義務を負うことを認識している。したがって，Bは，たとえ契約が有効であると信じていても，100万円の返還義務を免れない。

では，Bの善意・悪意はBの返還義務に影響を及ぼさないのか。この点については，Bの受領した利益が何かを考える必要がある。すなわち，無利息消費貸借において，Bは，Aから借り受けた元本を一定期間無償で利用することができる利益を受けている。消費貸借契約が無効である場合，Bはこの利用利益を法律上の原因なく利得しているが，Bが善意であれば，その利益が現存している限りで利得返還義務を負う。しかし，Bが悪意であったときは，このような元本利用利益がBに帰属しないことを知っていたのであるから，利用利益の価額（通常は利息相当額）の返還義務を負うことになる。このように見ると，消費貸借契約における契約上の「給付」は，元本自体の財産的利益ではなく，元本の利用利益の供与であると見ることができる。→18

(3)　使用貸借契約の無効

小問(2)の使用貸借においては，契約の性質上，Dは甲建物の所有権を取得するのではなく，甲建物を一定期間無償で利用する利益を受けているにすぎず，Dは，契約の有効・無効に関わらず，契約が終了すれば甲建物を所有者Cに返還する義務を負っていることを認識しており，Dは甲建物の返還まで善管注意義務を尽くしてこれを保管する義務を負っている。

Dの借り受けた甲建物の一部が火災により損傷した場合，Dが契約の無効について善意であっても，Dが善管注意義務を負っていることに変わりはなく，Dに義務違反があれば，その義務違反に対して損害賠償責任を負うと解される。また，Dが悪意であった場合，あるいは悪意となった後には，使用権原がないことを認識しながら他人の目的物を占有して使用利益を得ていたのであるから，その使用利益については利得の消滅を主張できず，121条の2第1項に従って返還義務を負う。

これに対して，甲建物の損傷についてDに帰責事由がないときは，契約が有効であるかどうかを問わず，所有者であるCが甲建物の滅失・損傷の危険を負担することになるから，Dが悪意となった後であっても，このことには変わりがないと解される。

これは，191条の規定の趣旨とも整合的である。同条は見落としやすい規定であるが，善意の占有者は，帰責事由のある滅失・損傷の場合であっても現存利益を返還すれば足りるのが原則であるが，他主占有者はたとえ善意であっても，悪意者と同じく，帰責事由のある滅失・損傷に対して損害賠償義務を負う。これは，他主占有者は，善意であっても目的物を所有者に返還する義務を負っていることを認識しており，これを前提として占有を継続している以上，返還まで善管注意

18｜　金銭消費貸借の場合，物の貸借とは異なり，借主に対する金銭の交付によって金銭所有権は移転するが（最判昭和39年1月24日判時365号26頁），このことは，借主の受領する利益が元本を使用することができるという利益であることに影響を及ぼさない。

義務を負うことに変わりがないことに基づくものであり，同様の考慮は，無効な使用貸借契約や無効な賃貸借契約についても当てはまるものである。

Ⅲ　原状回復義務(2)——有償契約の無効

［事例 4］

(1)　A は，自己の所有する中古車甲を 200 万円で B に売却した。契約締結に際して，A は B に対して，これまで甲には事故歴がないと説明し，A・B はこれを前提として，売買代金を定めていた。しかし，甲はかつて追突事故を起こしており，甲の市場価格は 150 万円程度である。B はどのような根拠に基づいて契約の効力を争うことができるか。
(2)　(1) において，B が契約を取り消した場合に，A・B 間の法律関係はどうなるか。
(3)　(2) において，B が甲に事故歴があることを知らない間に，運転中に事故を起こして甲が滅失した場合にはどうなるか。
(4)　(2)，(3) において，A が，甲が事故車であることを知りながら虚偽の説明をしていたときにはどうなるか。
(5)　(1) において，B が契約不適合を理由として契約を解除した場合に，A・B 間の法律関係はどうなるか。

1　契約の効力

［事例 4］(1)において，B は，甲車に事故歴がないことを前提として売買契約を締結したものであり，かつ，甲車に事故歴のないことが売買代金の決定に際して考慮されている。したがって，事故歴がないという事情に関する B の錯誤が取引上の社会通念に照らして重要であり，その「事情が法律行為の基礎とされていることが表示されていたとき」という要件（95 条 2 項）も充たしており，B は錯誤に基づいて売買契約を取り消すことができる。

また，小問(4)のように，A が故意に虚偽の説明を行っていたときは，B は詐欺を理由として契約を取り消すこともできる。

Aが当初から甲の所有者であったときは，Aが甲の事故歴について悪意であることは明らかである。しかし，A自身が甲を第三者Cから買い受けており，Cが甲は無事故車であるという説明をし，Aがこれを信じて買い受けていたという場合には，Aに欺罔の故意がなかったことも考えられる。

さらに，［事例4］においては甲車の品質が契約に適合しておらず，小問(5)において，BはAに対して562条〜564条の責任を追及することができる。事故車であった甲を無事故車にすることはできないから，履行の追完請求をする余地はなく，Bは代金減額請求や損害賠償請求をするほか，契約目的を達することができない場合には，564条，542条1項3号の規定に従い，契約を解除することができる。

2　有償契約の無効と原状回復義務

(1)　錯誤取消しの場合

(a)　旧法下の議論

まず，［事例4］(1)において，Bが錯誤を理由として売買契約を取り消した場合に，各当事者の原状回復義務がどうなるか。

旧法の下で，売買のような有償双務契約（以下，単に有償契約）の無効の場合に，各当事者の不当利得返還義務をどのように考えるべきかについて議論が存在した。かりに，双方の返還義務をまったく独立に考察し，それぞれについて，703条，704条の規定が適用されるとすると，Bは，善意であった場合，甲の使用による価値の下落や甲の滅失，損傷等が生じた場合，利得の消滅を主張することができる。他方，BがAに支払った代金は，Aが善意であっても，Aに利得が現存している限り，その返還を請求することができることになる。しかし，有償契約の無効の場合には当事者は相互に相手方に利益を返還すべき関係にあり，Bが不当利得返還義務を免れつつAに対して代金の返還請求ができるとするのは，有償契約に基づいて給付の交換がなされたという事情を十分に考慮しないものであり，有償契約の清算関係において，各当事者の不当利得返還義務について703条の適用を認めるのは疑問であると考えられてきた。

問題は，有償契約の清算関係という観点をどのような形で考慮するかという点にあった。

一部の学説は，危険負担規定の類推適用を主張していた。すなわち，旧536条の危険負担規定が適用され，Bの下で甲がBの帰責事由なくして滅失すると，Bは返還義務を免れるが，その（清算関係上の）反対給付であるAのBに対する代金返還義務も消滅すると解していた。

しかし，この説はいくつかの難点を抱えていた。

危険負担は，相手方に対して債務を負担している者がその債務について帰責事由なしに履行不能となった場合に，反対給付を請求できるかどうかを問題とするものであるが，危険負担規定類推適用説は，とりわけ，一方のみの履行がなされているにとどまる場合に適切な結果を導くことができなかった。すなわち，Bがいまだ代金債務を履行しておらず，したがってBのAに対する不当利得返還請求権が発生していない場合には，旧536条を類推適用することができないことになる。しかし，この場合に，Bが一方的に返還債務を免れることは，有償契約に基づいて履行がなされたということと整合性を欠く結果をもたらすものといえた。

また，［事例4］(3)において，Bの返還不能によってAが代金債務の全額について返還義務を免れるとすると，合意された代金額と実際の甲の価額との差額をAが保持できることになるが，これは，Bが錯誤取消しにより契約を遡及的に無効とすることができる趣旨に反することになる。

要するところ，危険負担規定類推適用説は，契約の清算関係が問題となる場面では，合意自体に瑕疵があり，したがって，合意された対価と目的物の価額との間に不均衡が生じうることを看過し，いわば，「表の」（有効な）法律関係に適用されるルールを，「裏の」（無効な）法律関係にもそのまま適用しようとするものであり，両者の法律関係の相違を十分に考慮したものとはいえないと思われる。

危険負担規定類推適用説に対して，他の説は，有償契約の場合に，その有償性を考慮し，各当事者はたとえ善意であっても価額償還義務を負うと主張していた。新121条の2はこの考え方を採り入れたものである。

(b)　利得消滅の抗弁の排除

121条の2第1項は原状回復義務を規定し，同条2項は，無償の法律行為の無効の場合について，善意の受益者について利得消滅の抗弁を認めるものであり，これらの規定から，有償の法律行為については，善意者であっても原状回復義務を負い，利得消滅の抗弁を主張することはできないことが明らかとなる。条文の文言自体には価額償還義務は規定されていないが，受益者が受領した物を返還することができない場合にも，原状回復義務が存続するのであり，このことから，物の返還に代えて価額償還義務を負うという帰結が導かれる。

したがって，小問(2)の場合，Aは受領した代金の返還義務を負い，Bは受領した甲の返還義務を負うが，すでに，[事例2] でも検討したとおり，甲の使用によって価値が下落していた場合，減価分についてはその価額償還義務を負うことになる。

また，小問(3)のように，甲が事故によって滅失した場合にも，Bが価額償還義務を負うことに変わりがない。もっとも，[事例4] において甲の客観的価額は150万円であったから，BはAに対し代金200万円の返還を請求し，他方，Aに対して150万円の価額償還義務を負うから，相殺をすれば，50万円の返還を請求することができる。

では，Bは善意であるにもかかわらず，無償の法律行為の場合とは異なって，なぜ利得消滅の抗弁を主張することができないのか。この理由はつぎのように考えることができる。Bが善意である場合，Bは甲が自己の財産に帰属したと信じており，Bはこの信頼を保護されてしかるべきである。しかし，このBの信頼は，BがAに対して交付した金銭がAの財産に帰属し，Bの財産から確定的に逸出したことを前提とする。この点に，有償契約における給付の交換の特徴が認められる。したがって，契約が無効であり，BがAから代金の返還を求めうるにもかかわらず，Bが自己の受領した利益の消滅を主張するのは，自己の信頼と矛盾する主張であると考えられる。

(c)　各当事者の善意・悪意

では，各当事者の善意・悪意の区別は原状回復義務の範囲に影響を及ぼさないことになるのか。121条の2は，この点についてとくに規定を置いていない。Aが受領した代金について利息支払義務を負うのか，Bが果実や使用利益の返還義務を負うのかという問題に関連して，これらの義務が各当事者の善意・悪意によって異なることになるかどうかが問題となるほか，Bが甲のために費用を支出した場合に，その償還請求についても善意・悪意の区別が意味を持つかどうかが問題となりうるが，この点は今後の解釈に委ねられている。

(2) 詐欺取消しの場合

小問(4)において，BがAの詐欺を理由として取り消した場合に，原状回復義務の内容に相違が生じるか。

121条の2の審議過程においても，原状回復義務の内容が無効・取消原因によって相違が生じるかが議論され，とりわけ，小問(4)の(3)の場合のように相手方の詐欺により，あるいは強迫によって給付を受領した受益者の下で目的物が滅失・損傷した場合に，受益者が原状回復義務を負うことに異論を述べる意見が有力であった。これらの場合，受益者は相手方の違法な行為によって目的物を自己の支配下に置くことになったのであり，その滅失・損傷の危険を負担するべきではないとも考えられたからである。もっとも，この点は，121条の2の規定の文言には反映されず，ただ，利息支払義務や果実返還義務について，545条とは異なって明確な規定を置かず，解釈に委ねるという形で一定の影響を及ぼすことになった。

> 筒井健夫他編著『一問一答』36頁では，この問題を意識したものと思われるが，詐欺等の犯罪行為の被害者が取消権を行使した場合，詐欺等が刑法に抵触する行為であり，708条の不法原因に当たるとする趣旨を述べている。しかし，民法上の詐欺・強迫に当たる場合であっても，708条の不法原因給付に当たるとされるのはきわめて例外的な場合にとどまり，通常の場合には，708条の適用はないと解されるから，同条を根拠として受益者の返還義務を否定するのは例外的な場合に限られる。

では，解釈論として，小問(4)の(3)の場合にどのように考えるべきか。

Aが甲の事故歴について欺罔行為を行った場合でも，それとは無関係の事情で甲の滅失・損傷が生じた場合に，Bがその後に事情を知ったことによって甲の滅失・損傷のリスクをAに転嫁することができるかどうかは，なお検討の余地がある。たとえば，Bが取得を望んでいた美術品のように，Bの売買契約締結にとって当該目的物の取得に重要な意味があり，欺罔行為がなければその目的物を買い受けることもなかったという場合には，Bは相手方によって滅失・損傷のリスクを押しつけられたと見ることができ，利得の消滅の抗弁を認めることが可能であると思われる。しかし，中古車の売買の場合，Bが，甲車でなければ車を購入することはなかったとは考えにくく，そうすると，Bは自分が買い受けた車の滅失・損傷のリスクを回避するためには，車両保険に加入するなどの措置を講じておくべきであるとも考えられる。

さらに，原状回復義務の問題としては，無効・取消原因如何に関わらず，利得消滅の抗弁を否定し，詐欺・強迫の被害者については不法行為に基づく損害賠償請求を認めるとする考え方，詐欺・強迫の場合には給付者の意思形成自体に瑕疵があり，給付利得ではなく侵害利得と見るべきであるとする考え方等も主張され，議論は多岐に分かれている。[→19]

このうち，詐欺・強迫を侵害利得類型と見る立場は，旧法の下では703条の適用を肯定するものであったが，新法の下では，詐欺・強迫による取消しの場合にも121条の2が適用されるから，解釈論としては，有償の法律行為であっても詐欺・強迫による取消しの場合には，1項の原状回復義務を制限解釈して，利得の消滅の抗弁を認めることになろう。

私見は，原状回復義務に基づく目的物の返還債務の履行地についても，返還義務の範囲についても，無効・取消原因の考慮が必要であると解しているが，新法における議論がどのような方向に進むかは定かではない。

(3)　契約の解除に基づく原状回復義務との異同

小問(5)において，Bが契約不適合責任に基づいて契約を解除することができる場合には，121条の2ではなく，545条が適用される。

この場合，まず，548条との関係を考慮する必要がある。同条本文によれば，解除権者が故意又は過失によって契約の目的物を滅失・損傷させた場合等においては，解除権自体が消滅するとされるが，ただし書の規定するとおり，解除権者が解除権の存在を知らなかったときには，解除権の行使は可能である。したがって，小問(5)において，小問(3)のように，Bが甲の契約不適合を認識しないまま甲を運転中に甲が滅失・損傷した場合にも，Bの解除権行使は可能である。

では，解除権の行使が認められる場合に，契約当事者の原状回復義務はどう

19｜　この問題を含めて，松岡久和他編『改正債権法コンメンタール』（法律文化社，2020年）101頁以下（大中有信執筆）は，有償契約における原物返還不能の場合の原状回復義務について詳細に検討している。詐欺・強迫の問題については，とくに105頁以下参照。

なるか。解除については，703条の規定とは異なり，利得消滅の抗弁に関する規定がなく，今回の改正においても，545条2項とのバランスから，同条3項の果実返還義務が新たに挿入されたにとどまっている。

目的物の品質に関する錯誤取消しが認められる場合，同時に，契約不適合を理由とする解除が認められることが多いと考えられるが，いずれを選択するかによりどのような相違が生ずるか。

> 旧法の下では，瑕疵担保責任と錯誤無効の要件の双方を充たす場合に，錯誤無効について期間制限がなく，瑕疵担保責任については，旧564条，566条3項の短期期間制限があることを考慮し，瑕疵担保責任が錯誤の特則に当たると解する学説が多数であった（判例は錯誤優先説）。しかし，新法では，錯誤の効果が取消しに改められ（95条），126条の期間制限が及ぶほか，数量の不適合や権利の不適合については消滅時効の一般原則が適用されることから，契約不適合責任と錯誤の併存を認め，いずれの救済手段を選択するかは権利者の選択に委ねるとする解釈がとられることになろう。

[事例4] において，Bが解除を選択するか，錯誤取消しを選択するかに関わらず，AがBから受領した代金を返還し，また，BがAから受領した甲を返還し，かつ，その減価が生じている場合には減価分の価額償還義務を負い，甲が滅失した場合には，甲の価額返還義務を負うという点では両者に相違はないと解される。

しかし，545条は，利息支払義務及び果実返還義務について明文の規定を置いているのに対して，121条の2では，上述したとおり，これらの義務が認められるのか，認められるとすればそれはどのような場合かについて，解釈に委ねられている。したがって，解除と錯誤取消しの間でどのような相違があるか，さらに，詐欺取消しの場合とどのような相違があるかについては，121条の2の解釈に依存し，現時点では，両者の異同を明確にすることはできない状況にある。

3　価額償還義務の上限？

[事例5]

> Aは，自己の所有する絵画甲を10万円でBに売却した。契約締結に際して，甲は著名な画家Xの作品を後世の画家Yが模写したものであることが前提とされていた。Aは10万円の受領と引換えに甲をBに引き渡したが，甲はBの下で滅失した。しかし，その後，甲はYの模写ではなく，Xの真作であり，その市場価格は2000万円であることが判明した。Aが売買目的物の性質に関する錯誤を理由として契約を取り消した場合，AはBに対して2000万円の価額償還請求をすることができるか。

[事例5] は，121条の2の審議過程で検討されたが，最終的には十分に議論が固まっていないとして解釈に委ねられた問題に関わる。すなわち，この事例において，売主Aの錯誤が，95条1項・2項の要件を充たしていることを前提とすると，Aは取消しにより甲の返還を求めることができるが（第1講13頁以下参照），甲が滅失した場合には，原状回復義務として，甲の客観的価額の償還請求ができるのが原則である。

この場合，121条の2第1項の原状回復義務をそのまま適用すると，BはAに対して10万円の代金返還請求をすることができるが，Aは甲が滅失した場合，Bに対して，甲の客観的価額である2000万円の価額償還請求をすることができることになる。この場合において，Bが当初からAの錯誤を認識しており，取消原因について悪意であったときには，甲が2000万円の価値があることを認識しつつ，甲を自己の支配領域に取り込んだのであるから，その滅失の危険をBが負担することになっても，Bが過大な責任を負わされることにはならない。しかし，Bが甲の滅失時に善意であった場合にも，2000万円の価額償還義務を負うべきかが問題となる。これを認めると，Bは自己の意思に反して，2000万円の甲を買わされたのと同じ結果を押しつけられることになる。

そこで，私見は，従前から，Bが善意である場合にはBの価額償還義務は，

Bが A に対して支払うべきであった対価を限度とし，それを超える利得については利得消滅の抗弁を主張することができ，その限度で価額償還義務を免れると主張してきた。

これは，有償契約の無効の場合，B が善意であっても価額償還義務を免れないことの根拠と密接に関連する。すなわち，上述したとおり，B が自ら利得返還義務を免れつつ，自己の支払った代金の返還を求めることは自己矛盾行為であると見ることができるが，この場合，善意である B は，代金 10 万円を失うのと引換えに甲を取得したと考えたのであるから，対価として支払った 10 万円については，自己の財産から失われた利益であり，契約が無効となり，支払った代金の返還を求める以上，その代償として取得した甲の価額償還義務を免れることもできないと解される。しかし，甲が客観的には 2000 万円の価値を有するものであったとしても，B がそのことを認識していない限り，B が覚悟すべきであった甲の価額償還義務は 10 万円の限度にとどまるべきであり，それを超える価額 1990 万円については，善意の B は利得の消滅を主張することができると考えるべきである。

しかし，121 条の 2 の審議過程において，一律にこのように解することができるかどうか疑問が残るとする意見が多くなり，条文化は見送られ，この点も解釈論に委ねられることとなった。[→20]

Ⅳ 原状回復義務(3)——意思無能力による無効，行為能力の制限を理由とする取消し

[事例 6]

（1） A は，B の経営する寿司屋に電話で 1 万円の寿司を注文した。B の従業員

20｜ この問題を含めて，121 条の 2 の成立過程における議論と，解釈論上の問題点に関する私見については，磯村保「法律行為の無効・取消しと原状回復義務」Law&Practice 12 号（2018 年）1 頁以下参照。また，審議過程における議論の詳細な経緯については，山本敬三「民法の改正と不当利得法の見直し」法学論叢 180 巻 5 = 6 号（2017 年）247 頁以下を参照。

Cが寿司甲をAの自宅に届けて，代金の支払を請求したが，Aは金銭の持ち合わせがなく，CはBに連絡を取り，後日，代金を請求することとして，甲をそのまま置いて帰った。その後，Aの家族から連絡があり，Aは電話注文の際に意思能力を欠く状態であったとの説明がなされた。この説明が真実に合致することを前提として，BはAに対して甲の価額償還請求ができるか。
(2)　15歳の未成年者Dは，両親E_1・E_2の同意を得ないまま，F店舗においてゲーム機乙を５万円で購入した。Dは乙を自宅に持ち帰って自室で遊んでいたが，E_1・E_2が乙を見つけてFに連絡を取り，Dの締結した売買契約を取り消し，代金５万円の返還を求めた。この場合，FはDに対してどのような請求ができるか。

1　意思無能力による無効

旧法においては，意思無能力者[→21]の行った法律行為は無効であることが解釈によって認められていたが，新法は3条の2を新設し，意思無能力の状態で行われた法律行為が無効であるという明文の規定を置いた（第１講１頁以下参照）。これに対応して，意思無能力の場合の原状回復義務について，121条の2第3項に特則が設けられた。これによれば，意思無能力者はつねに現存利益の範囲で返還義務を負うにとどまるから，小問(1)のような有償契約であっても，Aは甲の客観的価額の償還義務を負わず，甲がすでに費消され，あるいは，その価値を失った場合には，利得が消滅したと主張することができる。また，契約が無効である以上，Bは代金の支払請求もできない。したがって，この事例とは異なり，AがBに代金を支払っていたときは，BはAに対して代金返還義務を負う。

意思無能力者が行った法律行為が事実上履行されている場合に，このような例外を認めないと，意思無能力者の行った法律行為を無効とすることによって意思無能力者を保護する趣旨が没却されることになる。これが，このような特

21｜　意思能力の有無は法律行為の当時を基準時として判断されるから，同じ行為者が別の時点では意思能力を回復していることがありうる。したがって，「意思無能力者」という表現は誤解を招くものであるが，ここでは，ある法律行為を行う時点で意思能力を欠く者という意味で用いる。

則を必要とする理由である。

2　行為能力の制限を理由とする取消し

小問(2)において，5条3項に当たる例外的な場合を除いて，E_1・E_2は法定代理人として，DがE_1・E_2の同意を得ずに行った売買契約を取り消し，Dに代わって代金5万円の返還請求をすることができる。他方，DはFに対して，121条の2第3項後段の規定に従い，現存利益の範囲で返還義務を負うから，Dの下に乙が残っている場合，Dの使用によって価値が下落している乙の原物を返還すれば足りる。この後段の規定も，意思無能力者の場合と同様，行為能力の制限を受けた者が不利益を被ることを防ぐ趣旨である。

もっとも，15歳の未成年者は責任能力を有するのが通常であるが，Dが両親の同意を得ずに契約を締結することにより，Fに損害が生じることを認識し，あるいは認識すべきであった場合に，Fが709条に基づいてDに対して損害賠償請求をなしうるかどうかが問題となりうる。これを広く認めると，121条の2第3項後段により，原状回復義務において制限行為能力者の利益保護を図る趣旨が意味を失うことになるが，責任能力を有する制限行為能力者が取引行為によって相手方に損害を与えた場合に，損害賠償責任を問うことができないと解することにも疑問が生じうる。この問題も，今後の検討課題である。

なお，121条の2の特則として，消費者契約法6条の2は，同法で認められる取消権を行使した消費者が善意である場合には現存利益の範囲で返還義務を負うと規定していることにも留意されたい。

以上の検討から明らかになるとおり，121条の2の最も重要な意義は，有償の法律行為の無効の場合には，原状回復義務が認められ，善意であっても利得消滅の抗弁を主張することができないとされる点にあるが，きわめて多くの問題について，一義的な解決を示すものとはいえず，それらは今後の判例・学説の発展に委ねられている。本講で提示した私見も，解釈論として1つの考え方を提示するものにとどまるものである。

第 4 講

時 効

I 消滅時効に関する改正の概要

民法総則編第 7 章「時効」は，一定期間の事実状態の継続により権利の取得を認める取得時効制度と，一定の事実状態の継続により権利が消滅する消滅時効制度の双方を規定し，これらに共通する原則を第 1 節「総則」にまとめて規定している。今回の改正は，債権関係を対象とするものであることから，原則として，取得時効については従来の規定を維持し，権利，とくに債権の消滅に関わる消滅時効について重要な改正が行われたほか，同時に，両者に共通する時効総則についても改正が行われた。

その主要な事項は，①消滅時効の援用権者，②旧法における時効の中断・停止制度の再編，③消滅時効期間に関する改正である。以下，これらの各事項につき，主要な問題に焦点を当てて検討するが，説明の便宜上，まず，③の問題を最初に取り上げることとする。

II 消滅時効期間の改正

[事例 1]

(1) Aは，2021 年 5 月 1 日，甥 B から依頼を受け，100 万円を無利息で貸与した。返済期日は同年 9 月 30 日とされたが，期日が到来しても B は返済しなかった。A は親族関係にあることを考慮し，B に対して履行の催促をしていなかったが，2026 年 10 月 10 日になって，B に 100 万円の返済を求めた。B は消滅時効を援用して履行義務を免れることができるか。

(2)（1）において，Aは，2024年6月10日に死亡し，Cが単独相続人となった。Cは，その当時，AがBに100万円を貸したという事実を知らなかったが，2026年9月半ばにその事実を知り，2026年10月10日になって，Bに100万円の返済を求めた。Bは消滅時効を援用して履行義務を免れることができるか。
(3) Aは，2021年5月1日，甥Bから依頼を受け，100万円を無利息で貸与し，Bは，同年9月30日に100万円を返済した。その後まもなくBが死亡し，DがBの単独相続人となったが，2022年2月10日，AはDに対して，Bに貸与した100万円が未払であるとして，その返済を求めた。DはAの言を信じて，同月20日に100万円を返済した。しかし，Dは，2029年10月になって，Bが生前に100万円をAに返済していた事実を知るに至り，Aに対して100万円の返還請求をした。Aは消滅時効を援用して返還義務を免れることができるか。
(4) Aは，2021年7月10日，家族とともに老舗レストランBで会食をした。Aはクレジットカードで飲食代金10万円を支払おうとしたが，Bはクレジットカードによる支払を認めていなかったことから，Bに請求書を送るように依頼した。Aは，同月15日に請求書を受領したが，支払を怠ったまま時日が経過した。2024年7月になって，AはBから15万円の支払を求められた。Aは消滅時効を援用して支払義務を免れることができるか。
(5) Aは，2021年6月10日，体調を崩してB病院でC医師の診察を受けた。Cは，Aの体調不良が仕事の疲れによるものであり，1週間程度入院すれば回復すると診断した。Aは，この診断に従いB病院に入院したが，同月15日，Aの容態は急変し，心筋梗塞により死亡した。Aの相続人Dは，Cから，Aの急死は医学的に予想できないものであったとの説明を受け，その場ではCの説明を了承した。しかし，その後，Aの死亡の原因に関するCの説明が正しいものであったかどうか気になっていたところ，2033年10月頃になって，2021年6月頃，B病院において患者の死亡が相次いでいたこと，これらの患者の死因がB病院の医療過誤によるものであるとの報道を目にした。この時点で，Dが，Aの死亡事故はCの診断ミスによるものであったことを証明できる場合に，DはBやCに対して損害賠償請求ができるか。

1　消滅時効期間と起算点

旧166条1項は，消滅時効の起算点は「権利を行使することができる時」であるとし，旧167条1項は，債権について消滅時効期間は10年であると規定していた。

新法は，後述するとおり，旧法の短期消滅時効制度（旧170条～174条）を廃止し，消滅時効期間を画一的に定めることとし，他方で，消滅時効期間が一律に長期になりすぎることを避けるため，債権の消滅時効の起算点と期間について，旧法における10年の消滅時効期間に加えて，権利行使が可能であることを債権者が認識した時点を起算点とする5年の消滅時効期間を新たに設けている。

すなわち，新166条1項は，債権は，①債権者が権利を行使することができることを知った時から5年間（同項1号），②権利を行使することができる時から10年間（同項2号）行使しないときは，時効により消滅すると規定する。①は，債権者の認識を基準時とする主観的な起算点を定めるものであり，②は，債権者の認識を問わない客観的な起算点を定めるものである。①の期間と②の期間のいずれが先に満了するかは事情により異なるが，いずれか一方の期間が経過すると，消滅時効が完成する。

契約に基づく債権については，通常の場合，債権者は履行期がいつか，したがってまた，債権をいつから行使することができるかを認識しているから，新166条1項1号の消滅時効期間がとくに重要となる。

これにより，旧法によれば，債権者が権利行使が可能であることを認識していたかどうかに関わらず，原則として10年間債権の行使が可能であったところ，新法が適用される場合には，権利行使が可能であることを知った時から5年が経過すると消滅時効が完成し，債務者が時効を援用すると権利行使ができなくなる。

したがって，債権の消滅時効について，旧法，新法のいずれが適用されるかはきわめて重要な意味を持つ。この点について，改正民法の附則10条4項は，改正民法の施行日前に発生した債権，及び，施行日後に発生した債権であってもその債権を発生させる原因である法律行為が施行日前に行われた場合（附則10条1項。例，保証契約が施行日前に締結され，保証債務の履行により主たる債務者に対する求償権が施行日後に発生した場合）については，「なお従前の例による」としており，これらの場合には旧167条1項が適用されることに注意が必要である。→1

［事例 1］(1)において，貸主 A は，返済期日が 2021 年 9 月 30 日であることを認識しており，同日の満了時点以後，返還請求が可能であることを認識しているから，2026 年 9 月 30 日が経過すると，B は，166 条 1 項 1 号に従い，消滅時効を援用することができる。

また，小問(2)においては，A は権利行使が可能である時期を認識していたが，その相続人 C はこれを認識していなかった。しかし，この場合にも，被相続人 A が履行期を認識していた以上，C はその地位を包括承継し，C 自身が知らなかったとしても，166 条 1 項 1 号が適用されることになる。→2

契約上の債権であっても，履行期がつねに明らかであるとは限らない。たとえば，小問(1)とは異なり，「B が就職すれば返済する」という停止条件が付されていた場合，B が就職すれば，客観的には権利行使が可能となるが，B の就職という事実（停止条件の成就）を A が認識していなければ，5 年の消滅時効期間は進行しない。

客観的な起算点による 10 年の消滅時効が重要な意味を持つのは，とりわけ不当利得や事務管理のような法定債権関係の場合である。小問(3)において，D は，B がすでに弁済していた債務を，債務が存在すると信じて履行したのであり，D は，703 条，704 条に基づいて，客観的には，A に対してただちに不当利得返還請求権を行使することができる。しかし，D が B の債務の存在を信じている間は，A に対して不当利得返還請求権を行使することができるという認識を欠いている。この場合，D は，166 条 1 項 2 号の規定に従い，不当利得返還請求権の発生時点から 10 年間権利行使が可能であり，2022 年 2 月 20 日に D の支払と同時に発生した不当利得返還請求権は，2032 年 2 月 20 日が満了してはじめて時効により消滅する。

1｜ 改正民法がいつから適用されるかについて，同法の附則は多数の規定を置いており，この問題は消滅時効期間に限られないが，とりわけ消滅時効については，その影響が大きい。
2｜ 筒井健夫他編著『一問一答』18 頁参照。

2　短期消滅時効制度の廃止

旧法は，170条〜174条まで，職業別に3年，2年ないし1年の短期消滅時効制度を置いていた。これらの規定は，その債権額が比較的少額であること，権利関係を早期に確定することにより，領収証の保存等の負担を軽減すること等を目的としたものであるが，取引が複雑化・多様化する中で，短期消滅時効の適用を受けるのか，あるいは一般原則によるのかが不明となることも少なくなかった。

たとえば，旧174条5号によれば「動産の損料」に関する債権は1年で時効消滅するが，最判昭和46年11月19日民集25巻8号1331頁は，同号の動産の損料とは，貸衣装や貸しボートのような，きわめて短期の動産賃貸借に基づく賃料を指すものであり，建設用の機械の賃料については適用がないとしていた。

また，商事時効についても，旧商法522条は，商行為によって生じた債権について5年の短期時効を定めていたが，同じく法人による貸付けの場合でも，銀行の貸付債権は5年の商事時効の適用を受けるのに対して，商人ではない信用金庫の貸付債権については民事の一般消滅時効が適用された。このような場合，商事時効が適用されるかどうかの判断が容易でないだけでなく，区別自体の合理性にも疑問が持たれていた。

これらの事情を考慮し，民法の短期消滅時効制度及び商事時効に関する特則を削除し，166条の一般規定に従って消滅時効期間を統一することとされた。従来，商事時効については商取引の迅速性を考慮したものと説明されてきたが，新法の下では，166条1項1号の適用により，ほとんどの場合には，従前と同様に5年の消滅時効期間が適用されることになろう。

［事例 1］(4)は，短期消滅時効制度の廃止が影響を及ぼす一例である。旧法において，レストラン等における飲食代金については，旧174条4号により1年の消滅時効期間が定められていた。これが適用されれば，小問(4)の事例では，2022年7月10日の満了により時効が完成するはずであるが，この事例は新法の適用を受けるケースであるから，Aの債務は，5年の経過によってはじ

めて時効消滅する。

3 生命・身体の侵害による損害賠償請求権の特則――不法行為規定との調整

[事例 1] (5)において，Aの死亡がB・Cの医療過誤によって生じたものであることを前提とすると，Aの相続人Dは，不法行為に基づく損害賠償請求と，医療契約上の債務不履行に基づく損害賠償請求の双方が可能である。

新法は，不法行為の消滅時効期間については，原則として，従前と同じく，①被害者（又はその法定代理人）が損害及び加害者を知った時から3年，又は②不法行為の時から20年としている（724条)。もっとも，旧法における②の期間については，消滅時効期間ではなく，除斥期間に当たるとするのが判例(最判平成元年12月21日民集43巻12号2209頁）の解釈であった。これによると，画一的な処理を優先するため，消滅時効に関する時効中断や停止に関する規定の適用がないほか，信義則や権利濫用禁止の一般原則の適用もないと解された。

学説はこの判例を強く批判してきたが，新724条柱書は，学説の立場を採り入れ，20年の期間についても消滅時効期間であることを明らかにした。また，同条1号をそのまま適用すると，1号の起算点は，権利行使が可能であることを被害者が知った時に当たるが，166条1項1号の場合には5年間権利行使が可能であるのに対して，724条1号では3年を過ぎると権利行使ができないことになる。生命・身体の侵害に基づく損害賠償請求について，このような期間の差異が生ずることを避けるため，724条の2を新設して，生命・身体の侵害による不法行為に基づく損害賠償請求権については，724条1号の期間を5年として，166条1項1号とのバランスを図っている。

他方，客観的に権利行使が可能である時点が起算点となる場合に，不法行為に基づく損害賠償請求については，724条2号に従い，20年間権利行使が可能であるが，166条1項2号によれば，10年が経過すると契約上の債務不履行に基づく損害賠償請求権が時効により消滅することになる。そこで，新167条は，不法行為規定とのバランスを図るため，生命・身体の侵害による損害賠償請求権については，166条1項2号の期間を20年としている。

これらによれば，[事例 1]（5）において，AがB・Cの医療過誤に基づいて死亡していた場合，法的には，その医療過誤の時点から損害賠償請求権を行使することができたが，不法行為に基づく請求についても，債務不履行に基づく請求についても，権利行使可能時から20年が経過するまでは消滅時効は完成しない。したがって，2033年10月の時点で，いずれの根拠に基づく場合でも損害賠償請求が可能である。

また，Dが，Aの死亡がBらの医療過誤によるものであることを知ったのは，早くとも2033年10月頃であるから，その時点から5年が経過するまでは権利行使が可能である。

なお，以上の説明は，166条1項2号の起算点である「権利を行使することができる時」と，724条2号の起算点である「不法行為の時」が同じ時点を指すことを前提とする。旧法下の最高裁判例は，「権利を行使することができる時」という客観的起算点を柔軟に解釈する態度を示しており，たとえば，最大判昭和45年7月15日民集24巻7号771頁は，供託金取戻請求権の消滅時効の起算点について，「『権利ヲ行使スルコトヲ得ル』とは，単にその権利の行使につき法律上の障害がないというだけではなく，さらに権利の性質上，その権利行使が現実に期待のできるものであることをも必要と解するのが相当である。」と述べ，また，最判平成19年4月24日民集61巻3号1073頁は，自動継続特約のある定期預金契約について，初回の満期日から預金払戻請求権の消滅時効期間が進行を開始するかどうかが争われた事件で，預金者は満期日より前に自動継続の停止を申し入れることによって預金の払戻しを請求することができるものの，最初の満期日を権利行使可能時であるとすると，定期預金を継続するか停止するかを預金者が自由に決定することができる自動継続特約の趣旨に矛盾するとし，預金払戻請求権の消滅時効は預金者が実際に解約の申入れを行った後に到来する満期日から進行するとしている。

旧724条の「不法行為の時」については，加害行為時と損害発生時の間に時間的間隔がある場合に，最判平成16年4月27日民集58巻4号1032頁は「損害の全部又は一部が発生した時」を起算点と解しているが，新法の下で，客観的起算点をどのように解するかについて，166条1項2号と724条2号のすりあわせが必要となろう。

4　時効制度の存在理由との関係

本講Ⅰにも述べたとおり，今回の改正は消滅時効を中心とするものであり，取得時効そのものは改正の対象から除外されている。したがって，取得時効の期間については，162条1項・2項の長期取得時効（20年）及び短期取得時効（10年）が維持されている。

これまで，時効制度の存在理由については，時効一般について，永続した事実状態を保護することにより，その事実状態を前提としている法律関係の安定を図ること，権利の上に眠る者の保護が不要であること，真実の権利関係を証明することの困難性を回避すること等があげられてきた。しかし，消滅時効期間が短期化され，多くの場合に5年で消滅時効が完成することになると，これまで時効制度の存在理由として述べられてきた考え方をそのまま消滅時効制度に当てはめることができるかどうかは疑問となりうる。その意味では，今回の改正は，時効制度の在り方そのものを問い直す面があることは否定できないと思われる。

Ⅲ　消滅時効の援用権者

[事例2]

（1）　Aは，Bから金銭を借り受け，Cがその保証人となった。Aの債務について消滅時効が完成したが，その後，AはBに対して債務の一部を弁済し，残額について期限の猶予を求めた。CはAの債務について消滅時効を援用することができるか。
（2）（1）において，第三者Dは，Aの債務を担保するため自己の所有する甲土地に抵当権を設定し，その登記を行った。Aの消滅時効が完成した後，Aについて（1）と同じ事情が生じた場合に，DはAの債務について消滅時効を援用することができるか。
（3）（2）において，Dが，抵当権の負担が付いたまま甲土地を第三者Eに譲渡した。Aの消滅時効が完成した後，Aについて（1）と同じ事情が生じた場合に，譲受人EはAの債務について消滅時効を援用することができるか。

(4)（2）において，DがBのために抵当権を設定した後，自己のFに対する債務を担保するため，Fのために二番抵当権を設定した。Aの消滅時効が完成した後，Aについて（1）と同じ事情が生じた場合に，Fは，Aの債務について消滅時効を援用することができるか。

1　消滅時効の援用権者をめぐる旧法の議論状況

(1)　債務者の時効援用があれば利益を受けることができる利害関係人

旧145条は，時効は「当事者」による援用が必要であることを規定していた。この規定は，消滅時効についていえば，時効が完成しただけでは，消滅時効の効果が当然に発生するのではなく，そのためには当事者の「援用」が必要であることを意味する。時効の完成による権利の消滅と援用の必要性の関係をどのように説明するかという問題が議論されてきたが，判例（最判昭和61年3月17日民集40巻2号420頁）・通説によれば，時効による権利の取得や消滅の効果が生ずるのは，時効援用の時点である（不確定効果説と呼ばれる）。改正の審議過程において，この考え方を条文に取り込む案も検討されたが，最終的には条文化は見送られた。したがって，援用による時効の効果発生は，今後とも解釈論の問題として議論されることになる。

旧145条のもう一つの問題は，そこで規定される「当事者」が誰を指すかであった。[事例2] において，債務者Aが債権者Bに対して時効を援用すると，自己の債務を免れることができる関係にあるから，そのようなAがBのAに対する債権について当事者に当たることは明らかである。しかし，債務者以外の「第三者」も，Aの債務の消滅時効について，旧145条の意味での「当事者」に当たるか，当事者に当たる者と当たらない者を区別する基準は何かが問題とされてきた。

小問(1)における保証人Cは，Aの債務が消滅すれば，保証債務の付従性により保証債務を免れることができる。また，小問(2)における抵当権設定者（＝物上保証人）Dは，Aの債務が消滅すると，抵当権の付従性により，抵当権が消滅し，抵当権の負担を免れることができる。同様に，小問(3)における抵当不動産の第三取得者Eも抵当権の負担を免れることができる。さらに，小問(4)において，後順位抵当権者Fは，Aの債務が消滅すると，先順位抵当権の消滅により順位が上昇し，一番抵当権者の地位に立つことができる。したがって，C，D，E，Fは，Aが時効を援用することにより利益を受ける関係にある。

問題は，各事例において，Aが時効完成後に債務を一部弁済し，残額について期限の猶予を求めた場合に，どうなるかである。

まず，この場合，Aが時効の完成を知りながら，債務の一部を弁済したときは，消滅時効を援用することなく，その利益を放棄したといえる。また，時効の完成を知らない場合でも，一部弁済や期限の猶予の申入れは債務を承認する行為であり，その場合，判例（最大判昭和41年4月20日民集20巻4号702頁）・通説は，信義則に照らして時効の援用をすることができないと解している。債権者が債務者の無知や未経験に乗じて時効完成後に債務を承認させた場合に，債務者の時効援用が信義則に反するかどうかは疑問の余地もあるが，判例・通説の立場を前提とする限り，［事例2］の各小問において，Aは時効を援用することができない。

その場合に，C～Fが固有の時効援用権を行使できるか，すなわち，C～Fが旧145条の「当事者」に当たるかどうかが議論されてきた。

(2)　旧法下の判例・学説

(a)　戦前の判例

判例は，戦前から一貫して，旧145条にいう「当事者」とは，時効によって「直接利益を受ける者」すなわち「取得時効により権利を取得する者」又は「消滅時効により権利の制限や義務を免れる者」であると定義し，戦前の先例である大判明治43年1月25日民録16輯22頁は，この定式を用いて，物上保証人，抵当不動産の第三取得者については，間接的に利益を受ける者にすぎず，当事者には当たらないとした。結論だけが示されることが多い先例であるが，その正確な理解のため，以下に明治43年大判の判旨を引用する。

「所謂当事者とは時効に因り直接に利益を受くへき者即取得時効に因り権利を

> 取得し又は消滅時効に因りて権利の制限若くは義務を免るる者を指称す故に時効に因り間接に利益を受くる者は所謂当事者に非す若し此の如き者も独立して時効を援用するを得るとせんか直接に利益を受くる者例えは債務者は時効の利益を受くるを欲せすして時効を援用せす若くは之を拋棄したるか為め債務の弁済を命せられたるに拘らす間接に利益を受くる者例えは抵当権を設定したる第三者は時効を援用して抵当権の行使を免るるを得へく債権者は主たる債権を有しなから従たる抵当権を失うか如き不合理なる結果を見るに至るへし是豈に法律の望む所ならんや若し夫れ当事者の承継人は当事者の時効援用権を承継するか故に当事者と同視せらるへきものにして時効を援用し得へきは当然なり然り而して被上告人は係争債権を担保する抵当権の目的物たる不動産の第三取得者たるに過きされは抵当債権の消滅時効に罹りたるか為め直接に利益を受くへきに非す抵当権消滅するときは其取得したる不動産上に存する抵当権消滅するの結果其所有権安固となるの利益は之を受くへしと雖も其利益たる時効の直接の効果に非されは抵当権の消滅時効を援用し得へき当事者と謂う可らさるや論を俟たす」

戦前の判例も，保証人の時効援用権については，固有の援用権を認めていたが（大判昭和7年6月21日民集11巻1186頁），物上保証人と保証人との間で結論を異にすることの合理性が明らかとはいえなかった。

(b)　学説の批判と最高裁判例の変化

これに対し，学説はすでに戦前から，大審院判例が保証人の場合を除いて，債務者以外の者に固有の援用権を認めず，これを時効により「直接利益を受ける者」という定式によって根拠づけたことに対して，その定式の狭隘さを批判し，新たな定式化を提唱して，援用権者の範囲を拡大すべきであると主張した。

たとえば，我妻榮『新訂民法総則』（岩波書店，1965年）446頁は，「時効によって直接権利を取得しまたは義務を免れる者の他，この権利または義務に基づいて権利を取得しまたは義務を免れる者をも包含する」（傍点は原著者）と解すべきであるとする。もっとも，その後，学説においても多様な見解が主張され，援用権者の範囲を拡大するべきかどうかを一律に見るべきではなく，問題となる利益状況を個別に判断する必要があるとする者，単に自己の利益が増進するにすぎない場合には援用権は認められないとする者，判例の基準とされる利益の直接性を定式化しようとする者等，定式においても具体的結論においても議論は多岐に分かれてきた。

最高裁は，学説の批判を受けて，物上保証人（最判昭和42年10月27日民集21巻8号2110頁）についても，抵当不動産の第三取得者（最判昭和48年12月14日民集27巻11号1586頁）についても，それぞれ上掲明治43年大判を変更し，以下のように判示して固有の援用権を認めるに至った。しかし，これらの判例は，その判旨から知られるとおり，当事者を「直接利益を受ける者」と定式化する点では戦前の先例を維持しながら，実際の結論においては，先例とは正反対の結論を導き出したものであり，これは，直接利益を受けたかどうかという定式が当事者に当たるかどうかを判断する基準として機能していないことを示すものといえた。

最判昭和42年10月27日民集21巻8号2110頁
「時効は当事者でなければこれを援用しえないことは，民法145条の規定により明らかであるが，右規定の趣旨は，消滅時効についていえば，時効を援用しうる者を権利の時効消滅により直接利益を受ける者に限定したものと解されるところ，他人の債務のために自己の所有物件につき質権または抵当権を設定したいわゆる物上保証人も被担保債権の消滅によつて直接利益を受ける者というを妨げないから，同条にいう当事者にあたるものと解するのが相当であり，これと見解を異にする大審院判例（明治43年1月25日大審院判決・民録16輯22頁）は変更すべきものである。」

最判昭和48年12月14日民集27巻11号1586頁
「民法145条の規定により消滅時効を援用しうる者は，権利の消滅により直接利益を受ける者に限定されると解すべきであるところ（最高裁判所昭和39年（オ）第523号，第524号同42年10月27日第2小法廷判決・民集21巻8号2110頁参照），抵当権が設定され，かつその登記の存する不動産の譲渡を受けた第三者は，当該抵当権の被担保債権が消滅すれば抵当権の消滅を主張しうる関係にあるから，抵当債権の消滅により直接利益を受ける者にあたると解するのが相当であり，これと見解を異にする大審院明治42年（オ）第379号同43年1月25日判決・民録16輯1巻22頁の判例は変更すべきものである。」

(c)　後順位抵当権者の援用権をめぐる議論

これらに対し，議論が分かれたのは，後順位抵当権者が固有の援用権を有する当事者に当たるかどうかである。この問題につき，最判平成11年10月21日民集53巻7号1190頁は，以下のように判示して，後順位抵当権者は時効の「当事者」には当たらないとした。

> 「民法145条所定の当事者として消滅時効を援用し得る者は，権利の消滅により直接利益を受ける者に限定されると解すべきである（最高裁昭和45年（オ）第719号同48年12月14日第2小法廷判決・民集27巻11号1586頁参照）。後順位抵当権者は，目的不動産の価格から先順位抵当権によって担保される債権額を控除した価額についてのみ優先して弁済を受ける地位を有するものである。もっとも，先順位抵当権の被担保債権が消滅すると，後順位抵当権者の抵当権の順位が上昇し，これによって被担保債権に対する配当額が増加することがあり得るが，この配当額の増加に対する期待は，抵当権の順位の上昇によってもたらされる反射的な利益にすぎないというべきである。そうすると，後順位抵当権者は，先順位抵当権の被担保債権の消滅により直接利益を受ける者に該当するものではなく，先順位抵当権の被担保債権の消滅時効を援用することができないものと解するのが相当である。」

この判決においては，後順位抵当権者と抵当不動産の第三取得者との間で異なる取扱いをすることの当否も問題となった。判決は，この点について，以下のとおり，判示した。

> 「論旨は，抵当権が設定された不動産の譲渡を受けた第三取得者が当該抵当権の被担保債権の消滅時効を援用することができる旨を判示した右判例を指摘し，第三取得者と後順位抵当権者とを同列に論ずべきものとするが，第三取得者は，右被担保債権が消滅すれば抵当権が消滅し，これにより所有権を全うすることができる関係にあり，右消滅時効を援用することができないとすると，抵当権が実行されることによって不動産の所有権を失うという不利益を受けることがあり得るのに対し，後順位抵当権者が先順位抵当権の被担保債権の消滅時効を援用することができるとした場合に受け得る利益は，右に説示したとおりのものにすぎず，また，右の消滅時効を援用することができないとしても，目的不動産の価格から抵当権の従前の順位に応じて弁済を受けるという後順位抵当権者の地位が害されることはないのであって，後順位抵当権者と第三取得者

とは，その置かれた地位が異なるものであるというべきである。右と同旨の原審の判断は，正当として是認することができる。原判決に所論の違法はなく，論旨は採用することができない。」

本判決は，抵当目的物件の第三取得者との対比をした上で，後順位抵当権者が時効の援用によって受ける利益は前者の利益とは異なっていることを説示している。しかし，これが十分に説得的といえるかどうかは評価が分かれる。

［事例 2］(3)において，E が抵当物件を買い受けるに際しては，代金額を決定するについて抵当権の被担保債権額が考慮されているのが通常であり，抵当権の負担をあらかじめ考慮して廉価で目的物件を買い受けている以上，抵当権の実行による所有権喪失の不利益やその喪失を防ぐために費用を支出することはもともと E が覚悟していたものであるから，E に時効援用権が認められなくても，E の地位が害されることにはならない。むしろ，E が固有の援用権を行使できるとすると，いわば棚ぼた的利益を得ることになるとも考えられる。そうすると，旧法の解釈としては，抵当不動産の第三取得者に時効援用権を認めるのであれば，後順位抵当権者についても時効援用権を認めることも考えられ，また反対に，後順位抵当権者と抵当不動産の第三取得者双方について時効援用権を否定するという論理的な可能性も残されていた。→3

2　新 145 条における「当事者」

しかし，新 145 条は，「当事者」に括弧書で「消滅時効にあっては，保証人，物上保証人，第三取得者その他権利の消滅について正当な利益を有する者を含む」と追加し，同条で例示された保証人，物上保証人及び第三取得者は，権利の消滅について正当な利益を有する者に当たることを明示するに至った。これにより，新法の下では，［事例 2］(1)～(3)の場合に，C，D，E が当事者に当

3｜　上掲平成 11 年最判について民法判例百選Ⅰ・42 事件の森田宏樹解説は，最高裁の判旨が説得的であるかどうかについては疑問を呈しつつ，複数の抵当権者が存在する場合に，援用権の相対性を認めることができないことを重視して，後順位抵当権者の援用権を否定している。

たり，固有の時効援用権を有するのは条文上明らかである。

これに対して，小問(4)の後順位抵当権者Fが時効を援用できるかどうかは，新145条でいう「その他権利の消滅について正当な利益を有する者」に該当するかどうかに依存する。上掲平成11年最判は，Fは単に反射的利益を受けるにすぎないと解しており，この考え方に従う限り，新法の下でも，後順位抵当権者は「正当な利益を有する者」には当たらないと解されることになろう。もっとも，どのような場合に「正当な利益」があるといえるかは，条文自体からは明らかでなく，従前における「直接利益」と同じく，一義的に援用権者の範囲を画定することができる定義にはなっていないことにも留意が必要である。

なお，新145条は，時効の総則規定であるから，取得時効にも適用されるが，取得時効制度が改正の直接の対象とされなかったことの結果として，当事者の括弧書はもっぱら消滅時効の場合に限定されており，規定の体裁としてはやや不自然な形となっている。

Ⅳ　時効の更新と完成猶予——時効の中断及び時効の停止制度の再編

[事例3]

(1)　Aは，2021年5月10日，Bに金銭100万円を貸与し，返済期日を2022年5月10日と定めた。Bは返済期日が到来しても債務を履行していなかったところ，Aは，2023年5月10日に至って，Bに返済を求めた。Bは，同月20日に，10万円をAに返済し，残額については期限の猶予を申し入れ，Aはやむをえず，これを了承した。その後も，Bからの返済がなされないまま時日が経過し，2027年5月20日になって，Aはあらためて Bに対して残額債務の履行を求めた。Bはこれに応ずる必要があるか。

(2)　(1)において，Aが2023年5月10日に至って，Bに返済を求めたところ，Bは，①Aから金銭を借り受けた記憶はない，②かりに，金銭を借り受けたとしても，すでに弁済したと主張して，Aの請求を争った。そのまま時日が経過し，Aは，2027年6月10日になって，Bを相手として訴えを提起し，100万円の支払を求めた。Bはこれに応ずる必要があるか。

(3)　(2)において，Aは，2027年1月10日になって，あらためてBに履行を求めたが，Bはこれに応じなかった。そのため，Aは，同年6月10日になって，Bを相手として訴えを提起し，100万円の支払を求めた。Bはこれに応ずる必要があるか。
(4) (2) において，Aは2027年1月10日になって，Bを相手として訴えを提起し，100万円の支払を求めた。訴訟係属中に，2027年5月10日が到来した場合，Bは消滅時効を援用することができるか。
(5) (3) において，Aの請求を認容する判決が確定したときにはどうなるか。
(6) (2) において，Aは，2027年4月になって，訴訟提起をしようとしていたところ，A・Bの居住する地域で大地震が発生したため，訴訟を提起することができないまま，2027年5月10日が経過した。この場合，Bは消滅時効を援用することができるか。

1 時効の更新と時効の完成猶予

(1) 時効の中断から時効の更新及び時効の完成猶予へ

旧法における時効の中断は，承認（旧147条3号）のように，当該事由が生じると，それまで進行していた時効期間が意味を失い，新たに時効期間が進行する場合と，裁判上の請求（旧147条1号）のように，その手続が進行している間は時効完成の効果が発生しない場合を含んでいた。また，日常用語での中断は，一時的にスポーツの試合が中断され，その後再開されるような場合等で用いられるのに対して，前者の場合の「中断」はこれとはかけ離れた意味で用いられており，誤解を招くおそれもあった。

そこで，新法は，これまで時効の中断事由とされていたものを，それまでの時効期間が意味を失い，新たな時効期間が進行する時効の更新と，時効期間が経過しても時効の完成を生じない事由がある場合（＝時効の完成猶予）とに区別している。以下，これをいくつかの典型事例に即して見よう。

(2) 権利の承認

旧147条3号は，「承認」を時効の中断事由の1つとして掲げていたが，新152条1項は，「権利の承認があったときは，その時から新たにその進行を始める」と規定して，これまで承認による時効中断の効果として考えられてきた効果を具体的に示し，条文のタイトルでこれを「時効の更新」と呼んでいる。

［事例3］(1)に即していえば，AのBに対する債権は2022年5月10日の満了とともに権利行使が可能となり，また，Aは権利行使が可能であることを認識していると解されるから，本来であれば，2027年5月10日の満了によって時効が完成する（166条1項1号）。しかし，Aが2023年5月10日にBに対して履行請求をし，Bが同月20日に一部を弁済するとともに，残額債務について期限の猶予を申し入れる行為は，Bが自己の債務の存在を承認したものと評価される。そうすると，152条1項に従い，その承認までに経過した消滅時効期間は意味を失い，2023年5月20日から新たに時効期間が進行する。したがって，2027年5月20日の時点でのAの履行請求に対して，Bは消滅時効を援用することができない。

(3)　裁判外の履行の催告

小問(2)において，Aは2023年5月10日に履行の請求（履行の催告）をしているが，この請求は単に裁判外で行われたものにすぎない。このような履行の催告は，その時点から6ヶ月間，時効の完成を阻止する効果を有するにとどまり，時効期間の進行そのものを妨げるものではない。したがって，小問(2)においては，権利の承認の場合とは異なり，時効の更新の効果は生じないから，2027年5月10日が満了すると時効が完成し，BはAに対して消滅時効を援用することができる。

(4)　裁判外の催告後の裁判上の請求

小問(2)だけを見ると，裁判外で履行の催告をすることは意味がないようにも見える。しかし，たとえば，小問(3)においては，6ヶ月の時効の完成猶予の効果が重要な意味を持つ。

小問(3)において，Bの消滅時効は，本来であれば2027年5月10日の満了によって完成するから，その後に訴訟を提起しても，Bは時効を援用することができるかに見える。しかし，AがBに対して2027年1月10日に行った履行請求は，150条1項の規定に従い，その時から6ヶ月が経過するまで時効の完成を妨げる効果を有するから，時効の完成猶予が認められている間に裁判上の請求を行う（訴訟を提起する）ことにより，訴訟終了まで時効完成を阻止することができる。

ここで注意を要するのは，150条1項によって時効の完成猶予が認められる場合に，その猶予期間中に再度の履行の催告をしても，時効の完成猶予の効力は生じないという点である（同条2項）。したがって，小問(3)において，Aが本来の時効期間が満了する前の2027年5月8日に再度履行の催告をしたときは，その時から6ヶ月の間，時効の完成猶予が認められるが，時効期間満了後の同月12日に再度の履行の催告をしても，この時点ではすでに本来の時効期間が経過し，2027年1月10日になされた履行の催告によって時効の完成猶予が生じているにすぎないから，2027年5月12日の催告による時効の完成猶予の効力は生じない。

150条1項の催告は，時効期間が満了する直前に，ただちに訴訟提起等の手段を講じることができない場合に，最長で6ヶ月の間，時効の完成を阻止し，その間に訴訟提起等の準備を行うことを可能にする制度といえる。

(5)　裁判上の請求

小問(4)においては，時効が完成する前にAがBを相手として訴えを提起し，裁判上の請求を行っている。この場合には，147条1項1号の規定に従い，その訴訟が終了するまでは時効は完成しない。同条の条文タイトルはこれを「時効の完成猶予」と名付けている。この場合，訴訟係属中に消滅時効期間が経過しても時効は完成せず，したがって，Bは時効援用権を行使することができない。

この訴訟において，Bの主張が認められ，Bの債務の不成立や弁済による消滅があったとされる場合には，Aの請求が棄却され，Aの債権が存在していないことが判決によって確定されることになるから，Bの時効援用は意味を持たない。

反対に，小問(5)におけるように，Aの請求が判決で認められた場合には，訴訟が終了した時点からあらためて消滅時効期間が進行する（147条2項による時効の更新)。この場合には，権利の存在が確定判決（又はそれと同一の効力を有するもの。例，訴訟上の和解）によって確定されるから，169条1項の規定に従い，時効期間は10年となる。

(6)　協議を行う書面の合意

151条は，権利についての協議を行う旨の合意が書面（電磁的記録による場合を含む。同条4項参照）でされたときには，同条1項各号に掲げられる時のいずれか早いときまでの間，時効が完成しないと規定する。

たとえば，損害賠償債務の存否やその額について，加害者と被害者の間で協議が進められる場合に，加害者がその交渉を進めながら，引き延ばしを図り，時効期間が満了すれば時効を援用することは信義に反する行動であると考えられる。

そこで，新法は，所定の要件を充たす場合には，協議を行う書面の合意があったことを考慮して，一定の期間，時効が完成しないとするものである。旧法には存在しなかった制度であり，今後の実務でどのように運用されていくかを見守る必要がある。

2　時効の停止制度の改正

旧法における時効の停止は，一定の事由が生じた場合（旧161条），あるいは一定の身分関係にある者同士の間で（旧158条，159条等），時効期間が経過しても，時効が完成せず，したがって時効を援用することができない場合を指すものであったが，「停止」という文言は，時効期間の進行自体が停止し，一定の事由が解消されたときに，あらためてその期間が進行するという誤解を生じやすい。

そこで，時効の停止についても，表現を時効の完成猶予に改めるとともに，天災その他避けることのできない事変が生じた場合に，旧法においては2週間に限って時効完成の効果を認めていなかったものを，他の時効完成猶予の事由とのバランスを考慮し，期間を3ヶ月に改めている。

小問(6)において，時効期間が満了する直前になって，権利行使のための手続を採ることができない天災等の事変が生じた場合には，161条の規定に従い，その障害が消滅した時から3ヶ月間，時効は完成しない。

第 5 講

契約上の債務不履行（1）——履行不能

I　はじめに——債務不履行の諸規定に関する階層構造

本講は，債務不履行のうち，とくに契約上の債務不履行の要件・効果を中心に取り上げるものであるが，改正内容の具体的な検討に先だって，債務不履行に関わる規定が債権総則，契約総則，さらに各典型契約において置かれており，これらの相互関係を理解することがとくに重要であることから，最初に，この点について解説する。

民法は，総則，物権，債権，親族，相続の5編から成るが，このような法典の編成をパンデクテン体系→1と呼ぶ。この体系は，とりわけ，①民法全体に共通するルールをまとめた総則規定を有すること，②物権編と債権編を区別することを特徴とするが，とくに，①は，同種の規定の反復を避けることができるというメリットを有する。しかし，その反面において，一定の法的紛争，たとえば，売買契約上の債務不履行が問題となる場合に，関連する規定が民法の各所に分散しているため，民法の編成・構造を理解していない者にとっては，ど

1｜　パンデクテン体系とは，西欧法の発展の歴史に関連する概念である。6世紀に東ローマ帝国のユスティニアーヌス1世が編纂させたローマ法の法典を「ローマ法大全」というが，これは「勅法彙纂」，「学説彙纂」，「法学提要」，「新勅法」という4つの部分から成っていた。このうち，学説彙纂は，ローマ時代の著名な法学者の学説を編纂したものであり，ラテン語でdigesta又はpandectaeと呼ばれた。とくに，19世紀のドイツ法学はこの学説彙纂を体系化したパンデクテン法学を発展させ，その成果の1つが，1896年に制定され，1900年から施行されたドイツ民法（BGB＝Bürgerliches Gesetzbuch）であり，その最も重要な特徴は，民法総則編を独立させていること，及び，物権編と債権編を峻別していることにある。このような民法典の体系をパンデクテン（Pandekten）体系という。ドイツ語のPandektenは，ラテン語のpandectaeに由来する言葉である。

の箇所にどのようなルールが置かれているかを認識することができないというデメリットも存在する。

共通する原則をまとめて総則で規定するという①のスタイルは，民法典の編別だけではなく，債権編の内部でも同様に貫かれている。本講で取り上げる契約上の債務不履行についても，債権総則，契約総則，各契約類型の規定の構造を理解することが不可欠である。

まず，債権編の第1章「総則」は，債権の発生原因を問わず，債権一般の共通原則を定めるものであり，たとえば，売主がその債務を履行しない場合に，その不履行についてどのような責任を負うか，あるいは，売主が目的物を買主に引き渡そうとしたが，買主がその受領を拒絶する場合にどのような効果が生じるか等は，債務者の債務不履行や債権者の受領遅滞の効果として一般的に問題となる。したがって，前者は412条以下に規定が置かれ，また，後者については，413条が特別の規定を置いている。

これに対して，売主の債務不履行を理由として買主が売買契約を解除しようとする場合に，その要件が備わっているか，また，解除が認められる場合の効果がどうなるかは，債権発生原因のうち契約に特有の問題であるから，債権総則ではなく，第2章「契約」の中で，契約に共通する原則を規定する第1節「総則」の箇所で規定が置かれることになる。さらに，売買の目的物が引き渡されたが，本来備えるべき品質等を備えていなかったときに，買主が売主に対してどのような責任を問うことができるかは，売買に特有の問題として第2章第3節「売買」の箇所で規定が置かれている。→2

したがって，たとえば，売買契約上の債務不履行について，どのルールがどのように適用されるかを知るためには，民法全体の編成だけでなく，→3 債権編も

2｜　ただし，売買契約の規定は，559条の規定を通じて，原則として，売買以外の有償契約にも準用される。この限りで，売買契約の諸規定は，有償契約の総則的性格を備えているといえる。もっとも，「その有償契約の性質がこれを許さないとき」（同条ただし書）には準用されず，売買のどの規定がどのような有償契約に準用されるかは慎重に判断される必要がある。

3｜　売買契約締結に際して錯誤や詐欺があった場合には，95条や96条の適用が問題となるが，意思表示の効力は，売買や契約に限らず，単独行為でも問題となるから，民法総則編に規定が置かれることになる。

このような階層的構造から成り立っていること，売買に関するルールが売買契約の箇所で規定されているとは限らないことを理解しておくことが不可欠である。

これらの点を考慮し，本講では，まず，債務不履行に関わる債権総則及び契約総則の改正事項を概観し，その後，契約上の債務不履行が問題となる具体的事例に即して，本講においては履行不能に関して，また**第６講**においては履行不能以外の債務不履行に関して，これらの改正が具体的にどのような帰結をもたらすかを検討する。

II　債務不履行規定の改正

1　債権総則における改正事項の概要

債権総則における債務不履行の一般原則に関する主要な改正事項として，①特定物の引渡義務についての注意義務（400条），②不確定期限のある債務の履行遅滞（412条2項），③履行不能（412条の2，413条の2第1項），④履行強制（414条），⑤債務不履行に基づく損害賠償（415条，416条）及び⑥代償請求権（422条の2）をあげることができる。

このうち，③，⑤及び⑥については，事例に即して個別に検討することとし，①，②，及び④について略説する。

①は，旧400条の定めていた善管注意義務に修正を加え，「契約その他の債権の発生原因及び取引上の社会通念に照らして定まる善良な管理者の注意をもって」特定物を保存する必要があるとする。旧規定の文言によれば，債務者の善管注意義務は債権の発生原因を問わず抽象的・一般的に定まるように見えたが，その具体的な内容・程度については，実務的に，契約の性質や目的，契約締結に至る事情等が考慮されていることを踏まえて，その趣旨を追加したものである。

②は，旧412条2項が，単に，債務者が履行期の到来を知った時から遅滞

に陥るとしていたものを，期限到来後に履行の請求を受けた時にも，それ以後遅滞に陥ると改めたものであるが，旧法下において解釈論としては認められていた内容を条文に取り込んだものである。

④は，実体法と手続法の関係に関わる大きな変更である。旧414条は，1項において，債務の性質が強制履行を許さない場合を除いて，債権者は裁判所に訴えを提起して履行の強制を求めることができるとする原則を規定し，2項及び3項で債務の目的（内容）に応じて具体的な履行強制の方法についても規定を置いていた。

しかし，新414条1項は，債権者は原則として履行の強制ができるとする原則を残しつつ，その具体的な方法として，「直接強制，代替執行，間接強制その他の方法」のいずれによるかについては，「民事執行法その他強制執行の手続に関する法令の規定に従」うものとし，旧414条の2項，3項を削除した。これに伴い，民事執行法171条も改正された。同法の旧171条1項は，民法の旧414条2項，3項を受ける形で規定されていたが，民事執行法新171条は，代替執行の方法を直接規定している。[→4]

2　契約総則における改正事項の概要

(1)　はじめに

契約総則に関する主要な改正事項のうち，債務不履行に関わるものとして，①危険負担制度の改正，及び，②解除の要件・効果に関する改正をあげることができる。条文の順序は①が先であるが，説明の便宜上，まず，②解除の要件・効果を概観する。

4｜　なお，直接強制や間接強制，意思表示の擬制については，従前から，民事執行法に規定が置かれている（同法168条～170条，172条，177条）。

（2）　解除の要件・効果

（a）　解除の要件

債務不履行に基づく契約の解除については，催告を要する解除（541条）（以下，催告解除）と催告を要しない解除（542条）（以下，無催告解除）とが区別され，それぞれ解除の要件が規定されている。個々の規定の要件の詳細については，本講及び**第6講**の事例に即してあらためて検討するが，催告解除と無催告解除に共通して，債務者の帰責事由は解除の要件として不要である。この点については，旧法の解釈として議論が対立していたが，[→5] 新法は，541条，542条において債務者の帰責事由を要件として掲げず，かつ，543条において，債権者に帰責事由があるときは解除することができないとする規定を置いている。これは，旧法における近時の有力説に従い，債務者の帰責事由を不要とする趣旨を明らかにするものである。

その実質的な理由は，損害賠償と解除の機能的な相違にある。すなわち，損害賠償については，債権者が自己に生じた損害の賠償を債務者に求めるためには，債務者の損害賠償義務を根拠づける事由が必要であるのに対して，とくに双務契約における解除は，相手方の債務が履行されない場合に，債権者が契約を解除することによって契約の拘束力を免れることを可能にするという機能を有するものであり，この観点からすれば，債務者に帰責事由がない場合であっても，契約関係から離脱することを認める必要があると考えられる。

なお，540条は当事者の合意に基づいて解除権が発生する約定解除の場合と，法律の規定に基づいて解除権が発生する法定解除の場合の双方に適用される規定であるが，法定解除は，債務不履行に基づく解除に限られず，550条（書面によらない贈与契約の解除），587条の2第2項（受領前の借主の解除），641条（注文者の解除），651条（委任の解除）等を含むものであり，法定解除と債務不履行解除は異なる概念であることに留意が必要である。

5｜　筒井健夫他編著『一問一答』232頁は，旧法においては解除の要件として帰責事由が必要であると解されていたとの説明を行っているが，これは必ずしも正確ではない。履行不能の場合には旧543条ただし書により，債務者の帰責事由が要件とされていたが，履行不能以外の債務不履行解除については，帰責事由が必要であるとする伝統的な通説と，帰責事由は不要であるとする見解が対立し，近時においては後者が有力に主張されていた。

(b)　解除の効果

解除の効果に関して，果実の返還義務を規定する545条3項が新設され，解除権の消滅に関する548条の規定が改められている。前者に関しては，旧法において利息の支払義務に関する規定が置かれていたのに対して（545条2項），金銭以外の物を受領した者がその果実の返還義務を負うかどうかに関する規定がなかったところ，判例・通説は利息の場合とのバランスを考慮して，この返還義務を認めていた。新設された3項は，これを条文に取り込むものである。

これと関連して，物の受領者が他人に使用収益をさせてその対価として賃料を収受したときは法定果実に当たるが，受領者が自ら使用することによって得た利益（使用利益）は，法定果実には当たらないが，従前においても，果実と使用利益を区別して取り扱う理由がないとする考え方が多数であり，これに従えば，新545条3項の規定は使用利益にも及ぶと解される。

(3)　危険負担に関する改正

旧法の規定していた危険負担の規定には大きな修正が加えられた。危険負担とは，双務契約において，一方の債務が両当事者の帰責事由なくして履行できなくなった場合に，他方の債務がどうなるかを定める問題であり，たとえば，売買契約において，売主AがBに対して負っている目的物の移転義務がA・B双方の帰責事由なくして履行できなくなった場合に，Bが代金債務を履行する義務を免れないとすれば，履行不能による危険を負担するのは履行不能となった債務の債権者であるBとなり（債権者主義），反対に，Bが代金債務を履行する義務を免れるとすれば，履行不能の危険を負担するのは債務者Aとなる（債務者主義）。

この点について，旧534条1項は，特定物の移転・設定を双務契約の目的とする場合には債権者主義が適用されるとし，種類物の場合にも，確定（特定）が生じた後は債権者主義によるとしていた（同条2項）。また，旧535条は，停止条件付双務契約について，目的物の滅失の場合には債務者主義を採りつつ，損傷の場合には債権者主義を採っていた。しかし，双務契約において，自らの債務を履行しない売主が，買主に代金の支払を求めることができるのはアンバランスであるとする批判が強く，多数の学説は，解釈によって旧534条の適用範囲を制限し，同条が適用されるのは目的物が買主に引き渡され，その実質的支配が買主に移転した場合に限られると主張してきた。また，停止条件付双務契約において，滅失と損傷の場合を区別する旧535条に合理性がないことがつとに指摘されてきた。

改正に際しても，旧534条及び535条の規定を削除することについては異論がなかった。同時に，旧534条の制限的解釈として主張されていた，引渡しがなされた後は実質的な支配が買主に移転し，それ以後買主が目的物の滅失・損傷の危険を負担するという考え方が，新567条1項で採り入れられていることにも留意が必要である。

これに対して，債務者主義を採る旧536条については，旧法下でも法政策的にも合理的なものと考えられていたが，改正の審議過程では，解除の要件と関連して，新法の下で，債務者主義を採る旧536条を存続させることが必要であるかどうかが議論となった。

すなわち，旧法の下では，履行不能について，債務者に帰責事由のある場合と債務者に帰責事由がない場合を区別することに重要な意味があった。旧543条は，履行不能の場合に債務者に帰責事由があるときに限って解除が認められるとしていたが，債務者に帰責事由がない場合には，債務者の債務は消滅し，債権者にも帰責事由がなければ，旧536条1項に従って反対債務も消滅し，債権者に帰責事由があれば，同条2項に従って，反対債務は存続するとされていた。

しかし，新法においては，上述したとおり，債権者に帰責事由がある場合を除いて，債務者の帰責事由の有無を問わず契約を解除して，自己の債務を消滅させることができるのであるから，536条の規定はもはや不要であるとする考え方が主張された。これに対して，解除権の行使ができない場合を考慮すると，536条を存続させることに意味があるとの反論も主張された。もっとも，536条を旧規定のまま残すと，解除と危険負担制度の間に不整合が生じることになる。なぜなら，危険負担の債務者主義は，当事者双方の債務が自動的に消滅することを認めるものであるのに対して，解除による債権債務の消滅は，解除権者による解除の意思表示に基づいて生ずるからである。結局，最終的には，一種の妥協として，旧536条に修正が加えられ，同条1項は債権者に反対給付の履行拒絶権を認め，これにより，解除との抵触を回避している。

もっとも，解除権を行使する前に債務者が債権者に対して反対給付の履行請求をした場合，債権者はその時点で解除権を行使すれば足りるのであるから，536条1項の履行拒絶権が実際にどの程度の意味を持つかは疑問が残されている。

一般的な説明がやや長くなったが，以上の概説を前提として，契約上の債務不履行が問題となる事例類型ごとに，新法の規定によればどのような解決が導かれるかを検討する。そのうち，上述したとおり，本講では履行不能の事例を取り上げ，**第6講**で履行の遅延ないし履行遅滞[→6]，履行の拒絶及びその他の債務不履行事例を取り扱う。

また，履行不能については，とくに解除や危険負担に関連して，全部の履行不能と一部の履行不能を分けて考える必要があることから，事例についても両者のケースを分けて検討する。

Ⅲ　全部の履行不能[→7]

1　片務契約における履行不能

[事例 1]

(1)　Aは，2021年10月15日，書面により，自己の所有する中古車甲（市場価格150万円）をBに贈与する契約を締結した。甲の引渡し期日は同月31日とされたが，同月20日，甲は滅失した。(a) 甲の滅失が第三者Cの不法行為による場合，(b) Aが甲を運転中に不注意で交通事故を起こし，甲が大破して

6｜　履行の遅延は客観的に履行期が過ぎても履行がなされていない場合を意味し，履行遅滞は債務者に帰責事由がある履行の遅延であり，債務者が遅滞責任を負う場合を指す。
7｜　Ⅲにおける履行不能は全部不能の場合を前提とする。

無価値となった場合に，それぞれ，BとAの法律関係はどうなるか。
(2)　(1)とは異なり，贈与契約締結の時点で，すでに甲が滅失していた場合に相違が生じるか。
(3)　(1)において，AがD保険会社との間で車両保険額を160万円とする車両保険契約を締結していた場合に，保険金を受け取ることができるのは誰か。
(4)　(1)とは異なり，Aは2021年10月31日が過ぎても甲を引き渡していなかったが，同年11月5日，甲が第三者Cの不法行為によって滅失した場合に，BとAの法律関係はどうなるか。

(1)　履行不能の意義

[事例1] (1)(a)において，特定物である甲がCの不法行為により滅失しており，Aの債務は履行不能となったといえるが，旧法においても，履行不能は目的物の滅失のような物理的な不能に限らず，社会通念上債務者の履行が期待できない場合を含むと考えられていた。新412条の2第1項はこの趣旨を明示し，「契約その他の債務の発生原因及び取引上の社会通念に照らして不能であるとき」は履行請求ができないとしている。この場合，履行不能となったことについて，債務者に帰責事由があるかどうかは問題とならない。帰責事由があれば債務者は損害賠償義務を負うが，その場合でも債権者が本旨に従った履行請求をすることができないことに変わりがない。

したがって，小問(1)とは異なり，たとえば，甲が第三者に盗取され，甲を取り戻すことが事実上困難である場合にも履行不能に当たると解される。

(2)　帰責事由の有無

Aに帰責事由があったかどうかは，Bが贈与契約上の債務不履行を理由として損害賠償請求ができるかどうかに関して重要な相違をもたらす。すなわち，甲の滅失が「契約その他の債務の発生原因及び取引上の社会通念に照らして債務者の責めに帰することができない事由によるものであるとき」は，Aは損害賠償義務を負わないが，これに当たらない場合，すなわちAに帰責事由があるときは，Bは，415条2項1号の規定に従い，履行に代わる損害賠償請求をすることができる。

帰責事由の存否について争いがある場合，帰責事由の不存在を主張・立証する責任を負うのは債務者Ａである。この点については，すでに旧法においても判例・学説が一致していたが，旧415条の文言による限り，履行不能の場合に限って帰責事由が必要であり，かつ，その証明責任を負うのは債権者であると解される可能性があった。新415条1項は，本文とただし書を書き分け，履行不能の場合に限らず，債務不履行に基づく損害賠償請求のためには帰責事由が必要であるが，その主張・立証責任を負うのは債務者である趣旨を明らかにしている。

問題は，どのような場合に帰責事由がないとされるかである。この点については，旧法下においても議論の対立が存在し，伝統的な通説は，債務者の帰責事由とは，債務者の故意・過失又は信義則上これと同視される事由であると解してきた。これに対し，近時の有力な考え方は，伝統的な通説が前提としていた過失責任主義の考え方を否定し，過失責任主義は行動の自由を保障するものとして一般不法行為の場合に当てはまる原理であるが，とくに契約に基づいて債務を負担する債務者は自己の意思に基づいて義務を引き受けているのであるから，債務を履行しない場合に，どのような事由があれば債務不履行に基づく損害賠償義務を免れることができるかという観点から，帰責事由の問題を捉えるべきであると主張してきた。

新法がこの点に関してどのような立場を前提としているかは，少なくとも，規定の文言からは必ずしも明らかではない。新415条1項は，債務者は，債務の本旨に従った履行をしないときは原則として損害賠償責任を負い，一定の例外的な事由がある場合（免責事由ないし帰責不可事由）[→8]に限って，損害賠償義務を免れると規定している。この規定につき，過失責任主義の考え方は排除されていないとする見方と，新法は契約上の債務については契約の趣旨に照らして免責が認められるべきかどうかが判断されるべきであるとするものであり，審議過程においても，そのような立場が前提とされていたとする主張が対立している。[→9]帰責事由が債務一般について抽象的・一般的に画一的に定まるもので

8｜ 帰責不可事由は，中田裕康『債権総論』155頁の用語法である。

はないことは規定の文言から明らかであるが，損害賠償義務の責任根拠をめぐる議論の対立は新法の下でも続くものと思われる。

理論的な枠組みの対立とともに重要であるのは，実際にどのような場合に免責が認められ，どのような場合に免責が否定されるのかという具体的判断である。実務的には，新法の趣旨は「従来の実務運用を踏まえ，帰責事由についての判断枠組みを明確化したにとどまるものであり，実務の在り方が変わることは想定されていない」という指摘もなされている。→10

小問(1)(a)の場合，甲の滅失が第三者Cの不法行為によるものであることはAの免責を認めることに有利に働くが，Aが十分な注意を怠り，たとえば，車のキーを挿したまま甲を放置していたため，Cが甲車を運転して事故により滅失させたという場合には，Aに免責事由が認められるとはいえない。他方，Aに帰責事由がない（免責事由が認められる）場合には，Bの履行請求も，履行に代わる損害賠償請求も認められない。

これに対し，小問(1)(b)の場合，Aには甲の滅失について帰責事由があるといえるから，BはAに対して，415条2項1号の規定に従い，甲の履行に代わる損害賠償請求ができる。この場合，Aが甲をBに引き渡していれば，Bは150万円の価値のある甲を取得することができたのであるから，Bは甲に代えて150万円の損害賠償請求ができる。

なお，損害賠償の範囲については，416条1項・2項と415条2項の関係も問題となるが，この点については，双務契約の事例を取り上げる際により詳しく検討する。

(3)　原始的不能と後発的不能

小問(2)においては，すでに契約締結の時点で甲が滅失しており，契約締結前に履行不能が生じていたといえる。これは原始的不能と呼ばれる。これに対

9｜　この点に関する議論の詳細については，中田裕康『債権総論』157頁以下参照。
10｜　筒井健夫他編著『一問一答』75頁。

して，契約締結後に履行不能が生じたときは後発的不能といわれるが，旧法においては，原始的に不能な給付を目的とする契約は無効であると考える伝統的な通説と，原始的不能か後発的不能かは偶然的な事情によるものであり，両者を区別して扱う理由がないとする近時の有力説とが対立していた。

新412条の2第2項は，契約上の債務が原始的不能の場合であっても，415条の規定による損害賠償請求が可能であることを定めている。415条は，契約が有効に成立し，債務者が債務を履行する義務を負っていることを前提として，その債務の履行が不可能である場合の損害賠償請求を規定するものであり，412条の2第2項は，近時の有力説を採用して，原始的不能の給付を目的とする契約も有効であることを明らかにするものである。

原始的不能・後発的不能の場合を区別しないことから，旧415条後段が「履行をすることができなくなったときは」としていたのに対して，新415条1項は「履行が不能であるときは」と改めている。同様に，履行不能を理由とする解除について，旧543及び新542条1項1号参照。もっとも，新536条1項は「履行することができなくなったとき」という旧536条1項の文言を改めていないが，この場合にも，原始的不能と後発的不能を区別する趣旨ではなく，原始的不能の場合であっても新536条の適用があると解される。

(4) 履行不能と代償請求権

(a) 422条の2の新設

小問(3)において，Aは，D社に対して保険金の支払を求めることができる。この保険金支払請求権は，甲の引渡債務が履行不能になったのと同一の原因によって発生したといえるが，この場合に，旧法において，Bが本来の履行請求に代えて，この保険金ないし保険金支払請求権に対して権利を行使することができるかどうかが問題とされてきた。

旧法下の判例（最判昭和41年12月23日民集20巻10号2211頁）は，旧536条2項後段の規定の趣旨から，履行不能になったのと同一の原因によって発生する保険金支払請求権が代償的利益に当たるとして，代償請求権が認められると解していた。通説も代償請求権を認めるという結論は支持してきたが，旧536条2項後段を根拠とすることには疑問も述べられていた。同項の趣旨は，双務契約において，自己の債務を免れる当事者が自己の請求権を行使でき，かつ，債務を免れたことによって得た利益も保持できるとすると，履行不能によってかえって二重の利得を得る結果となることから，利得償還義務を認めることによって，これを防止するというものであった。しかし，代償請求権は，旧536条2項の場合に限られず，また，小問(3)のように，片務契約における債務の履行不能の場合にも生じうる。

新422条の2は，これらの点を考慮し，代償請求権が債務の履行不能について一般的に生ずる問題であることから，債権総則の中で規定を新たに設けたものである。

(b)　代償請求権の要件・効果

(ア)　帰責事由の有無　　Bが代償請求権を行使するについて，その要件・効果はどうなるか。改正の審議過程において，債務者Aに帰責事由がある場合にも代償請求権が認められるかどうかが議論された。Aに帰責事由があるときは，BはAに対して損害賠償請求が可能であるから，代償請求権は不要ではないかという意見も存在したが，これに対して，Bは，Aに帰責事由がなければ保険金の支払を求めることができるが，帰責事由があれば保険金の支払を求めることができないことになり，かえってアンバランスを生じるという疑問が生じていた。422条の2の文言は帰責事由の要件に言及しておらず，新法の解釈に委ねられる問題であるが，→11 上述した疑問を考慮すると，帰責事由の有無を問わず認められると解するべきである。

(イ)　代償請求権の内容と行使の範囲　　422条の2は，「目的物の代償である権利又は利益を取得したときは」と規定しているが，［事例1］(3)に即していえば，Dが保険金をAにまだ支払っていないときは，BはAに対して，AがDに対して有する保険金支払請求権の譲渡を求めることができ，また，Dが保険金をすでにAに支払っていたときは，BはAに対して，Dから受領した保険金の支払を求めることができる。

11｜　潮見佳男『改正法の概要』75頁参照。

もっとも，422条の2は，代償請求権の行使の範囲が債権者の「受けた損害の額の限度において」認められるとしている。これによれば，甲の市場価格が150万円である場合，Bが被る損害は150万円であるから，Bは保険金額160万円全額のうち，150万円を限度として代償請求権を行使することができる。

(c)　損害賠償請求権に対する代償請求権

ところで，小問(1)(a)，(2)において，甲の滅失が第三者Cの不法行為によるものである場合，一見すると，Bは，AがCに対して取得する損害賠償請求権に対して代償請求権を行使することができるかに見える。しかし，その前提として，Cの不法行為の時点で甲の所有者が誰であるかをまず考える必要がある。

特定物売買については，原則として契約締結時に所有権が買主に移転すると解するのが判例・通説であるが，贈与の場合にもこれと同様に解される。そうすると，小問(1)(a)の場合には，原則として，受贈者Bが甲の所有者であり，B自身が被害者としてCに対して709条に基づき損害賠償請求をすることができる。

この場合，Bが178条の「引渡し」を受けていないときでも，Bが所有者となっていたことをCに対抗することができる。不法行為者Cは，Bの対抗要件が備わっていないことを主張する正当な利益を有する第三者ではないからである。

これに対して，小問(2)の場合や，小問(1)(a)において所有権移転の時期に特約があり，Aが甲の所有者にとどまっている場合には，Cに対して損害賠償請求権を取得するのはAであり，Bは422条の2に基づいて，Cが損害賠償義務を履行していない場合には，Aに対して損害賠償請求権の譲渡を求めることができ，すでにCが損害賠償義務を履行していたときは，Aが受領した損害賠償金の支払を求めることができる。もっとも，Bが実際に代償請求権を行使して甲に代わる価額の支払を受けることができるかどうかは，Cの支払能力に依存する。この点で，小問(3)のように，保険金ないし保険金支払請求権に対して代償請求権の行使が認められる場合とは大きな相違がある。

(5)　履行遅滞中の履行不能

小問(4)においては，Aの債務の履行期がすでに到来しているが，贈与のような片務契約においては，同時履行の抗弁権も問題とならないから，履行期の徒過によりAは履行遅滞に陥っていたといえる（412条1項)。その後に第三者Cの不法行為によって甲が滅失した場合，滅失自体についてAに帰責事由がなければ，Aは責任を免れることができるか。この点について，旧法の下で，明文の規定はなかったが，債務者は，履行遅滞後に生じた帰責事由なき履行不能については，帰責事由のある履行不能の場合と同様の責任を負うとする解釈が確立していた。履行遅滞が生じていなければ，Bは履行を受けることができたのであるから，Aは，履行遅滞に起因する履行不能について損害賠償義務を免れるべき理由はないと考えられたからである。

413条の2第1項はこの趣旨を明文で規定するものであり，これによれば，小問(4)において，Aは履行の遅延について例外的に帰責事由がなかった場合を除いて，履行遅滞に陥っており，甲の引渡債務の履行不能に基づいて損害賠償義務を負うことになる。もっとも，旧法下において，履行遅滞がなかった場合でも同様に履行不能が生じていたときは，履行遅滞と履行不能による損害の発生について因果関係がないとして，債務者は履行不能を理由とする損害賠償義務を負わないと解されていた。413条の2第1項にはこのような例外を認める規定がないが，新法の下でも，旧法の解釈が維持されるべきである。→12

車の贈与のケースにおいても，たとえば，Aの履行遅滞中に豪雨による大洪水のために甲が滅失した場合，Bが引渡しを受けていても同様の被害が生じていたとすれば，履行遅滞と甲の滅失には因果関係がないことになる。履行があれば目的物の所在が変化する動産の場合とは異なり，不動産の場合には因果関係が否定されることも少なくないと思われる。たとえば，建物の引渡債務の履行遅滞後に，その地域に発生した火災により建物が焼失したという場合にも因果関係が否定されることになる。

12｜潮見佳男『債権総論』139頁，中田裕康『債権総論』163頁等参照。

2　双務契約における履行不能

[事例 2]

(1)　Aは，2021年10月15日，自己の所有する中古車甲（市場価格150万円）をBに売却する契約を締結した。甲の引渡し期日は同月31日とされ，売買代金130万円は甲の引渡しと引換えにAに支払われることとされた。同月20日に甲が滅失した場合，BとAの法律関係はどうなるか。
(2)　(1)とは異なり，Bが契約締結日に代金の一部として30万円を支払っていた場合にはどうなるか。
(3)　(1)において，Bが，2021年10月18日に甲を第三者Cに160万円で転売する契約を締結していた場合にはどうなるか。
(4)　(1)において，AがD保険会社との間で車両保険額を150万円とする車両保険契約を締結していた場合に，保険金を受け取ることができるのは誰か。
(5)　(1)とは異なり，Aは2021年10月31日が過ぎても甲を引き渡していなかったが，同年11月5日，甲が第三者Eの不法行為によって滅失した場合に，BとAの法律関係はどうなるか。

(1)　双務契約における履行不能

双務契約においても，履行不能に関する一般的な議論については，すでに贈与契約の［事例 1］で述べたことが当てはまるが，双務契約における一方の債務の履行不能の場合には，相手方当事者の債務がどうなるかを考える必要がある。この場合，本講の冒頭で述べたとおり，債権総則規定と契約総則規定の関係を意識することがとくに重要である。

(2)　売買契約の解除と危険負担

(a)　債権者Bに帰責事由のある履行不能

小問(1)において，履行期日到来前に甲が滅失した場合，Bは甲の引渡しを請求することができないが，BはAに対して代金債務を支払う義務を免れることができるか。この点については，Aの債務の履行不能がどのような事由によって生じたかを考える必要がある。

まず，Aの債務の履行不能が債権者Bの帰責事由に基づく場合，たとえば，

Bが甲を試乗中に運転を誤って甲を滅失させた場合には，Bは売買契約を解除することができず（543条），Bの売買代金債務は存続し，Aの代金支払請求に対してその履行を拒絶することはできない（536条2項前段）。もっとも，Aが債務の履行を免れることによって利益を得たとき（たとえば，甲の引渡しに要する費用を免れたとき）は，その利益をBに償還する必要がある（同項後段）。

（b）　債権者Bに帰責事由のない履行不能

（ア）　債務者Aにも帰責事由がない場合　　債権者Bの帰責事由なくしてAの債務が履行不能となった場合，Bは，Aの帰責事由の有無に関わりなく，履行不能を理由として契約を解除することができる（542条1項1号）。この点で，Ⅱ2(2)(a)でも述べたとおり，履行不能を理由とする解除については債務者の帰責事由を要件としていた旧法との間に大きな相違がある。もっとも，Aに帰責事由があったかどうかはBの損害賠償請求に関して重要な相違をもたらす。

まず，Aに帰責事由がなかった場合，Bは契約を解除することにより代金債務を免れることができるが，BはAの債務不履行を理由として損害賠償請求をすることはできない（415条1項ただし書）。また，この場合，Bは契約を解除していない場合であっても，Aの代金支払請求に対して，その履行を拒絶することができる（536条1項）。

では，小問(2)のようにBが債務の一部を履行していたときにはどうなるか。Bが解除すれば，Aは原状回復義務に従い，受領した代金を，受領時以後の利息を付してBに返還する必要がある（545条1項及び2項）。これに対して，解除権を行使しない場合には，Bは履行拒絶権を行使できるにとどまり，既払代金の返還請求を基礎づけることはできないように見える。もっとも，この点について，筒井健夫他編著『一問一答』228頁は，履行拒絶権の内容からするとAに給付保持権を認める必要はなく，債務としては存在しないのと同様に評価することができるとして，不当利得に基づいて返還請求ができると述べている。→13

13｜　旧536条1項においては，双方の債務が消滅すると解されていたから，不当利得返還請求が認められるのは当然の結論であった。

しかし，履行拒絶権という法的構成をとりながら，不当利得返還請求権の行使を認めることができるかどうかが疑問となりうる。536条1項は解除と危険負担の抵触を避けるため，解除の意思表示がなければ債務は消滅しないとする考え方を前提として，履行拒絶権を認めるものであり，債務が存続しているにもかかわらず給付保持力がないとすることは論理的に矛盾しているといえる。これに加えて，解除権を行使した場合には返還請求権の根拠規定は545条であり，金銭債務が履行されていれば利息支払義務（同条2項）が，また，物が引き渡されていれば果実返還義務（同条3項）が生じるが，536条1項の場合には不当利得であるとすると，703条，704条が適用され，受領者の善意・悪意によって利息支払義務や果実返還義務がどうなるかが異なることになる。私見によれば，既履行給付の返還請求のためには，解除権の行使が必要であると見るべきである。

（イ）　債務者Aに帰責事由がある場合　　Aの帰責事由に基づく履行不能の場合，Bは契約を解除して損害賠償請求をすることも，契約を解除せずに損害賠償請求をすることも可能である。売買契約のように反対債務が金銭債務の場合には，いずれを選択しても同じ結果となることが多い。

小問(1)において，Bが契約を解除せずに，Aに対して甲の履行に代わる損害賠償請求をする場合には，Bは130万円の代金債務を履行する必要があるが，他方，Aに対して甲の市場価格である150万円を通常損害として賠償請求することができる。この場合，双方の当事者の金銭債務について相殺が可能であるから，Bは結局，差額20万円を損害賠償として受領することができる。

また，Bが契約を解除した場合，Bは代金債務を免れるから，この場合には，甲の履行に代わる損害賠償として150万円の支払を求めることができるわけではなく，契約が履行されていれば得られたであろう差額利益20万円を損害賠償として請求することができ，小問(1)においては，Bが契約を解除するかどうかによって結果が異なることはない。

この例からも知られるように，415条2項に定める「履行に代わる損害賠償」の意味については注意が必要である。すなわち，Bが契約を解除しない場合には，本来の意味で甲の履行に代わる損害全額の賠償請求が認められるが，Bが契約を解除した場合には，甲の履行に代わる損害全額から反対債務である代金額を控除することが必要となる。415条2項は，解除権が行使された場合と解除権の行使要件が充たされている場合を区別していないが，両者で，履行に代わる損害賠償の内容が異なることになる。

> 解除権を行使するかどうかにより結果に相違が生じることがありうる。まず，小問(1)とは反対に，Bが市場価格130万円の甲を代金150万円で買い受けた場合には，解除権を行使するかどうかによって大きな相違が生じる。すなわち，この場合，かりにBが契約を解除せずにAに対して履行に代わる損害賠償請求をすると，Bは150万円の代金債務の支払義務を負い，Aに対して甲の履行に代わる損害賠償として市場価格130万円を請求することになるが，Bがこのような不利益を甘受するとは考えられず，解除権を行使して，代金債務を免れる方法を選択することになろう。
>
> また，売買とは異なり，Bが金銭債務以外の債務を負担している場合（たとえば，Bが乙車をAに移転する債務を負担する場合〔交換契約〕，あるいは一定の役務を提供する債務を負担する場合）には，Bが契約を解除すると，BはAに対して負担していた債務を免れることになるが，Bが契約を解除せずに履行に代わる損害賠償を請求する場合には，Bの債務は存続する。解除と損害賠償の関係は，売買の事例を念頭に置いて議論されることが多いが，反対債務が金銭債務ではない場合にどうなるかを考える必要がある。

帰責事由のあるAがBに対して代金の支払を求める場合に，Bは解除権を行使する前であってもその履行請求を拒絶することができるか。536条1項の文言によれば，当事者双方の責めに帰することができない事由による履行不能の場合が前提とされているが，この規定が，解除権の行使が実務的な負担の増加を回避することや，解除権の不可分性（544条1項参照）のゆえに解除権の行使が困難である場合を考慮したものであるとすれば，[→14] もっぱらBの利益を考慮したものであるから，Aに帰責事由がある場合についても，同様に適用があると解するべきであろう。

（ウ）　損害賠償の範囲　　小問(3)は，Bが，Aの債務不履行を理由としてどこまでの範囲で損害賠償請求をすることができるかに関わる問題である。

損害賠償の範囲は416条によって定まるが，旧416条の解釈については，

14｜　筒井健夫他編著『一問一答』228頁参照。

とくに2項の特別損害に関して，①当事者とは誰を意味するのか（債務者か，債務者及び債権者か），②特別事情の予見時期は，契約上の債務についてはその発生時か，あるいは履行時かについて争いがあり，判例（大判大正7年8月27日民録24輯1658頁）は，債務者が履行期までに特別事情を予見した場合には，損害賠償義務を課しても過酷とはいえないとしていた。

これに対して，とくに契約上の債権については，各当事者は契約締結時に契約の締結によってどのようなリスクを引き受けることになるかを考慮するのであるから，契約締結後に特別事情を知ることによって賠償範囲が拡大することは適切ではないとして，契約時を基準時とする説も一部で有力に主張されてきた。[→15]

改正の審議過程においても，この問題があらためて議論の対象とされたが，結局，一致した結論が得られず，ただ，旧416条2項が「その事情を予見し，又は予見することができたとき」としていたのを，「その事情を予見すべきであったとき」に改めている。これは，実際に予見し，あるいは予見できた事情であっても，その事情を予見すべきであったとはいえない場合があることを考慮したものである。たとえば，小問(3)において，BがAとの契約締結後に，Cとの間で売買契約を締結し，BのCへの引渡債務不履行の場合に高額の違約金を支払う義務を引き受け，その事情をAに告げたとしても，Aはそのような事情を予見すべきであったとはいえず，AはBが自己の都合で合意した違約罰によって被る損害の賠償義務を負わないと解される。[→16]

①・②の問題については，旧法における議論が改正法の下でも続くことになるが，従前の判例が維持される限り，小問(3)の場合，転売による差額利益（30万円）は，原則として通常損害には当たらず，[→17] 416条2項の特別損害に当たるかどうかが問題となるが，Aが履行期までにBの転売の事実を認識して

15｜ 旧法における議論の詳細については，中田裕康『債権総論〔第3版〕』（岩波書店，2013年）170頁以下を参照。

16｜ 筒井健夫他編著『一問一答』77頁参照。

17｜ もっとも，買主Bが中古自動車の販売業者であるときは，転売による利益は通常損害であるとされる可能性が高い。

いる場合には，特別損害として賠償請求ができる。

(3)　双務契約における代償請求権

履行不能の場合に認められる代償請求権（422 条の 2）は双務契約の場合にも認められるが，双務契約の場合には，反対債務の履行義務との関係を考える必要がある。

小問(4)において，A の債務の履行不能について A に帰責事由があったときは，B は A に対して甲の市場価格である 150 万円の損害賠償請求権を行使することが可能であり，また，A が D に対して取得する保険金支払請求権について代償請求権を行使することもできる。いずれの場合にも，B は契約を解除することなくこれらの権利を行使するのであるから，A に対して代金支払義務を負い，B が取得する差額利益は 20 万円となる。

これに対して，A に帰責事由がなかったときは，B は損害賠償請求権を行使することはできないが，A が保険金支払請求権を取得し，あるいは，D から保険金の支払を受けたときは，B は被った損害の額の限度において代償請求権の行使が認められる。したがって，B は A に帰責事由がなかった場合であっても，B にとって有利な契約が履行されたときと同じく，20 万円の差額利益を取得することができる。

小問(4)とは異なり，B が代金 150 万円を支払う債務を負担していたときは，B が代償請求権を行使することの実益は乏しい。この場合には，代金債務と相殺されることにより，B が契約を解除した場合と同じ結果となるからである。

贈与のように債権者が無償で利益を受ける立場にあるときは，代償的利益も無償で取得することができるが，双務契約においては，代償請求権を行使することによって債権者が利益を得るとは限らないことに留意が必要である。

(4)　履行期が経過した後の履行不能

小問(5)は，履行期が過ぎた後に履行不能が生じた場合の法律関係を問うものであるが，双務契約においては同時履行の抗弁権が存在するかどうかを考えることが不可欠である。すなわち，［事例 2］においては，A と B の債務は同時履行関係にあるから，たとえ A が履行期に債務を履行していない場合でも，

Bが履行の提供をしていないときは，Aは自己の債務の履行について同時履行の抗弁を主張して履行を拒絶することができ（533条），単に履行期が過ぎただけでは，履行遅滞に陥ることはない。

小問(5)において，履行期が過ぎた後に甲が滅失した場合でも，Bが履行期に履行の提供をしたときを除いて，413条の2第1項の適用はなく，第三者Eの不法行為による甲の滅失についてAに帰責事由がないときは，双方の当事者に帰責事由のない履行不能の場合に当たる。したがって，小問(1)においてA・B双方に帰責事由がなかった場合とまったく同様に，Bは契約を解除することができ（542条1項1号），また，解除しなくても代金債務の履行請求を拒絶することはできるが（536条1項），Aに対して損害賠償請求をすることはできない。

Ⅳ　一部の履行不能

1　片務契約における履行不能 →18

[事例3]

> Aは，2021年10月15日，書面により，自己の所有する中古車甲（市場価格150万円）をBに贈与する契約を締結した。甲の引渡し期日は同月31日とされたが，同月20日，甲が損傷し，修補ができない状態となった。(a) 甲の損傷が第三者の不法行為による場合，(b) Aが甲を運転中に不注意で交通事故を起こしたために損傷が生じた場合に，それぞれ，BとAの法律関係はどうなるか。

(1)　贈与者の引渡義務と後発的な一部不能

贈与契約においては，契約締結の時点で一定の損傷が生じているときは，551条1項の規定に従い，贈与者は，別段の合意をした場合を除いて，「特定

18｜　Ⅳにおける履行不能は一部不能の場合を前提とする。

した時の状態で引き渡し，又は移転」すれば足りる。しかし，［事例3］のように，甲の損傷が事後的に発生し，その損傷が修補不能であるときは，Aの債務の一部が履行不能となったといえる。

(2)　債務者Aに帰責事由がない場合

小問(a)において，Aには帰責事由がなかったとすると，Bは履行不能を理由とする損害賠償請求はできないが，Bが損傷した甲を受け取ることを望まない場合，贈与契約を解除して，その受領を拒絶することができるかという問題が生じうる。これは，より一般化していえば，片務契約についても債務不履行解除が認められるかどうかに関わっている。

通説は片務契約についても解除が認められると解しているが，通常の場合，債務不履行に基づく解除は，双務契約において債権者が自己の債務を免れることに重要な意味があり，学説においては，解除が認められるのは双務契約の場合に限られるとする見解も有力である。[→19] しかし，無償委任においても，委任者は委任契約を解除することが可能であり（651条1項），たとえば，委任者が受任者による債務の履行が委任の本旨に反するおそれがあると判断した場合，委任契約を解除することによって受任者による債務の履行の結果生じうる不利益を回避することができる。したがって，債権者が契約の解除によって得る利益は多様であり，必ずしも自己の債務を免れるという利益に限定して解除の可否を判断する必然性はないと見るべきである。贈与においても，受贈者Bは損傷した甲車の贈与を受けるよりも，他の車を購入することを選択する利益を有していると見るべきであり，これによれば，小問(a)においても，Bは，542条1項3号の規定に従い，損傷した甲車の引渡しを受けても贈与を受けた目的を達することができないときは，契約を解除することができると解される。[→20]

他方，損傷による一部履行不能があっても，贈与を受けた目的を達すること

19｜　議論の対立状況の詳細については，中田裕康『契約法』195頁参照。同書は，片務契約についても債務不履行解除を認める立場である。

20｜　内田貴『民法Ⅱ』86頁は，犬の贈与義務の履行遅滞の場合を例にあげて，贈与の場合にも受贈者の解除を認める必要性を指摘している。

ができるときは，契約の解除は認められない。

> なお，贈与債務の一部履行不能について受贈者の解除を認める場合，一見すると，［事例 1］の全部不能の場合にも贈与契約の解除が問題となるかに思われる。しかし，全部不能の場合には，受贈者は履行請求をすることができず，贈与者の債務を解除によって消滅させる意味はないと解される。

(3) 債務者 A に帰責事由がある場合

小問(b)においては，A に帰責事由のある一部履行不能が生じているが，この場合，B が履行に代わる損害賠償請求をすることができるか，また，小問(a)の場合と同じく，契約を解除できるかどうかが問題となる。

甲の損傷にもかかわらず，B が甲車の引渡しを求める場合，B の損害賠償は，一部履行不能によって生じる損害，すなわち，損傷のない甲車が引き渡されていた場合と損傷のある甲車が引き渡された場合との差によって生じる損害の賠償を請求することができる。

では，B は，損傷した甲の引渡しを求めることなく，損傷が生じていない甲の履行に代わる損害賠償請求をすることができるか。この点は，小問(a)において，贈与契約の解除が認められるかどうかと関連する。

415 条 2 項 1 号の履行不能は全部の履行不能の場合を前提とするものと解されるが，一部履行不能の場合に，残存する部分では契約の目的を達することができないときは，542 条 1 項 3 号によって解除が認められる。贈与契約においても解除が認められるとする立場を前提とすると，B は，415 条 2 項 3 号の規定に基づき贈与契約を解除し，あるいは解除権を行使することなく，履行に代わる損害賠償請求をすることができる。双務契約の場合とは異なり，B は反対債務を負担していないから，契約を解除するかどうかに関わらず，甲の価額賠償を請求することができる。

これに対し，贈与契約の目的を達することができるときは，B は甲の一部不能を理由とする損害賠償請求ができるにとどまり，損傷していない状態での甲の履行に代わる損害賠償請求をすることは認められない。

2　双務契約における履行不能

［事例4］

> Aは，2021年10月15日，自己の所有する中古車甲（市場価格150万円）をBに売却する契約を締結した。甲の引渡し期日は同月31日とされ，売買代金130万円は甲の引渡しと引換えにAに支払われることとされたが，同月20日，甲が損傷し，修補ができない状態となった。(a) 甲の損傷が第三者の不法行為による場合，(b) Aが甲を運転中に不注意で交通事故を起こしたために損傷が生じた場合に，それぞれ，BとAの法律関係はどうなるか。

(1)　債務者Aに帰責事由がない場合

小問(a)において，甲の損傷についてAに帰責事由がない場合，Bは甲の履行に代わる損害賠償請求や，甲の損傷を理由とする損害賠償請求をすることはできない（415条1項ただし書）。Bが契約を解除できるかどうか，また，Aからの代金支払請求を拒絶することができるかどうかは，542条1項3号の要件を充たすかどうかに依存する。

すなわち，542条1項3号の要件を充たし，修補不能な損傷により，Bが契約の目的を達することができないときは，Bは契約を解除して，自己の代金債務を免れることができる。すでに代金を支払っていたときは，545条1項，2項により，代金の返還及びAが代金を受領した時点以後の利息の支払を求めることができる。また，Bが解除権を行使しない場合でも，契約の目的を達することができないときは，536条1項の規定に従い，代金全額の支払を拒絶することができる。同項は，一部履行不能について直接には言及していないが，この規定は，解除権を行使しない場合でも反対給付の履行拒絶権を認める趣旨であるから，542条1項3号によって解除権の行使が認められる一部不能の場合には，解除権を行使しない場合でも，反対給付全部の履行拒絶が認められると解されるからである。

(2)　債務者Aに帰責事由がある場合

小問(b)において，Bが一部不能を理由として契約を解除できるかどうかは，小問(a)の場合と同様に，542条1項3号の要件を充たすかどうかによる。この要件が充たされるときは，Bは契約を解除して，代金債務を消滅させるとともに，甲の履行に代わる損害賠償請求をすることができる（代金債務額は損害額から控除される）。また，Bは契約を解除せずに，甲の履行に代わる損害賠償請求をすることができる（415条2項3号）。

これに対し，Bが契約の目的を達することができるときは，契約の解除は認められず，Bは甲の損傷による損害賠償を請求することができるにとどまる。

第 6 講

契約上の債務不履行（2）
――履行の遅延，履行拒絶及びその他の債務不履行

I　債務不履行の諸事例

第 5 講では，契約上の債務不履行のうち履行不能の場合に焦点を当てて問題点を検討したが，本講では，履行の遅延，[1]履行拒絶及びその他の債務不履行の事例について，債権総則と契約総則の関連性に留意し，片務契約における債務不履行と双務契約における債務不履行を対比して検討する。

II　履行の遅延と履行の拒絶

1　片務契約における履行の遅延と履行の拒絶

[事例 1]

（1）　A は，2021 年 10 月 15 日，書面により，自己の所有する中古車甲（市場価格 150 万円）を B に贈与する契約を締結した。甲の引渡し期日は同月 31 日とされたが，同日が過ぎても，A は甲を B に引き渡していない。この場合，B は A に対してどのような権利を行使することができるか。
（2）　（1）において，B は履行期日に甲の引渡しを受けることを前提として，家族でドライブ旅行をする計画を立てていた。しかし，旅行日までに甲の引渡しがなされなかったことから，B は C 会社からレンタカー乙を借り受けて，旅行に出かけた。この場合，B は C 社に支払ったレンタカー料金の支払を A に求める

1｜　履行の遅延と履行遅滞の区別については，第 5 講 104 頁脚注 *6* を参照。

ことができるか。
(3) (1) において，A・B 間において，甲とともに，A が使用してきたゴルフセット丙（市場価格 10 万円）を贈与する契約が締結されていたとする。甲及び丙の引渡し期日は 2021 年 10 月 31 日とされ，履行期日に (a) 甲の引渡しは行われたが，丙の引渡しがなされていない場合，(b) 丙の引渡しは行われたが，甲の引渡しがなされていない場合に，それぞれ，B は A に対してどのような権利を行使することができるか。

(1) 履行の強制

贈与契約は無償契約であることから，口頭のみの合意によって契約が締結された場合，贈与者は未履行の間は 550 条本文に従い，契約を解除して履行義務を免れることができる。しかし，［事例 1］のように贈与契約が書面によって締結されたときは，贈与者は契約に拘束され，履行義務を負っている。また，履行期日が到来すると，催告なくしてただちに履行遅滞に陥る（412 条 1 項)。

履行期日が到来しても A が任意に債務の履行に応じない場合，B は 414 条の規定に従い，履行の強制を求めることができるが，時間と労力・費用をかけて訴えを提起して勝訴判決を得ることが B にとってどれだけの実益があるかどうかが問題となるだけでなく，A から甲を取得することができなければ，早期に他の車を買い受けたいと考えることもありうる。そのような場合，B は履行の強制を断念して，契約の解除や履行に代わる損害の賠償請求をすることができるか。

(2) 債務者 A が履行拒絶の意思を明確に表示した場合

小問(1)において，まず，A が，履行期日到来の前，あるいは履行期日到来後に，たとえば贈与契約の効力を争い，債務の履行を拒絶する意思を明確に表示したときは，A に帰責事由がなかったという場合を除いて，B は 415 条 2 項 2 号の規定に従い，甲の引渡債務の履行に代わる損害賠償を請求することができる。A は，本来，履行期が到来するまで期限の利益を有しているが（136 条 1 項)，履行を拒絶する意思を明確に表示しているときは，債権者 B が履行期の到来を待つことに意味がないから，履行期の到来前であっても B は A の債務不履行責任を問うことができる。

小問(1)において，甲の履行に代わる損害賠償請求を認めることは，実質的に見れば，BがAの明確な履行拒絶を理由として契約を解除することと変わりがない。**第5講**119頁以下でも論じたとおり，片務契約についても債務不履行解除が認められると解すると，Bは，542条1項2号に従い，契約を解除して，415条2項3号に基づいて履行に代わる損害賠償を請求することもできるが，415条2項2号によってもそれと同一の結果が得られる。

(3)　債務者Aの履行が遅延する場合

小問(1)において，(2)と異なり，Aが履行拒絶の意思を明確に表示してはいないが，Aの履行が遅延している場合に，Aは履行遅滞責任を負うことになるか。

一般に，履行遅滞の要件として，①履行が可能であること，②履行期を徒過したこと（履行期に本旨に従った履行の提供がないこと），③同時履行の抗弁権や留置権が存在しないこと[→2]があげられる。このうち，片務契約については同時履行の抗弁を問題とする余地がなく，また，例外的な事情がある場合を除いて，Aの留置権が成立するとも考えられないから，小問(1)においては，履行期が経過するとAは履行遅滞責任を負い，履行の遅延についてAに帰責事由がないという例外的な場合を除いて，BはAに対して履行遅滞に基づいて損害賠償請求をすることができる。

では，この場合に，Bは甲の履行に代わる損害賠償を請求することができるか。415条2項1号・2号の適用がない場合であるから，Bが履行に代わる損害賠償を請求するためには，同項3号の要件を充たすことが必要であり，片務契約においても541条以下の規定に従って解除が認められるかどうかが重要な相違をもたらすことになる。本書の立場のように，片務契約においても債権者は債務者の債務不履行を理由として契約を解除することができると解する

2｜　③の要件は，伝統的には「違法性がないこと」と表現されてきた。しかし，近時においては，違法性という要件はドイツ民法の解釈に影響を受けたものであり，これらの場合に違法性という要件を立てることは必要ではないとする考え方が有力である（中田裕康『債権総論』123頁以下）。この点に関して，潮見佳男『新債権総論Ⅰ』（信山社，2017年）389頁以下も参照。

ときは（第5講119頁参照），BはAに対して催告をし，相当の期間が経過してもAの履行がないときは，契約を解除して甲の履行に代わる損害賠償請求をすることができる。

> 541条の文言によれば，Bは「相当の期間を定めて」催告をする必要があるが，すでに旧541条の解釈として，債権者の定めた期間が相当ではなかった場合や，期間を定めずに催告をした場合であっても，客観的に相当の期間が経過すれば解除権が発生すると解されてきた。この点については，新541条についても従来の解釈を変更するべき事情はなく，したがって，解除権の発生要件は，債権者の履行の催告及び相当の期間内に履行がないことである。

なお，541条はただし書で解除が認められない例外を定めているが，小問(1)のように，主たる債務の履行自体が遅延している場合，ただし書の適用を考える余地はない。この例外については，(5)(b)であらためて検討する。

(4) 履行遅滞による損害賠償

小問(2)において，Aの履行が遅延したことによってBが旅行のために乙車を借りる必要が生じた場合，この損害は，後日甲の引渡しがなされたとしてもBにすでに生じている損害であり，かつ，Aに帰責事由があるから，Bが甲の履行に代わる損害賠償を請求することができる場合でも，それによってカバーされない損害であり，このような履行遅滞による損害賠償請求は履行に代わる損害賠償請求と併存する。もっとも，Aの履行遅滞によってBが乙車を借り受け，その賃料を支出したことによる損害が416条の範囲に含まれるかどうかが問題となりうる。レンタカー料金の損害がBに通常生じる損害とはいえず，したがって，特別事情によって生じた損害に当たり，416条2項に従い，Aがそのような特別事情を予見すべきであったときに限って，損害賠償が認められると解される。

(5) 一部の履行拒絶，一部の履行の遅延の場合

(a) 一部の履行拒絶

小問(3)において，Aが甲及び丙を引き渡す債務を負っている場合に，その一部が履行されていない場合にはどうなるか。

まず，Aが債務の一部の履行を拒絶する意思を明確に表示した場合に，Bがその履行の拒絶を理由として契約を解除することができるかどうかが問題となるが，この場合，542条1項3号が適用され，残存する部分のみでは契約の目的を達することができないときは，Bは催告を要することなく，ただちに契約全部を解除することができる。甲及び丙の財産的価値を考慮すると，(a)の場合，甲がすでに引き渡されており，丙の引渡しについて履行拒絶の意思を明確に表示したときであっても，542条1項3号の要件を充たすとはいえない可能性が高い。同号の要件が充たされない場合，Bは契約全部を解除して，甲及び丙の履行に代わる損害の賠償を請求することはできないが，丙の不履行について損害賠償請求をすることができる。これは，丙の履行に代わる損害の賠償請求が認められることを意味する。これと同一の結論は，542条2項2号からも導かれる。同号によれば，債務者が一部の履行を拒絶する意思を明確に表示したときは一部解除，すなわち(a)のケースに即していえば，Aが丙の履行を明確に拒絶する意思をBに表示したときは，Bは丙の履行義務に関わる範囲で契約を一部解除し，丙の履行に代わる損害賠償を請求することができる。

丙の履行に代わる損害賠償請求の根拠規定が415条2項2号であるといえるかどうかは必ずしも明らかではない。同項1号や3号の場合と対比すると，2号は全部の履行拒絶の場合を想定していると見ることが自然なように思われる。その理解によれば，根拠規定となるのは415条1項本文である。

もっとも，一部の履行の明確な拒絶の場合，Bは542条2項2号により一部解除が可能であるから，この一部解除も415条2項3号の解除に当たるとすれば，同号を根拠として丙の履行に代わる損害賠償請求が可能であると解することができる。

これに対し，(b)の場合，原則として，甲の履行がなければBは契約の目的を達することができないと解され，Bは542条1項3号により契約全部を解除することができる。もっとも，Bは契約全部を解除することなく，甲の履行に代わる損害賠償請求を請求することができるほか，542条2項2号により，甲の不履行部分について契約を一部解除することもできる。

(b)　一部の履行の遅延

では，A が一部の履行拒絶の意思を明確に表示してはいないが，一部の履行の遅延が生じている場合，A は一部について履行遅滞の責任を負うが，その効果はどうなるか。

まず，小問(3)(b)の場合には，甲の履行の催告をし，相当の期間が経過しても甲の履行がないときは，B は契約全部を解除することができる。この場合に，B は甲の履行部分のみについて契約の一部解除ができるか。542 条 2 項は，一部履行不能及び一部履行拒絶の場合のみを規定し，一部の履行遅滞を理由とする一部解除に関する規定を置いていないが，一部の履行拒絶の場合と区別するべき合理的な理由は見当たらず，一部の履行遅滞の場合にも，一部解除を認めるとする解釈を採るべきである。

これに従えば，小問(3)(a)の場合にも，丙の不履行が契約全体として見れば軽微な不履行に当たるときは，B は，契約全部を解除することはできないが，丙の不履行部分について一部解除することは可能であり，丙の履行に代わる損害賠償請求ができると考えられる。

かりに，小問(3)(a)の場合に，一部解除を認めないとしても，丙の履行が遅延していることに変わりがなく，履行の催告後，相当の期間が経過しても丙の履行がないときは，415 条 1 項に基づいて，その債務の履行に代わる損害賠償請求を認めるべきである。この解釈が成り立つとすれば，415 条 2 項が 1 項のほかに，履行に代わる損害賠償について特別規定を置く必要があったかどうかが問われることになる。

2　双務契約における履行の遅延と履行の拒絶

[事例 2]

(1)　A は，2021 年 10 月 15 日，自己の所有する中古車甲（市場価格 150 万円）について B との間で売買契約を締結した。甲の引渡し期日は同月 31 日とされ，また，引渡し場所は B の自宅とされた。同日が過ぎても，甲の引渡しはなされていない。この場合，A と B の間の法律関係はどうなるか。

(2)　(1) において，B は履行期日に甲の引渡しを受けることを前提として，家族でドライブ旅行をする計画を立てていた。しかし，旅行日までに甲の引渡しがなされなかったことから，B は C 会社からレンタカー乙を借り受けて，旅行に出かけた。この場合，B は C 社に支払ったレンタカー料金の支払を A に求めることができるか。
(3)　(1) において，A・B 間において，甲とともに，A が使用してきたゴルフセット丙（市場価格 10 万円）を売買の目的とすることが合意されていたとする。甲及び丙の引渡し期日は 2021 年 10 月 31 日とされ，履行期日に (a) 甲の引渡しは行われたが，丙の引渡しがなされていない場合，(b) 丙の引渡しは行われたが，甲の引渡しがなされていない場合に，それぞれ，B は A に対してどのような権利を行使することができるか。

(1)　債務者 A が履行拒絶の意思を明確に表示した場合

［事例 2］(1)において，A が履行期日の到来前，あるいは到来後に，B に対して，甲の引渡しを拒絶する意思を明確に表示していた場合でも，履行が可能であることに変わりがないから，B は，① A に対して引き続き履行を請求し，履行遅滞による損害賠償を求めることができる。

B が①の方法を選択するのは，B が，履行の強制に要する時間や労力等にもかかわらず，特定物である甲を手に入れたいと考える場合であるが，代替性の乏しい不動産等の場合とは異なり，小問(1)の事例では，B が①の方法を選択することは考えにくい。しかし，かりに，B が甲の引渡しを求め，A がこれに任意に応じないときは，B は訴えを提起して履行の強制を求めることができる。この場合，A は期限の利益を有しているから，B が履行請求や，小問(2)において，履行遅滞を理由とする損害賠償請求をするためには期限の到来を待つ必要がある。また，A・B の債務が同時履行関係に立つときは，B の履行請求に対して，A は同時履行の抗弁を主張することができる。

これに対して，B は，② A から甲の引渡しを受けることを断念して，第三者から他の車を買い受ける方法を選択することもできる。ここで，B が A との契約を解除しないまま，第三者から別の車丁を買い受けると，A が事後に債務の履行に応じる場合，B は甲の売買契約と丁の売買契約それぞれについて代金支払義務を負うことになるから，B は，丁の売買契約締結に先だって，A との契約を解除しておく必要がある。

> また，Bが解除をせずに甲の履行に代わる損害賠償請求をしたときには，それ以後，Aが翻意して甲の履行の提供をしても，もはや本旨に従った履行の提供に当たらないと解される。

Bが②の方法を選択をする場合，Bは履行期日到来の前であっても，催告を要することなく契約を解除することができ（542条1項2号），また，Aに帰責事由があるから，契約を解除するかどうかに関わらず，甲の履行に代わる損害賠償請求をすることができる（415条2項2号）。

もっとも，契約を解除するかどうかにより，「履行に代わる損害賠償請求」の内容は異なる。すなわち，Bが契約を解除した場合，Bは代金債務を免れるから，Aに対する損害賠償額からBの代金債務額を控除することが必要となる。したがって，小問(1)において，たとえば，売買代金が140万円とされていたときは，甲の市場価格150万円が履行に代わる損害賠償額となるが，解除によって消滅する代金債務額140万円を控除し，その差額10万円の損害賠償請求ができる。

これに対し，Bは，415条2項2号により，契約を解除せずに履行に代わる損害賠償請求をすることも可能である。しかし，Bが解除権を行使しない場合には，Bは履行に代わる損害賠償請求として甲の市場価格である150万円の支払を求めることができるが，Bの売買代金支払義務は存続しているから，Bは売買代金をAに支払う必要がある。したがって，代金額が140万円であるときは，両者を相殺することにより，Bは解除した場合と同じく，残額10万円の損害賠償請求ができる。

> 解除権を行使するかどうかによって相違が生じることがありうるが，この点は履行不能の解除の場合と共通する問題であり，**第5講**115頁を参照。

BがAの履行拒絶に対して，②の方法を選択する場合には，Aが先履行義務を負っていたか，同時履行関係にあったかどうかにより相違は生じない。

(2)　双務契約における履行の遅延

(a)　同時履行の抗弁の存否

売買のような双務契約においては，履行期日が到来してもそれだけでは債務者が履行遅滞に陥るとは限らない。[事例 2]（1）において，A は甲の引渡義務を履行していないが，この場合，A が同時履行の抗弁を主張できるかどうかを考慮する必要がある（533 条）。

(b)　債務者 A が先履行義務を負っている場合

まず，[事例 2]（1）において A が先履行義務を負っており，B の代金債務の履行期日が到来していないときは，A が履行期日に甲を引き渡していないことにより A の履行遅滞が生じている（412 条 1 項）。

A の履行が遅滞している場合にも，(1)の履行拒絶のケースと同じく，B は，①履行請求とともに履行遅滞による損害賠償を請求する方法と，②履行請求を断念し，A の履行遅滞を理由として契約を解除し，又は契約を解除せずに，履行に代わる損害賠償請求をする方法とを選択することができる。①と②の選択が B の判断に委ねられること，また，それぞれの方法を選択した場合の効果については，基本的には，(1)の場合と同様に考えることができる。

B が，②の方法を選択し，かつ解除する場合，B は A に履行の催告をし，相当の期間が経過しても A の履行がないときは，541 条の規定に従って甲の売買契約を解除することができる。同条は，ただし書で例外を規定しているが，小問（1）においては，A の不履行が軽微な不履行に当たらないことは明らかである。

また，B は，履行の遅延について A に帰責事由があり，A が遅滞責任を負う限り，甲の履行に代わる損害賠償請求ができるが，損害額から代金額が控除される。

(c)　同時履行の場合

小問（1）において，B が甲の引渡しを受けるのと引換えに代金を支払う義務を負っていたときは（573 条参照），当事者が異なる合意をした場合を除いて，代金の支払場所はBの自宅である（574条）。この場合に，Aが甲の引渡しをしていなくても，Bも代金を支払う用意をしていなかったときは，Aは533条の規定に従い，Bが履行の提供をするまで自己の債務の履行を拒絶することができ（同時履行の抗弁），履行遅滞の責任を負わない。履行期日の経過後は，双方の債務は期限の定めのない債務となる。

Bは双方の債務が同時履行の関係にある場合でも，Aが先履行義務を負っていたときと同じく，①甲の履行請求をするか，あるいは，②履行請求を断念して，甲の売買契約を解除し，又は契約を解除せずに，履行に代わる損害賠償請求をする方法を選択することができる。では，同時履行の関係があることはBの選択にとってどのような意味を有することになるか。

説明の便宜上，まず，Bが②の方法を選択した場合を検討する。A・B双方の債務が同時履行関係にあるときは，BがAの履行の遅延を理由として契約を解除し，あるいは損害賠償を請求するためには，Bが履行の提供をして，Aの同時履行の抗弁を奪う必要がある。小問(1)において，Bが履行期日に，Aが甲を引き渡すのと引換えに代金を支払う用意をしていたときは，Aはもはや同時履行の抗弁を主張することができず，Bは，541条の規定に従い，履行の催告をし，相当の期間が経過すれば契約を解除することができる。この場合，Bはすでに履行期日にAを遅滞に陥らせており，履行の催告に際して再度履行の提供をすることは不要である。この点は，すでに旧法の下でもそのように解されており，新541条についても同様に解することができる。ここで注意を要するのは，Aが履行の遅延について帰責事由がない場合であっても，Bが履行の提供をすることにより，Aが同時履行の抗弁を主張できないときは，Bの解除が認められるという点である。

また，債務者Aに履行の遅延について帰責事由があれば，Bは解除権を行使せずに履行に代わる損害賠償を請求することも可能である（415条2項3号）。

旧法の下では，債務者に帰責事由のない場合に契約の解除が認められるかどうかについて議論が対立し，伝統的な通説は，履行不能の場合に限らず，債務不履行解除のためには債務者の帰責事由が必要であると解していた。しかし，新541条の下では，債務者の帰責事由は解除の要件とならない。この点について，第5

講101頁以下参照。

なお，履行の催告後相当の期間が経過すると解除権が発生するが，Bはその後も履行請求をすることができ，また，Aが，Bが解除権を行使する前に本旨に従った履行の提供をしたときは，Bはもはや解除権を行使することができないと解されている。

Aに帰責事由のある履行遅滞の場合，BはAに対して甲の履行に代わる損害賠償請求をすることができるが（415条2項3号），解除した場合には，それによってBの代金債務が消滅するから，代金債務額をAに対する損害賠償額から控除する必要があることは，(1)の場合と同様である。

では，Bが①の方法を選択し，Aに債務の履行を求め，Aがこれに任意に応じないときにはどうなるか。BはAに履行の強制をするためには，裁判所に訴えを提起することが必要であるが，一致した判例・学説によれば，Aはその訴訟において同時履行の抗弁を主張することができ，Bの履行請求が認容される場合，裁判所は引換給付判決をすることになる。論理的には，Aは同時履行の抗弁を失っており，履行請求に対してもはや同時履行の抗弁を主張できないと解する余地もあるが，Bとしても，代金支払債務を負っていることに変わりがなく，Aが先履行した後に，Bの支払能力が失われる場合を考慮すると，Aの同時履行の抗弁を認めても問題がないと解されている。したがって，その限りでは，A・B間の同時履行関係が存続することになる。

このように，Aの履行の提供がないままBが履行の提供をした場合に，Bが解除や損害賠償請求をするときには，Aはもはや同時履行の抗弁を主張できないが，Bがあくまで履行請求をするときには，Aは先履行義務を負わず，引き続き同時履行の抗弁を主張できることになる。

（d）　履行遅滞による損害賠償

BがAの履行の遅延を理由として契約を解除するか，履行請求をするかどうかに関わらず，Aの履行が遅延し，その履行の遅延によってBに損害が生じている場合には，Aに帰責事由がある限り，Bは履行遅滞に基づく損害賠償請求をすることができる。したがって，[事例 2] (2)においては，[事例 1] (2)におけると同様に，416 条 1 項・2 項の規定に従って損害賠償請求をすることができる。

履行遅滞によってどのような遅延損害が生じるかは，契約の類型や個々の事情に依存する。たとえば，建物の賃貸借契約を締結したが，賃貸人が約定の期日に引き渡すことができないために，賃借人が一時的に他の建物等を借り受ける必要が生じた場合に，賃貸借契約に基づいて支払うべきであった賃料額よりも，一時的な借受けによる賃料額の方が高額となる場合，その差額は遅延損害に当たる。また，引越費用が二重に必要となった場合も，遅延損害に含まれる。しかし，転売を前提とする商品の購入の場合には，遅延しても転売することが可能である限り，遅延によって損害が生じたといえるかどうかについては，個別の事情を判断する必要がある。

(3) 双務契約における一部の履行拒絶，一部の履行の遅延の場合

(a) 一部の履行拒絶

小問(3)において，A が一部の債務について履行拒絶の意思を明確に表示する場合にはどうなるか。片務契約について論じたのと同様に，一部の履行拒絶の結果，契約の目的を達することができない場合には，B は契約全部を解除することができる（542 条 1 項 3 号）。したがって，小問(3)のうち，(b)の場合には，契約全部を解除することができるが，(a)の場合には，契約目的を達することができないとはいえない可能性が高く，その場合，契約全部の解除は認められない。また，いずれの場合にも，B は契約の一部解除をすることができる（542 条 2 項 2 号）。

A に帰責事由があるときは，それぞれの不履行について損害賠償請求をすることができるが，一部解除の場合には一部不履行に対応する代金債務額を損害額から控除する必要がある。

(b) 一部の履行の遅延

小問(3)において，A が履行拒絶の意思を明確に表示することなく，一部の債務の履行を遅延したときは，まず，その不履行を理由として契約全部を解除することができるかどうかが問題となる。この場合，その一部の履行の遅延が

541条ただし書の軽微な不履行に当たるときは，契約全部の解除は認められない。小問(3)(b)の場合には，ただし書には該当せず，契約全部の解除が認められるが，(a)の場合には，丙の不履行が軽微な不履行に当たると解される可能性が高い。

ここでも，一部の履行の遅延を理由として一部解除が認められるかどうかが問題となる。542条2項では一部の履行の遅延に関する一部解除の規定が置かれていないが，片務契約の場合と同じく，一部解除を認めるべきである。この場合にも，Aに帰責事由があれば損害賠償請求が可能であるが，Bの代金債務額を損害額から控除する必要があることは，(a)の場合と同様である。

> 一部の履行拒絶と一部の履行の遅延を対比すると，契約全部を解除する要件が異なっていることに注意する必要がある。すなわち，小問(3)において，Bが，丙の引渡債務の不履行を理由として契約全部を解除しようとする場合に，Aが履行拒絶の意思を明確に表示していたときは，Bは，丙の引渡債務の履行の拒絶により，契約の目的を達することができないことを自ら主張・立証する必要がある。これに対して，Aが履行拒絶の意思を明確に表示しないまま履行が遅延する場合には，Bは相当の期間が経過すれば原則として契約を解除することができ，これを争うAが，軽微な不履行に当たることを積極的に証明する必要がある。これによれば，Aが履行拒絶の意思を明確に表示する場合の方が，Bにとって解除の要件がより厳しくなるが，Aの不履行の態様からすると，履行拒絶の意思を明確に表示する方が履行の遅延よりも不履行の程度はより重大であり，541条ただし書と542条1項3号の区別が立法政策として合理的なものであったといえるかどうかは疑問の余地がある。

Ⅲ　定期行為の場合

[事例3]

> (1)　Aは，2021年12月21日，洋菓子店Bの店舗でクリスマス・ケーキ甲を注文した。甲は，12月24日の午後3時までにAの自宅で引き渡されることとされていたが，当日，Bの従業員Cが甲をA宅に届ける途中で交通事故に巻き込まれ，約定の時刻までに甲をAの自宅に届けることができなくなった。この場合，Aは契約を解除することができるか。また，Cが同日の午後10時にな

って甲をＡの自宅に届けた場合にはどうなるか。

(2)　Ｄは，自宅で親しい友人を招いてパーティーを開催することを計画し，このパーティーのため，ワイン販売業者Ｅにワイン２ダース（乙）を注文し，引渡しの時期を2021年12月15日の午前中と定めた。しかし，Ｅは同日の午後になっても乙を引き渡していない。

Ｄが Ｅに対して，(a) 2021年12月15日の夕方にパーティーを開催するという事情を告げていた場合，(b) その事情を告げていなかった場合に，それぞれ，ＤはＥとの売買契約を解除することができるか。

(3)　オペラ歌手Ｆは，オペラ公演の主催者Ｇとの間で，2021年12月20日に上演されるオペラに出演する契約を締結した。Ｆは，オペラのリハーサルには参加していたが，上演の当日，高熱のため出演することができなくなった。この場合，ＧはＦとの出演契約を解除することができるか。

1　定期行為の意義

旧542条は，「契約の性質又は当事者の意思表示により，特定の日時又は一定の期間内に履行をしなければ契約をした目的を達することができない場合」に，当事者の一方が履行をしないでその時期を経過したときは，催告を要することなく解除できると規定し，このような場合を「定期行為」と呼んでいた(同条の条文タイトル参照)。

新542条1項4号は，旧542条をほぼそのまま引き継ぐ規定であり，新法の下でもこれを定期行為と呼ぶことができる。このうち，特定の日時ないし一定期間内の履行が重要であることが契約の性質から判断される場合を絶対的定期行為，その重要性が当事者の意思表示によって明らかとなる場合を相対的定期行為という。

定期行為に当たる場合，その性質上，履行が遅れた場合に履行請求をすることは考えにくく，契約解除の要件がどうなるかが主要な問題点となる。また，解除が認められる場合に，債務者に帰責事由があれば損害賠償請求ができることは，通常の履行遅滞の場合と同様である。

定期行為についても片務契約と双務契約の場合がありうるが，通常問題となるのは双務契約の場合であることから，ここでは，双務契約の場合について検討する。

2　定期行為の解除

［事例3］(1)は，クリスマス・ケーキという目的物の性質上，約定の日時に引渡しがなされなければ，契約の目的を達することができない場合であり，絶対的定期行為に当たる。もっとも，この事例において，午後3時には間に合わなかったとしても，A及びその家族が夕食後にケーキを食べることを予定していたときは，一定の範囲での履行の遅延は許容されていると見る余地がある（たとえば，午後5時頃までに引渡しがなされた場合）。しかし，甲の引渡しの遅延により契約の目的を達することができないときは（小問(1)で午後10時に配達されたとき），Aは542条1項4号に従って，催告を経ることなく，ただちに契約を解除することができる。

また，小問(2)においては，(b)の場合のように，Dが一方的に一定の日時の履行が重要であると考えていただけで，その事情をEに告げていなかったときは，当事者，すなわちD及びEの意思表示によって定期行為であることが合意されていたとはいえない。(a)の場合のように，一定の日時に履行が必要であるという事情が債務者Eに伝えられていたときに限って，相対的定期行為として542条1項4号の定期行為に当たる。したがって，小問(b)の場合には，Aは，一般原則に従い，541条の規定によって解除することができるにとどまる。

3　遅延した履行の提供

では，小問(1)や(2)において，AやDが解除の意思表示をする前に債務者BやEが履行の提供をしたときにはどうなるか。上述したとおり（本講133頁参照），通常の履行遅滞の場合には，債権者が解除の意思表示をする前に本旨に従った履行の提供をしたときは，もはや契約の解除ができないと解されている。しかし，定期行為の場合には，履行が遅れると，もはや契約の目的を達することができないのであるから，たとえ解除の意思表示をする前に履行の提供があっても，本旨に従った履行の提供には当たらず，したがって，債権者はその場合でも契約を解除することができると解される。もっとも，小問(1)や(2)において，債権者が，遅れた履行であってもこれを履行として認める場合に，その受領を否定する必要はないから，AやDは，解除権を行使せずに，遅延した履行を受領することができる。この場合，履行の遅延について債務者に帰責事由がある限り，損害賠償請求は妨げられない。

4　履行期の経過による履行不能

小問(1)及び(2)の場合とは異なり，小問(3)の場合には，Fは一定の日時に上演されるオペラに出演する債務を負っており，かつ，一定の日時に出演をしなければ，遅れて履行することが取引上の社会通念に照らして不能になったといえる。すなわち，この場合には，一定の日時に履行がないことによって，単に契約の目的を達することができなくなるというにとどまらず，債務の履行自体が不可能となったといえる。この点で，小問(3)は，クリスマス・ケーキやワイン2ダースの引渡し自体が可能である小問(1)や(2)の場合とは異なり，Gは542条1項1号に基づいて契約を解除することができる。

なお，542条1項4号と関連して，商事売買に関する商法525条の特則にも注意が必要である。商人間における迅速な処理の必要性を考慮し，同条は定期売買について，債権者がただちに履行請求をする場合を除いて，解除の意思表示を要することなく，契約は解除されたものとみなしている。

Ⅳ　その他の債務不履行事例

[事例4]

(1)　中古車甲の所有者AはBとの間で代金を100万円とする売買契約を締結した。甲はBの自宅で，代金の支払と引換えにBに引き渡すこととされた。Aは約定の履行期日に甲をBの自宅に持参したが，Bが甲に試乗してみると，ブレーキに不具合のあることが判明した。この場合，BはAに対してどのような権利を行使することができるか。また，Bが甲の引渡しを受けてから数日後に，ブレーキの不具合に気づいたときにはどうなるか。
(2)　Cは，家電製品を販売する事業者Dから大型テレビ乙を購入した。Dの従業員Eは，乙をCの自宅に配送したが，乙をCの自宅内に搬入する際に，乙を廊下の壁に当てた。乙自体には何ら損傷が生じなかったが，壁に損傷が生じた。この場合，CはDに対してどのような権利を行使することができるか。
(3)　Fは自己の所有する宅地上に建物を新築することとし，2021年11月10日，建築業者Gに建築を依頼した。建物の引渡期日は，2022年3月10日と定められていたが，2022年1月15日の時点でもGの建築工事はほとんど進んでおらず，約定の引渡期日に建物の引渡しがなされる見込みはない状況にある。この場合，FとGの法律関係はどうなるか。

1　債務不履行の多様な事例

債務の本旨に従った履行がなされない場合の典型事例として，履行不能，履行の遅延や履行拒絶をあげることができ，新法もこれらの場合について，とくに規定を置いている。しかし，債務不履行の態様は多様であり，これらの場合に限られるものではない。[事例4] の各小問も，多様な事例のうちのごく一部を取り上げるものである。→3

2　給付義務の不完全な履行

小問(1)では，A・B間の契約において，Aが特定物である甲をどのような状態で引き渡す義務を負っていたかがまず問題となる。かりに，A・Bの合意により，Aが契約締結時の状態で甲を引き渡す債務を負っていたにとどまる場合に，ブレーキの不具合が契約締結時に存在していたときは，Aは甲をその状態で引き渡せば債務を履行したことになる。このような合意がなされる場合には，Bは甲に不具合が存在するリスクを引き受けており，また，売買代金はそ

3｜　債務不履行の諸事例については，中田裕康『債権総論』131頁以下参照。

のリスクを考慮して決定されることになる。

しかし，当事者が，甲が通常の走行に支障がない状態にあることを前提として契約を締結したときは，Aがブレーキに不具合のある甲を持参しても，債務の本旨に従った履行の提供とはいえず，Bはその受領を拒絶して，ブレーキに不具合のない状態で甲を引き渡すように求めることができる。

旧法の下では，特定物について瑕疵のない目的物の給付義務を負うかどうかに関して議論の対立があったが，新法においては，特定物・不特定物を問わず，契約の性質や当事者の合意に従って備えるべき種類・品質・数量を備えない場合には，売主は債務不履行責任を負う。562条以下の規定もこれを当然の前提とするものである。これに対して，贈与者の引渡義務については551条1項を参照。

したがって，BはAに対して，ブレーキの不具合を修補して完全な状態で甲を引き渡すように求めることができる。この場合，ブレーキの不具合が修補不能であれば，一部の履行不能となり，また，修補可能であるときは，履行の遅延の問題として処理されることになる。

注意を要するのは，小問(1)後半の，Bがブレーキの不具合に気づかないまま甲を受領した場合との相違である。この場合にも，売主の給付義務の履行が不完全な場合に当たることに変わりがないが，引渡しがなされた後は，目的物の契約不適合について562条〜564条が適用され，同条の定める契約不適合責任が債務不履行の一般原則規定に対する特則となっている。この場合の法律関係については，**第14講**を参照されたい。

従来の通説は，債務不履行の諸事例を履行不能，履行遅滞及び不完全履行の3つの類型に分けていたが，この3分法については，不完全履行以外にも多数の不履行事例があると批判されてきた。この点は，不完全履行という類型がどのような場合を含むかという理解の仕方に依存している。小問(1)のように給付義務の履行が不完全である場合のみを不完全履行と呼ぶのであれば，この批判は正しい。しかし，不完全履行は不完全な給付義務の履行に限らず，履行不能・履行遅滞以外の債務不履行を広く包含する概念として用いることも可能である。もっとも，後者の理解によれば，不完全履行は，不履行の態様について共通のメルクマールを持たず，単に「その他の債務不履行」という受け皿的類型の意味を有するにとどまることになる。

3　付随義務ないし保護義務違反

小問(2)においては，乙の引渡しという給付義務については，売主Dは本旨に従って履行をしたといえるが，その履行に際して，Cの自宅の壁を損傷することにより，Cに財産的損害を与えている。この場合，Dは不法行為に基づく損害賠償義務を負うほか，債務不履行に基づいて損害賠償義務を負うと解されている。その理論的な説明の仕方として，契約当事者は主たる給付義務のほかに，付随義務ないし保護義務を負っており，その義務違反として債務不履行責任を負うと考えられている。→4

小問(2)の場合には，Dは債務の履行に際してCの自宅に損傷を生じさせない義務を負っていると解されるが，事例においては，すでに損傷が生じており，その義務の履行を求めることはもはや意味がなく，Cの損害賠償請求が認められるか，また，付随義務ないし保護義務違反を理由として契約を解除することができるかどうかが問題となる。このうち，従業員Eの行為によってCに財産的損害を与えた場合，Dには帰責事由があったと解されるから，Dが損害賠償義務を負うことは明らかである。しかし，乙の履行自体については本旨に従った履行がなされていることから，542条1項3号によれば，契約の目的を達することができないとはいえず，契約の解除は認められないと解される。

> 付随義務違反が問題となるときでも，履行請求を考えることができる場合がある。たとえば，売主Aと買主Bの間で甲の売買契約が締結されたが，甲を適切に利用するためにAの説明が必要である場合，BはAに対して甲の引渡しを請求することができるだけでなく，利用に必要な説明をするように求めることができる。Aがこの説明義務を履行しない場合，Bは，541条の規定に従って契約を解除することができる。

4｜　付随義務・保護義務の理論的な位置づけについては，中田裕康『債権総論』133頁が詳しく論じている。

4　契約の目的を達するのに足りる履行がされる見込みがないことが明らかである場合

小問(3)においては，建築工事に要する期間を考慮すると，すでに2022年1月15日の時点で，Gの建築工事は大幅に遅延しており，履行期日が到来しても完成した建物の引渡しがなされる見込みがないことが明らかであると判断される。この場合に，Fは履行期到来前であっても契約を解除して，損害賠償請求をすることができるか。

Gが履行拒絶の意思を明確に表示していたときは，Fは542条1項2号により契約を解除することができるが，単に履行の遅延が見込まれているというだけでは，同号による解除はできない。では，542条1項5号に従って契約を解除することができるか。同号は，1号～4号以外の場合でも，催告なしに契約を解除できる場合があることを想定した受け皿的条項であり，小問(3)の場合も，この規定による解除の可否が問題となる。

もっとも，542条1項5号が「その債務の履行をせず」としている文言を厳密に解釈すると，Gは履行期が到来するまで期限の利益を有しており，履行期が未到来の時点ではこの要件を充たしていないようにも見える。しかし，建物の建築工事のように，履行に相当の期間を必要とする場合には，仕事の完成に向けて履行行為を行う債務を負っていると考えるべきであり，Fは同号に従い，履行期が未到来であっても，履行期が到来した後に相当の期間の催告をしても契約の目的を達するのに足りる履行がなされる見込みのないことが明白であるときは，履行期前の明確な履行拒絶の場合と同様に，履行期到来前であっても，催告なしに契約を解除して，損害賠償請求をすることができると解するべきである。

第 7 講

弁済の提供，種類物の特定と受領遅滞

I　はじめに

弁済の提供と受領遅滞の関係について，改正前においては，多様な議論の対立が存在していた。受領遅滞については，単に債権者が「遅滞の責任を負う」と規定されるのみで（旧 413 条），その具体的な効果が条文上明らかではなかったこともあって，①弁済の提供と受領遅滞がどのような関係に立つのか，すなわち，両者は同じ問題を債務者の側から見るか，債権者の側から見るかの違いにすぎないのか，あるいは両者は異なる制度であり，それに応じて，その効果も異なると考えるのかという理論的な問題のほか，とくに，債務者が物の引渡債務を負っている場合に，②受領遅滞が生じた後に物の保管（保存）に関する債務者の注意義務（旧 400 条参照）の軽減が生じるのか，軽減されるとしてもどの程度軽減されるのか，③債務者が物の保管を継続することによって費用が増加する場合に，その費用を負担するのは誰か，④債権者の受領遅滞中に債務者の保管している物が滅失・損傷した場合に，債務者は履行義務を免れるのか，また，売買のような双務契約において債務者（＝売主）は，相手方に代金の支払を求めることができるのか，⑤債務者は，債権者の受領義務違反を理由として契約を解除することができるか等が議論されてきた。

また，債務者が種類物の引渡債務を負っている場合には，弁済の提供ないし受領遅滞によって種類物の特定が生じるのかどうかという問題もあわせて議論されてきた。

新法は，債権者の受領遅滞の効果を具体的に定めており（新 413 条），旧法で議論されてきた問題の多くについては立法的に解決しているが，以下の検討からも知られるとおり，なお問題も残されている。

II　債務者による弁済の提供

1　弁済の提供の効果

債務の内容によっては，債務者の行為のみによって債務の履行が完了する場合もある。たとえば，一定の秘密やノウハウを漏洩しない債務，一定以上の騒音を出さない債務等の不作為債務については，債務者がその債務に違反しない限り，債権者が積極的に何らかの行為を行う必要はなく，債務者の弁済の提供を「受領する」という事態を観念する必要がない。

しかし，きわめて多くの債務は，債務者の履行が完了するためには，債務者が弁済の提供をするだけでは足りず，債権者の受領が必要であり（物の引渡債務等），あるいはより積極的に債権者の協力行為を必要とする（肖像画を描く債務，人物写真を撮影する債務等）。後に見るように，物の引渡債務についても，持参債務（＝債務者が債権者の住所地ないしその他の履行地に物を持参し，あるいは送り届ける債務）[→1] の場合には，債権者は提供された物を受領するだけで足りるが，取立債務（＝債権者が債務者の住所その他指定の場所まで物を受取りに行く必要がある債務）の場合には，取立てという債権者の協力行為が必要となる。

これらの場合に，債務者がどのような行為をすれば債務不履行責任を免れることができるか。この問題に関わるのが弁済の提供である。492 条が，弁済の

1｜　物を債権者の住所地以外の場所へ送る債務を送付債務ということがある。しかし，送付債務には 2 つの場合が含まれており，①債務者が住所地以外の場所に「送り届ける」ことまでを債務として引き受けている場合と，②債務者が住所地以外の場所に向けて「発送する」ことまでを債務として引き受けている場合を区別する必要がある。①は持参債務と同じく，債務者は定められた履行地で現実に提供する必要がある。②の場合には，債務者は発送によって債務を完了しており，運送中の滅失・損傷のリスクを負担するのは債権者である。この点について，奥田昌道『債権総論〔増補版〕』（悠々社，1992 年）515 頁，潮見佳男『債権総論』29 頁。

提供の時から「債務を履行しないことによって生ずべき責任を免れる」と規定するのはこの趣旨であるが，弁済の提供をしても債務の履行が完了して債務が消滅するわけではなく，債務者は引き続き履行義務を負っていることに変わりがないことに注意が必要である。

旧492条は，「債務の不履行によって生ずべき一切の責任を免れる」と規定していた。その趣旨は新492条と異なるものではないが，旧規定では弁済の提供があった後はおよそ何らの責任を負わないと誤解されるおそれがあったことから，文言が改められた。

2　弁済の提供の方法

では，債務者がどのような状態を作り出せば弁済の提供をしたといえるのか。これを規定するのが493条である。この規定によれば，債務者は，原則として，①「債務の本旨に従って現実にしなければならない」（同条本文）が，②債権者があらかじめ受領を拒んだとき，又は債務の履行について債権者の行為を要するときは，弁済の準備をしたことを通知してその受領の催告をすれば足りる（同条ただし書）。①を現実の提供，②を口頭の提供（又は言語上の提供）という。

さらに，旧492条の下で，判例（最大判昭和32年6月5日民集11巻6号915頁）・通説は，受領者の受領拒絶が確定的である場合には，口頭の提供すら不要であると解していた。

上掲昭和32年最大判は，賃貸借契約において，原告である賃貸人Xが，賃借人Yは無断で工事を行い，契約条項に違反したとして契約の解除を主張して建物の明渡しと損害賠償を求め，Yの賃料の受領を拒絶する意思を明確に表示していた事案で，以下のとおり判示した。

「債権者が予め弁済の受領を拒んだときは，債務者をして現実の提供をなさしめることは無益に帰する場合があるから，これを緩和して民法493条但書において，債務者は，いわゆる言語上の提供，すなわち弁済の準備をなしその旨を通知してその受領を催告するを以て足りると規定したのである。そして，債権者において予め受領拒絶の意思を表示した場合においても，その後意思を翻して弁済を

> 受領するに至る可能性があるから，債権者にかかる機会を与えるために債務者をして言語上の提供をなさしめることを要するものとしているのである。しかし，債務者が言語上の提供をしても，債権者が契約そのものの存在を否定する等弁済を受領しない意思が明確と認められる場合においては，債務者が形式的に弁済の準備をし且つその旨を通知することを必要とするがごときは全く無意義であつて，法はかかる無意義を要求しているものと解することはできない。それ故，かかる場合には，債務者は言語上の提供をしないからといつて，債務不履行の責に任ずるものということはできない。」

この解釈ルールは，新法でも条文化されていないが，従来の解釈を変更する趣旨ではなく，新法の下でも同様の解釈が維持されることになる。もっとも，債務者としては，翻意の可能性のある単なる受領拒絶であるのか，翻意可能性のない明確な受領拒絶であるかを判断することは，ときとして困難であり，口頭の提供を行うことはそれほど負担ではないから，通常は口頭の提供を行うことになろう。→2

弁済の提供と受領遅滞の関係が問題となるのは必ずしも物の引渡債務の場合に限られないが，この場合が最も重要であり，検討すべき問題が多いことから，本講では，債務者が物の引渡債務を負う場合に限定して検討する。

3　弁済の提供と同時履行の抗弁

[事例 1]

> (1)　Aは，Bとの間で，自己の所有する中古車甲の売買契約を締結した。履行期は2021年6月30日の午後2時～3時の間，履行の場所はBの自宅とされ，Bは甲の受領と引換えに代金を支払うこととされた。当日，Aは甲をBの自宅に持参しなかったが，Bも代金を支払う準備ができていなかった。この場合，A・Bは債務不履行責任を負うか。

2｜　その意味では，判例・通説が認めるルールは，口頭の提供を怠った債務者が債務不履行責任を負わないことを正当化するロジックであるという側面が強い。

(2)　(1)において，Aは甲をB宅に持参したが，Bには代金を支払う準備ができていなかった。AとBの法律関係はどうなるか。

弁済の提供の要否については，双務契約において同時履行の抗弁が認められる場合，492条とともに533条の規定を考慮することが必要である。

［事例１］(1)において，売主Aも買主Bもそれぞれ自己の債務について弁済の提供をしていないが，この場合にも，双方の債務が同時履行関係にある限り，相手方が弁済の提供[→3]をするまで自己の債務の履行を拒絶することができるから，A・Bとも弁済の提供をしていなくても債務不履行責任を負わない。履行期が過ぎた後は，期限の定めのない債務となり，各当事者はいつでも弁済の提供をすることにより相手方に履行を請求することができる。

同時履行の抗弁が認められる場合に，弁済の提供が果たす重要な機能は，弁済の提供をすることにより相手方の同時履行の抗弁を失わせ，相手方が遅滞責任を負うという点にある。

小問(2)の場合には，Aは弁済の提供を行っており，Bは履行遅滞に陥っている。この場合，Aは履行の請求をしつつ，履行遅滞によって生ずる損害の賠償を求めることができるほか，相当期間の催告を経て契約を解除することもできる。

債務不履行責任を免れるという効果が債務者にとって防御的なものであるの対して，同時履行の抗弁を失わせる効果は，相手方の債務不履行責任を追及するという，より積極的なものといえる。

3｜　533条は「履行を……提供するまでは」という文言であるが，弁済の提供と履行の提供は同じ意味で用いられる。ニュアンスとしては，弁済は債務の消滅に，履行は債務者の行うべき行為に着目する用語であるが，法的には同じ意義を有する概念である。

4　持参債務と取立債務

(1)　特定物の引渡債務の場合

[事例 2]

(1)　A は B との間で，自己の所有する中古のパソコン甲の売買契約を締結した。履行期は 2021 年 6 月 30 日の午後 2 時〜4 時の間，引渡しの場所は B の自宅とされ，B は甲の受領と引換えに代金を支払うこととされた。当日，A は引渡しの場所が A の自宅であると勘違いし，引渡しの準備を終えて B の来宅を待っていた。
(2)　(1)とは異なり，甲の引渡しの場所は A の自宅とされた。当日，A は甲を B に引き渡す準備をして自宅で B が受取りに来るのを待っていたが，B は現れなかった。

484 条は，債務の履行地についての原則ルールを定め，特定物の引渡債務については債権発生時（＝事例では，売買契約締結時）にその物が存在した場所が履行地であり，その他の債務は債権者の現在の住所であるとしている。前者は取立債務であり，後者は持参債務である。

したがって，小問(1)において，別段の意思表示がなければ（484 条の文言参照）甲の引渡しの場所は A の自宅となるが，この事例では，引渡しの場所は B の自宅とされており，当事者の合意が優先し，A は持参債務を負担している。この場合，A は所定の期日・時間に甲を B の自宅で現実に提供して，B が受領さえすれば足りる状態を作り出す必要があった。したがって，A は，B が代金の支払準備をしていなかった場合を除いて，債務不履行責任を負う。

これに対して，小問(2)の場合には，A は取立債務を負っているにすぎないから，B の取立てがあれば債務を履行できる準備をしているだけで足りる。なお，この場合，「弁済の準備をしたことを通知」することが必要であるとされているが，小問(2)のように，履行期日の時間指定があらかじめ行われている場合には，その通知がすでになされていると見ることができる。

これに対して，後に見るように，種類物売買において売主が商品を入荷した時点で買主に通知をして取立てを促す場合には，493 条の文言どおりに準備ができたことを通知することが必要となる。

小問(1)，(2)において，売買の目的物は特定物であるから，債務の目的は当初から特定している。これに対して，種類物の引渡債務については，弁済の提供と種類物の特定の関係を明らかにする必要がある。

(2)　種類物の特定と弁済の提供

[事例 3]

> (1)　洋食器の販売業者AはBとの間で，ワイングラスセット甲の売買契約を締結した。履行期は2021年6月30日の午後2時～4時の間，引渡しの場所はBの自宅とされた。当日，Aの従業員Cが甲を配送中に甲を落下させ，甲に著しい損傷が生じた。Cは梱包のまま甲をBに引き渡したが，Bは甲を開封して，甲の損傷に気づいた。この場合，BはAに対して別の新品甲の引渡しを請求することができるか。
> (2)　(1)において，Cは甲を完全な状態で指定時間にB宅に配達したが，Bは甲の配送日であることを失念して，外出していて不在であったため，Cは甲を持ち帰った。その途中でCは交通事故に巻き込まれ，甲が著しく損傷した。この場合，BはAに対して新品甲の引渡しを求めることができるか。
> (3)　(1)において，A・B間の契約締結時に甲の在庫がなかったことから，後日，AがBに連絡をし，BがAの営業店舗で甲を受け取ることが合意された。Aは，2021年6月30日に甲が入荷した旨をBに連絡し，Bが10日以内に甲を受け取ることとされた。この時点で，Aは甲を10セット入荷していた。
> 　この場合において，甲が，(a)2021年7月5日に倉庫の火災によって滅失した場合，(b)同月15日に倉庫の火災によって滅失した場合に，それぞれ，BはAに対して新品の甲の引渡しを求めることができるか。

(a)　種類物の特定(1)——持参債務の場合

[事例 3] のように，種類物売買の場合，売主は，種類物の特定が生じるまでは，市場に同一の種類物が存在する限り，その引渡義務を負っており，特定が生じてはじめて引き渡すべき目的物が確定し，以後は特定物と同じく，特定が生じたその物を引き渡す債務を負い，もはや他の種類物を調達して引き渡す義務を負わない。

401条2項は，種類物の特定が生じるのは，①「債務者が物の給付をするのに必要な行為を完了」したとき，又は，②「債権者の同意を得てその給付すべき物を指定したとき」であると規定している。②は，債権者の同意を得て債務者が指定する場合であり，一般的には，①の場合に当たるかどうかが問題となる。

種類物の特定が生じるかどうかについても，持参債務と取立債務の区別が重要な意味を持つ。すなわち，売主が持参債務を負う場合には，弁済の提供のために現実の提供が必要であるから，小問(1)においては，AがBの自宅で現実の提供をしてはじめて「物の給付をするのに必要な行為を完了」したといえる。小問(1)の事例では，Aの従業員CがB宅に持参した時点で甲の損傷が生じていたのであるから，甲の損傷についてAに帰責事由があったかどうかを問わず，Aは債務の本旨に従った履行の提供をしておらず，給付をするのに必要な行為を完了していたとはいえない。したがって，種類物の特定が生じていない以上，Bは引き続き新品甲の引渡しを請求することができる。

これに対して，小問(2)の場合には，Cは完全な状態で甲をBの自宅に届けており，これにより，Aは給付をするのに必要な行為を完了したといえる。したがって，これ以後，売買契約に基づいてAが引渡義務を負うのは，特定が生じた甲のみであり，Cが持ち帰る途中で交通事故に巻き込まれて甲の滅失・損傷が生じた場合にも，Aの帰責事由の有無を問わず[→4]，Aはもはや別の新品甲を引き渡す義務を負わない。

持参債務の場合には，493条の現実の提供と401条2項の物の給付をするのに必要な行為が一致するため，弁済の提供があれば同時に種類物の特定が生じるといえる。また，後の議論を先取りするが，この場合，債権者は受領遅滞にも陥ることになる。したがって，持参債務の場合に限っていえば，弁済の提

4｜ 小問(2)においては，Bが受領遅滞に陥っており，特定した甲の保管（保存）について債務者が尽くすべき注意の程度は「自己の財産に対するのと同一の注意」に軽減されている（413条1項）。この事例において，債務者Aの帰責事由の有無は，Aの履行補助者であるCについてこの注意義務違反があったかどうかに従って判断される。

供＝種類物の特定＝受領遅滞という関係が成り立ち，弁済の提供と受領遅滞を区別することが不要であるかに見える。

(b)　種類物の特定(2)——取立債務の場合

しかし，取立債務の場合には，弁済の提供，種類物の特定，受領遅滞はそれぞれ区別して考える必要がある。

小問(3)において，Aが，甲が入荷した事実をBに連絡して受領を催告することにより，Aは493条に従って口頭の提供を行ったといえるから，これ以後，債務不履行によって生ずべき責任を免れることができる。

しかし，種類物の特定が生じたといえるかどうかは，Aが甲をどのような形で保管しているかによる。すなわち，通説の理解を前提とすると，401条2項による種類物の特定が生じるためには，単に履行の準備ができている状態では足りず，Bに引き渡すべき甲を，同一の種類物である他の甲と区別しておくことが必要である。そうすると，小問(3)において，AがBのために甲を取り分けていたときは種類物の特定が生じ，Aはもはや別の甲を引き渡す債務を負わないが，入荷した10セットを一括して保管し，どのセットでも渡せる状態にしていたというだけでは特定が生じておらず，Bは引き続き新品の甲の引渡しを求めることができる。

また，種類物の特定が生じていた場合でも，債権者Bが弁済の提供によってただちに受領遅滞に陥るかどうかは個別の事情を考慮する必要がある。

小問(3)において，Bは連絡を受けてから10日以内に受取りに行くこととされており，(a)の場合には，Aは弁済の提供をしているが，Bの受取期間は経過しておらず，Bが受領を拒絶し，あるいは受領できない状態が生じているとはいえない。したがって，この場合Bの受領遅滞があったとはいえない。これに対し，(b)の場合には，Bが受け取るべき期間を過ぎても受け取っておらず，Bに受領遅滞が生じているといえる。

受領遅滞が生じた場合の効果については，以下で詳しく検討するが，取立債務の場合を含めて考えると，弁済の提供，種類物の特定，受領遅滞はそれぞれ別個の概念であること，したがって，旧法下において，弁済の提供と受領遅滞を同一の問題であると見る考え方は持参債務については当てはまるとしても，取立債務については両者を区別して考える必要があったことが分かる。

新法は，この点で，より明確に，弁済の提供の効果と受領遅滞の効果を区別している。弁済の提供の効果は，上述したとおり，債務者が債務不履行責任を免れるという点にあり，弁済の提供があり，かつ受領遅滞が生じている場合，それによって債務者に生じる負担や不利益は受領遅滞特有の効果であると解することができる。

以上を踏まえて，小問(3)の事例については，以下のように整理することができる。

まず，(a)，(b)の双方の場合を通じて，Aは口頭の提供をしているが，甲の特定が生じていなければ，倉庫の火災により甲の10セットが滅失しても，Bは引き続き，新品甲の引渡しを求めることができる。また，甲の特定が生じていれば，甲がその後に滅失した以上，Aに帰責事由があるかどうか，Bが受領遅滞に陥っていたかどうかに関わらず，甲の引渡請求は認められない（小問(3)は引渡請求の可否を問うものである)。

つぎに，甲の特定が生じた場合に，Aが甲の滅失について債務不履行責任を負うかどうか，BがAに対して売買代金の支払義務を負うかどうか等の問題が生じるが，この点については，Bの受領遅滞があったかどうかによって区別が必要となる。(a)の場合，Bは受領遅滞に陥ったとはいえず，Aは，特定した甲について400条の規定に従って善管注意義務を負い，債務不履行の一般原則に従い，Aに帰責事由のある履行不能かどうかによってA・B間の法律関係が処理される。

これに対し，(b)の場合，Bは受領遅滞に陥っており，Aが債務の履行不能について帰責事由があるとされるのはどのような場合か，また，Bが代金支払義務を負うかどうか等について，受領遅滞がどのような効果を生じるかを検討する必要がある。この点は，以下のⅢで取り扱う問題であり，とくに［事例5］を参照されたい。

Ⅲ　受領遅滞

1　はじめに

新413条は，旧法とは異なり，受領遅滞に共通する効果として，注意義務の軽減と履行費用の増加に関する明文の規定を置き，また，新413条の2第2項は，受領遅滞後の履行不能について特別の規定を設けて，受領遅滞後に双方の帰責事由なくして履行不能が生じたときは，その履行不能は債権者の帰責事由によるものとみなすとしている。この規定は，とりわけ双務契約における解除や危険負担に関する規定と不可分に関連し，双務契約の解除の可否や反対給付請求権の存否に関わるものである。

まず，債権一般に共通し，したがって，片務契約・双務契約の双方に共通する効果を検討する。

2　片務契約・双務契約に共通する効果

[事例4]

(1)　Aは，中古車甲をBに贈与する契約を書面で締結した。A・Bの合意によれば，Bは2021年6月30日に，Aの自宅で甲を受け取ることになっていたが，当日，Bは受取りに現れなかった。

(a)　その後，Bが甲を受け取る前に甲が第三者に盗まれた場合，BはAの履行不能を理由として損害賠償請求をすることができるか。

(b)　Aは，甲の保管のため駐車場を借りていたが，Bの受取りが遅れたため，駐車場契約を延長する必要が生じた。Aは契約延長によって負担する駐車場賃料をBに請求することができるか。

(2)　(1)とは異なり，AとBの間で売買契約が締結されていた場合にはどうなるか。

(1)　注意義務の軽減（413条1項）

小問(1)において，贈与者Aは特定物である甲の引渡債務を負っているが，その場合，Aは400条の規定に従い，引渡しをするまで善管注意義務を尽くして甲を保管（保存）する義務を負っている。しかし，Aが弁済の提供をしたにもかかわらずBが甲を受領しなかった場合には，413条1項の規定に従い，Aの注意義務は「自己の財産に対するのと同一の注意」に軽減される。旧法下では，旧413条の解釈論として議論されてきた効果であるが，[→5] 新413条1項はこれを明文で定めている。

注意義務の程度の相違は，415条1項の帰責事由の存否判断に関わっている。すなわち，小問(1)において，(a)とは異なり，Bの受領遅滞が生じる前に甲が盗まれた場合には，Aに帰責事由があったかどうかは400条の善管注意義務に照らして判断され，この義務違反があったときは，Aは履行不能について帰責事由があり，甲の履行に代わる損害賠償義務を負う。しかし，(a)におけるように，Bの受領遅滞後は，Aの帰責事由の存否は自己の財産に対するのと同一の注意義務に照らして判断される。したがって，甲が盗まれたことについてAに善管注意義務違反があっても，自己の財産に対するのと同一の注意義務違反がなければAは損害賠償義務を負わないことになる。

では，それぞれの注意義務はどのように判断されるか。まず，善管注意義務については，取引上の社会通念に照らして定まるとされているが，当該事情の下で取引上一般的に必要とされる注意義務の程度を指すと解されている。

これに対して，自己の財産に対するのと同一の注意義務については，旧法下において2つの異なる考え方が主張されており，新法も，この点についてはとくに規定を置いていない。

一説は，善管注意義務違反が一般人を基準とする抽象的過失であるのに対して，自己の財産に対するのと同一の注意義務の違反は「具体的過失」を意味す

5｜　旧法下で，一部では，債務者は，故意又は重大な過失がある場合にのみ責任を負うとする見解も主張されていた。

ると解している。具体的過失とは，当該行為者の注意能力を基準として，当該行為者にとって結果を予見すべきであり，かつ，その結果を回避すべきであったにもかかわらず結果を回避しなかった場合を指す概念であり，一般人の注意能力を基準として判断される抽象的過失と対比される。具体的過失説によると，注意義務の軽減の程度は各行為者の注意能力に依存することになる。

他説は，注意義務の基準となるのはいずれの場合にも一般人であるとし，一般人が他人の財産を管理する場合に払う注意の程度を基準とするのが善管注意義務であり，自己の財産を管理する場合に払う注意の程度を基準とするのが自己の財産に対するのと同一の注意義務であるとする。[→6]

具体的過失と解する説では，当該行為者が一般人と同程度の注意能力を備えていれば，注意義務の軽減は生じないことになるが，受領遅滞に陥っている債権者とのバランスでいえば，一律に一定の軽減が生じることが合理的であると思われること，「自己の財産に対するのと同一の注意」という文言自体（無報酬の寄託に関する659条も参照）も，後者の説と親和的であること等から，近時においては，後者の説に従う者が多いと思われる。[→7]

(2)　増加費用の債権者負担

小問(1)(b)において，Aの弁済の提供に対してBが履行期日に甲を受領すれば，Aは保管の継続に必要となる費用を負担することはなかったのであるから，Bがこの費用を負担するべきであると考えられてきた。旧法下では，485条ただし書の規定を根拠として，同一の結論を導くことも可能であったが，413条2項は，受領遅滞後の履行費用の増加は債権者の負担となると規定している。したがって，新法の下では，485条ただし書は，受領遅滞以外の事情によって履行の費用が増加した場合に適用されると解される。

6｜　この点について，奥田・前掲注*1* 36頁及び607頁以下参照。

7｜　もっとも，後者の説では，未成年者の法定代理人のうち，親権者は自己の財産に対するのと同一の注意義務を負うにとどまるが（827条），後見人は善管注意義務を負う（869条による644条の準用）とされる理由を説明することは困難ではないか。親権者は親としての身分に基づいて当然に未成年者の財産管理義務を負うことから，後見人の場合よりも注意義務が軽減されていると解する方が，両者の相違をよりよく説明できるように思われる。

この費用負担は，損害賠償請求ではないから，Bの受領遅滞がBの帰責事由なくして生じた場合，たとえば，Bが甲を受取りに行く途中で過失なく交通事故に遭い，入院が必要となった場合であっても，増加した履行費用を負担することになる。

これらの効果は，贈与のような片務契約の場合に限らず，小問(2)のように，売買において引渡債務を負っている場合にも認められる。したがって，売主Aが弁済の提供後に甲を盗まれた場合，Aに帰責事由があるかどうかは，Aが自己の財産に対するのと同一の注意をしていたかどうかにより，この注意義務違反がなければAが損害賠償義務を負わないのは(1)と同様である。また，Aは買主の受領遅滞によって増加した履行費用の支払をBに請求することができる。

3　双務契約に特有の効果――解除と危険負担

[事例 5]

> 新車の販売業者Aは，Bとの間で新車甲の売買契約を締結した。履行期日は2021年6月30日とされ，Aは午後2時～4時の間に甲をBの自宅に届けることとされた。また，代金200万円は毎月の分割払とされた。Aは，約定に従い，甲をBの自宅に持参したが，Bは受領のサインをする前に甲に試乗して，エンジン音が不自然であると主張して，甲の受領を拒絶した。Aは，甲のエンジン音にはまったく異常がないと説明したが，Bはこれに納得せず，Aはやむをえず，甲をいったん持ち帰った。
>
> Aは，後日，Bにあらためて連絡を取り，甲をメーカーに点検させたが，異常がないことを確認した旨を伝えた。
>
> この後，Aが甲をBに引き渡す前に甲が第三者に盗まれた場合，A・B間の契約関係はどうなるか。

[事例 5] は，413条の2第2項が双務契約について持つ意味を示す事例であるが，その前提として，これまで検討してきた議論を理解していることが必要となる。

まず，Aは持参債務を負担しており，弁済の提供として現実の提供が必要である。[事例5]において，かりに，Bが主張するとおり，甲のエンジン音に異常がある場合には，甲には契約の不適合があり，債務の本旨に従った弁済の提供がなされたとはいえないから，Bはその受領を正当に拒絶することができる。また，Aは，引き続き，完全な状態の新車甲を引き渡す義務を負っているから，Bは，その履行を請求することができる。AがBに引き渡そうとした甲が盗まれたことは，Bに対する債務の履行には影響を及ぼさず，A・B間においては，Aの履行遅滞が生じているにすぎない。

これに対し，Bの主張に正当性がなく，Aが履行期日に債務の本旨に従った弁済の提供をしていたときは，Aの現実の提供により種類物の特定が生じている。また，同時に，Bは受領遅滞に陥っている。

種類物の特定が生じていることから，特定した甲が盗まれ，その引渡しが履行不能となっても，Aに帰責事由があったかどうかを問わず，Aは別の甲を引き渡す義務を負わない。この場合に，Bが履行不能を理由とする損害賠償請求をすることができるかどうかは，Aに帰責事由があったかどうかによるが，その判断の基準となるのは軽減された注意義務である自己の財産に対するのと同一の注意である。Aがこの注意義務に違反したために甲の引渡しが不可能となった場合には，Bは債務不履行の一般原則に従い，履行に代わる損害賠償請求をし，また，Aの債務不履行を理由として契約を解除することもできる。

しかし，Aに自己の財産に対するのと同一の注意義務違反がないときは（たとえ，400条の善管注意義務違反があるときであっても），Aには帰責事由がなく，Bは損害賠償請求をすることができない。

これに加えて，双務契約においてはBの売買代金債務がどうなるかが問題となるが，これが双務契約における受領遅滞の最も重要な効果の1つである。すなわち，甲の滅失についてAに帰責事由がなく，また，Bにも帰責事由がないとすると，一般原則によれば双方の当事者に帰責事由がないことになるが，413条の2第2項は，受領遅滞後の履行不能について特則を置き，受領遅滞後に双方の帰責事由なくして履行が不能となったときは，債権者＝買主Bに帰責事由があったとみなすとしている。

この結果，帰責事由のある債権者Bは契約を解除することができない（543条)。解除ができない以上，代金債務が存続することになるが，これを確認するのが536条2項前段の規定であり，債権者の帰責事由に基づく履行不能の場合，Bは代金債務の履行を拒絶することもできない。

したがって，双務契約の場合には，413条1項による注意義務の軽減は，損害賠償義務を負うかどうかという場面のみならず，相手方である債権者に対してその債務の履行（売買であれば代金支払債務）を請求できるかどうかという場面でも重要な意味を持つ。

なお，売買契約については，この結論を567条2項からも導くことができる。すなわち，売主が契約の内容に適合する目的物をもって履行の提供（すなわち，債務の本旨に従った履行の提供）をしたにもかかわらず，受領拒絶又は受領不能が生じた場合，その後に両当事者の帰責事由なくして目的物の滅失・損傷が生じたときは，契約の解除をすることができず，また代金の支払を拒むことができない（同条1項参照)。ここでも，債務者Aに帰責事由があったかは，413条1項の注意義務に照らして判断される。

567条2項は，目的物の滅失・損傷に限定した規定であり，413条の2第2項はより一般的に履行不能の場合を規定しており，その点では後者の方が適用範囲が広い。また，反対に，効果の点では，567条1項・2項は，解除や代金支払請求の可否に限らず，履行の追完請求や代金減額請求等にも及ぶ点で，413条の2第2項には規定されていないものを含んでいる。しかし，解除の可否及び代金支払債務の存否については，いずれの規定によっても同じ結論が導かれる。

Ⅳ　債権者の受領義務違反を理由とする契約解除の可否

1　債権者の一般的な受領義務

旧法下において，413条の受領遅滞の効果として，債務者が債権者の不受領を理由として契約の解除ができるかどうか，債権者が受領義務を負うかどうかが議論されてきた。

一部の学説は，これを一般的に肯定し，債権者は債務者の債務の履行に協力する義務を負うと解し，受領遅滞の効果はこの義務違反の効果の問題であると主張した。この説によれば，債権者の受領義務違反の場合に，債務者はその不履行を理由として契約を解除し，あるいは損害賠償請求をすることができることになる。

しかし，多数説は，債権者は受領する権利を有するが，受領する義務を負っているわけではなく，受領遅滞の効果は債務不履行によるものではなく，法定の効果であると解してきた。これによれば，受領遅滞があっても受領義務違反を理由とする解除や損害賠償請求は否定されることになる。

判例は，多数説と同様，請負契約の注文者が受領を拒絶した事案において受領遅滞に基づく解除を一般的に否定し（最判昭和40年12月3日民集19巻9号2090頁），硫黄鉱石の継続的な売買契約について信義則上の引取義務を肯定した（最判昭和46年12月16日民集25巻9号1472頁）。

昭和40年最判の判旨は以下のとおりであった。

> 「債務者の債務不履行と債権者の受領遅滞とは，その性質が異なるのであるから，一般に後者に前者と全く同一の効果を認めることは民法の予想していないところというべきである。民法414条・415条・541条等は，いずれも債務者の債務不履行のみを想定した規定であること明文上明らかであり，受領遅滞に対し債務者のとりうる措置としては，供託・自動売却等の規定を設けているのである。されば，特段の事由の認められない本件において被上告人の受領遅滞を理由として上告人は契約を解除することができない旨の原判決の判断は正当であつて，論旨は採用することができない。」

昭和46年最判は，当該事実関係の下で，買主は信義則上鉱石を引き取る義務があるとしたものであり，一般的には受領義務がないとする先例を前提としつつ，個別の事情を考慮して例外を認めたものといえる。

この議論の対立は，債権者が，その債権の内容を問わず，一般的に受領する義務を負うかどうかに関わるものであるが，債権者がつねに受領する義務を負うと解するのは適切ではないと解される。たとえば，債務者が役務の提供を債務内容として負っている場合に，債権者がこれを受領する義務があると考えるのには無理がある。コンサートの公演切符を購入した債権者はコンサート会場に赴いてコンサートを楽しむ権利を有しているが，コンサートに行かなかったことが義務違反に当たると解することはできない。

2　契約類型や個別の事情を考慮した受領義務

しかし，債権の発生原因や債務の性質に応じて，とりわけ，目的物の引渡しが債務者にとっても重要な意味を有し，債権者が受領することに債務者が利害関係を有する場合に，当該契約類型に基づいて，あるいは，当該契約の個別的な事情に基づいて受領義務を負うかどうかは別個に検討されるべき問題といえる。

上掲昭和46年最判は，売買契約について一般的には買主の受領義務を認めないという前提に立った上で，当該事情に照らして信義則上の引取義務があるとしたものであり，受領義務という表現を避けているのも，その趣旨を反映したものといえる。

学説においては，売買や請負のように，債務者にとって，債権者が目的物を受領することに重要な利害関係を有する契約類型については受領義務を認めるべきであるとする主張も有力であった。しかし，改正の審議過程において，規定を設けるかどうかについての議論がまとまらず，最終的には規定が置かれないまま，改正法の解釈論に委ねられることとなった。

3　受領義務違反を理由とする解除の必要性

[事例6]

新車の販売業者Aは，Bとの間で新車甲の売買契約を締結した。履行期日は2021年6月30日とされ，Aは午後2時～4時の間に甲をBの自宅に届けることとされた。
(1)　代金 200 万円は甲の引渡しと引換えに支払うこととされていた。A は，約定に従い，甲を B の自宅に持参したが，B は受領のサインをする前に甲に試乗して，エンジン音が不自然であると主張して甲の受領を拒絶した。甲のエンジン音にはまったく異常がなかったが，B はこれに納得せず，A はやむをえず，甲をいったん持ち帰った。
A は，後日，B に再度受領の催告をしたが，B がこれに応じようとしないことから，甲を他の第三者 C に売却した。B は，その後，A に対して甲の引渡しを求めた。A はこれに応ずる必要があるか。
(2)　(1)とは異なり，B は，2021 年 8 月から毎月 10 万円，20 回の分割払で支払うこととされていた場合にはどうなるか。

(1)　同時履行関係にある場合

[事例 6] (1)においては，B の受領拒絶に理由がないことが前提とされており，この場合，A は債務の本旨に従った履行の提供をしており，他方，B は受領拒絶と同時に，代金債務の履行も拒絶していると考えられるから，A は，B の受領義務違反を理由とする解除が認められるかどうかに関わらず，代金債務の履行遅滞を理由として，相当期間の催告を経て契約を解除することができる。

かりに，A が解除しないまま甲を第三者 C に売却し，C が対抗要件を備えた場合（自動車の場合，登録）には，A の B に対する債務は履行不能となる。すでに特定が生じている以上，B は他の甲の引渡しを請求することはできないが，A の帰責事由ある履行不能として損害賠償請求をすることができる。しかし，A の受領の催告が同時に代金債務の履行の催告を含んでいるとすれば，A は 541 条により契約を解除することができるから，解除すれば B との契約関係は消滅し，甲を第三者 C に自由に譲渡することができる。

(2)　債務者 A が先履行義務を負う場合

しかし，小問(2)においては，A が先履行義務を負っており，B の代金債務の履行期は未到来であるから，A は B の代金支払債務の不履行を理由とする解除はできない。この場合，B に受領義務がなく，単に受領遅滞の効果が生ずるだけであるとすると，A は引き続き，自己の財産に対するのと同一の注意を払って甲を保管する必要があり，また，保管の費用が増加する場合に，法的にはBが負担することになるとしても，実際にBが支払うまではその費用を自ら負担することになり，Bが任意に費用の支払に応じない場合には，訴訟等の手続を利用することが必要となる。

この場合，Aは，Bが受領を拒絶している甲を第三者に売却することができれば，問題はより簡便に解決することができる。売買契約において，物の買主は受領義務を負うと考えることができれば，AはBに対して，541条に従って受領を催告し，Bが相当の期間内にこれに応じない場合には，受領義務の不履行に基づいて契約を解除することができる。

小問(2)において，買主の受領義務を認める必要性は大きく，私見は売買契約や請負契約において売主や請負人が物の引渡債務を負っている場合には，買主や注文者に受領義務があると解すべきであると考えている。

また，小問(2)において，かりに，Aが第三者Cとの契約において，甲についてBとの間でトラブルがあったことを考慮して，値引きを認めて170万円で売却していた場合，受領義務を肯定すれば，債務不履行を理由として差額30万円の損害賠償請求が認められる可能性がある。この結論は実質的に見ても合理的であると思われる。

もっとも，債権者の受領義務について学説が一致している状況にはなく，また，旧法下の判例が新法の下で維持されるかどうかは不明であり，受領義務の不履行を理由とする解除の可否については，新法の下でも議論が続くことになる。

第 8 講

債権者代位権

I　債権者代位権に関する改正の概要

債権者代位権については，旧法の下で判例・学説により多くのルールが形成されてきた。改正の多くは，旧423条の文言から直接読み取ることのできないルールを明文の形で定めたものといえるが，これに加えて，一部の規定を削除し，また，手続法に関連する規定を置いている。

具体的には，改正事項として，①債権者代位権の行使要件としての債権保全の必要性に関連する諸規定，②債権者代位権行使の具体的効果及び債務者の権利行使との関係を定める諸規定，③債務者の責任財産保全を目的としない代位権行使（従来，債権者代位権の転用といわれてきた問題）に関わる規定の改正ないし新設をあげることができる。

以下，事例に即して具体的に検討する。

II　債権者代位権行使の要件——債権保全の必要性

[事例 1]

(1)　Aは，2021年5月10日，Bに500万円を貸し付け，返済期限は2022年5月10日とされた。しかし，履行期が到来してもBは返還債務を履行していない。以下の各場合に，Aは自己の金銭債権を保全するため，債権者代位権を行使することができるか。

(a)　A及びBは，現在，ともに東京に住所を有している。Bは出身地である京都に甲土地を所有しており，甲土地の市場価格は1000万円程度であるが，

Bが甲土地以外に有する財産はC銀行に対する500万円の普通預金債権のみである。Aは，甲土地に対する強制執行を行うことが煩雑であることから，C銀行に対して，債権者代位権に基づいてBの預金の払戻しを求めた。

(b) Bは，勤務するD会社から月額40万円の給料を受け取っているが，日々の生活に追われ，Aへの弁済に必要なめぼしい財産を有していない。Aは，Dに対して，債権者代位権に基づいてDがBに対して負担する給料債務の履行を求めた。

(2) Aは，2025年5月10日，Bに500万円を貸し付け，返済期限は2026年5月10日とされた。Bが無資力であることを前提として，以下の各場合に，AのCに対する債権者代位権の行使は認められるか。

(a) Bは，2020年4月10日，Cに500万円を貸与した。返済期限は2021年4月10日と定められたが，その後，Cの履行がなされないままとなっている。Aは，2026年3月10日，債権者代位権に基づいて，Cに対して債務の承認を求めた。

(b) (a)において，2025年10月頃になって，Cの財産状態が著しく悪化したため，Aは，2025年11月10日，債権者代位権に基づいて訴えを提起し，Cに債務の履行を請求した。

1 債権保全の必要性

(1) 金銭債権における無資力要件

私人は，自己の有する財産の管理処分について，自己の意思に従って自由に判断することができるのが原則であり，したがって，第三者に対して有する権利を行使するかどうかも本来自由である。債権者代位権は，債権者が，債務者に代わって債務者の有する権利を行使することを認めるものであるから，そのためには，債権者が「自己の債権を保全するため必要があるとき」(423条1項）という要件を充たしていることが必要である。

保全を必要とする債権者の債権（以下，被保全債権）が金銭債権である場合には，債務者の責任財産がその債務の履行をするのに十分である限り，債権者はその責任財産から自己の債権の満足を受けることができるのであるから，原則として，代位権行使を認める必要がないと解される。[→1] 旧法の下でも，判例（最判昭和40年10月12日民集19巻7号1777頁）・通説は，金銭債権に基づく代位権行使については債務者の無資力が要件となると解してきた。新423条は，無資力要件を条文の文言に取り込んだわけではないが，従前の解釈を維持する考え方を基礎としている。→2

［事例1］(1)(a)において，債権者Aにとって債務者BがCに対して有する銀行預金債権から債権の回収を図ることがより容易であっても，Bが無資力とはいえず，したがって，債権者代位権を行使してCに債務の履行を求めることはできない。

なお，Bが無資力とはいえない場合であっても，AはBの一般債権者として，Bの有する財産に対して強制執行することはできる。BのCに対する銀行預金債権については，その債権を差し押さえて，第三債務者であるCに対して自己の債権額の範囲で取り立てることができる（民執143条，145条，155条，159条→3等参照）。しかし，その手続のためには，Aは債務名義（同法22条）を有していることが必要である。

(2)　被保全債権の履行期の到来

また，代位権行使が例外的に認められるものであることから，債権者の有する債権の履行期が未到来であり，債務者に対して履行請求ができない時点で代位権行使を認めるのは早きに失すると考えられる。したがって，423条2項は，保存行為（債務者の財産の現状を維持する行為を指す。消滅時効の完成を阻止する

1｜　金銭債権であっても，債務者の財産状態に依存しない場合には無資力要件が必要であるとは考えられていない。この例外については後述する。

2｜　旧法の下で，一部の学説は，債権者代位権が簡便な債権回収手段として機能していることを直視し，無資力要件は不要であると主張していた。これは，民事執行法の一般的な手続において，無資力が要件とされていないこととのバランス，資力があっても執行手続が不便であることもありうること，履行期を徒過している債務者の自由を保護する必要性に乏しいこと等を理由とするものであるが，多数の支持を受けるには至らなかった。

3｜　民事執行法159条の規定する転付命令を得たときは，BのCに対する債権がAに移転し，その債権額（券面額という）でBのAに対する債務が弁済されたことになる。この場合，AはCが無資力であるために弁済を受けることができなかったときは，取立不能のリスクを自ら負担し，Bに対して債権を行使することはできない。

ための権利行使，未登記の権利についての登記具備行為等）の場合を除いて，被保全債権の履行期が到来していることが必要であると規定する。

この点に関連して，旧423条2項との違いにとくに注意する必要がある。旧法では，被保全債権の履行期が未到来の場合であっても，保存行為のほか，「裁判上の代位」によって代位権を行使することが可能であった。非訟事件手続法（以下，非訟）旧85条以下は，旧423条2項に対応して，裁判上の代位に関する要件・効果を定めていた。

非訟旧85条1項は，裁判上の代位が認められるためには，「期限前に債務者の権利を行使しなければ，その債権を保全することができないとき」であることが必要であるとしていた。しかし，この要件が充たされる場合，債権者は民事保全法の規定に従い，履行期到来前であっても，仮差押命令を得て，債務者の取立て等を禁止することができる（民保20条，50条等参照）。したがって，履行期到来前に被保全債権の保全が必要であるときは，裁判上の代位手続を利用することなく，民事保全法の手続を利用することが可能であり，実務的にも，裁判上の代位が利用される例は見当たらなかったといわれる。このような理由から，新法は，旧423条2項を削除し，裁判上の代位制度を廃止した。これに伴って，非訟旧85条以下の規定も削除された。

［事例1］(2)(a)において，2026年3月10日の時点ではAのBに対する債権の履行期は未到来であるが，BがCに対して有する金銭債権は，その履行期から5年近くが経過し，このまま放置すると，2026年4月10日に消滅時効が完成する（166条1項1号）。したがって，Bが時効完成を阻止する手段を講じようとしない場合，AはBに代わって，保存行為として，Cに対して債務の承認を求めることができる。→4

もっとも，この場合に，改正附則18条にも留意が必要である。すなわち，履行期到来前でも債権者代位権行使が可能であることは改正の前後を通じて変

4｜ Eが債務を承認しない場合，訴えを提起して，債務の承認を求めることになるが，訴訟係属中にAの債権の履行期が到来すれば，履行請求をすることができる。

わりがないが，(a)の場合とは異なり，Bが2015年4月10日にCに500万円を貸与し，返済期限が2016年4月10日とされていたときは，BのCに対する債権（被代位債権）は新法の施行前に発生したものであるから，新423条2項ではなく，旧423条2項が適用されることになる。

また，小問(2)(b)において，新法では裁判上の代位制度が廃止されており，履行期到来前に債権者代位権を行使して履行請求をすることはできないから，債権を保全する必要がある場合，民事保全法の規定に従って，必要な手続を行うことになる。この場合も，BのCに対する債権発生時期が新法の施行前であれば，旧423条2項が適用される。

2　被代位権利

(1)　債務者に属する権利

債権者は，債務者に属する権利であれば，債権に限らず，物権や形成権（取消権，解除権，時効援用権等[→5]）等の権利（被代位権利）も行使することができるのが原則である。

(2)　一身専属権及び差押えを禁止された権利

しかし，債務者に属する権利であっても，債務者の一身に専属する権利（一身専属権）及び差押えを禁止された権利については代位行使が認められない(423条1項ただし書)。

一身専属権については旧423条1項にも規定が置かれていた。一身専属権とは，権利者自身の権利行使が必要であり，その債権者が自己の債権の満足を得るためにその権利を当てにすることができないものをいう。もっとも，より細かく見ると，一身専属権に当たるかどうかは，①権利を行使するかどうかが権利者本人の意思に委ねられているかどうかという観点と，②当該権利行使に

5｜　時効援用権については，債務者の意思の尊重との関係が問題となるが，債務者が無資力である場合，債権者に不利益を及ぼす形で時効援用の意思の自由を主張することはできないとするのが判例（最判昭和43年9月26日民集22巻9号2002頁）・通説である。

よる利益を権利者自身が受けるべきかどうかという観点の双方を考慮して判断される。具体的に，とくに親族法・相続法上の権利（離婚請求権，扶養請求権，相続放棄，旧法における遺留分減殺請求権等）が一身専属権に当たるかどうかについて，旧法の下でも解釈が分かれており，[→6] この点は新法の下でも状況が異ならない。

また，差押えを禁止された権利を代位行使することができないことについては，旧423条では規定されていなかったが，債権者代位権は，債権者が債務者の財産を維持することにより，自己の債権を保全するための制度であるから，差押えを禁止された財産については，その財産からの弁済を期待することができないものであり，代位権行使の対象とはならないとする解釈が確立していた。新423条1項ただし書は，これを明文で定めるものである。

[事例1]（1）(b)において，BのDに対する給料債権については，民事執行法152条1項の制限があり，原則として，給料債権の4分の3に相当する額（この事例では30万円）は，差し押さえることができない。したがって，Aは，Dに対して毎月10万円の範囲でのみ代位権を行使することができる。

3　被保全債権が強制執行によって実現することができない場合

423条3項は，被保全債権が強制執行によって実現することができない場合（例，消滅時効が完成した債権，自然債務等）には，代位権行使が認められないとする。債権者代位権が債務者に対する債権の行使を前提として，債務者の有する権利を代位行使するものであることから，債務者に対して強制的に履行を求めることができない以上，代位権行使を認めることも適切ではないと考えられるからである。

6｜　旧法下の議論状況については，中田裕康『債権総論〔第3版〕』（岩波書店，2013年）212頁以下参照。なお，遺留分減殺請求権（旧1031条）は，平成30年の相続法改正により，遺留分侵害額請求権（新1046条）に改められているが，一身専属性に関する従前の議論は，遺留分侵害額請求権についても同様に当てはまると解される。

III　債権者代位権行使の効果

[事例 2]

(1)　Aは，2021年5月10日，Bに500万円を貸し付け，返済期限は2022年5月10日とされた。しかし，履行期が到来してもBは返還債務を履行していない。Bは，C会社に対して履行期の到来した800万円の甲債権を有しているが，多くの取引先に対して債務を負担しており，無資力状態にある。Aは，Cに対して，債権者代位権に基づいて800万円の支払を請求した。Cはこれに応ずる必要があるか。
(2)　(1)において，BがCに対して有する債権が金銭債権ではなく，800万円の価値のある動産乙の引渡請求権であった場合に相違が生ずるか。
(3)　(1)において，CがBに対して履行期の到来した600万円の丙債権を有していた場合にはどうなるか。
(4)　(1)において，AがCに対して債権者代位権に基づいて履行請求した後，CはBに対して800万円を弁済し，Bがこれを受領した。AはCに対して甲債権の履行を求めることができるか。
(5)　(1)において，AがCに対して裁判外で甲債権の履行請求をしたが，Cがこれを拒絶したため，AはCを被告として訴えを提起した。この場合，Bが訴訟に参加するためにどのような手続が定められているか。

1　債権者の受領権限と代位権の行使が認められる範囲

[事例 2] (1)において，Bの積極財産と消極財産の総額を比較した場合に，たとえば，消極財産の総額が積極財産を1000万円上回っていたとすると，A以外の債権者も弁済を受ける必要がある以上，BのCに対する債権全額の行使を認めても，とくに問題がないように見える。

しかし，この点について，判例・通説は，旧法の下で以下のルールを認めてきた。

①　債権者AがBのCに対する金銭債権を行使する場合，AはCに対して，Aに直接支払うように請求することができる。

② AがCから受領した金銭は，Bに代わって受領したものであるから，Aは受領した金銭をBに返還する債務を負っている。しかし，AはBに対する返還債務と，自己のBに対する債権を相殺することにより，自己の債権の満足を受けることができる。これにより，AはCから受領した金銭について，Bの他の債権者に優先することができる（事実上の優先弁済機能）。

③ Aの有する被保全債権（α債権）とBがCに対して有する被代位権利（β債権）がともに金銭債権である場合，Aが行使できるβ債権の範囲はα債権の範囲に限られる。

債権者代位権は，あくまでBの権利をBに代わって行使するにすぎないから，本来であれば，Aは，Cに対してBに履行するように求めることができるにすぎないともいえる。しかし，その場合，Bが受領を拒むと，代位権行使の効果が実現できないことになる。判例（最判昭和29年9月24日民集8巻9号1658頁）・通説が①を認めたのは，この点を考慮したものである。

423条の3は，これを明文の形で規定したものである。若干の注意を要するのは，債権者に受領権限が認められるのは，被代位権利が「金銭の支払又は動産の引渡しを目的とするもの」であるときであり，不動産の引渡しを目的とする債権や物権的請求権は含まれないという点である。これは，不動産に対する強制執行の手続に関わっている。すなわち，動産（金銭については後述）については，強制執行のために現実の占有が必要であるのに対して，不動産に対する強制執行は，登記名義を基準とする。したがって，登記名義が債務者に移転されれば，債務者が現実の占有を取得しなくても強制執行が可能であり，債権者が不動産の引渡しを受ける必要性はない。

②については，旧法の解釈として異論も存在した。AはBの受領すべき金銭をBに代わって受領しているにすぎないのであるから，Bの責任財産を維持するために金銭をBに返還するべきであり，自己の債権との相殺を認めることは制度趣旨に反するとも考えられるからである。しかし，債権者代位権が，単に債務者の責任財産の維持を図るという目的にとどまらず，債権者の債権回収を図るために用いられるという実務が定着している実情の下で，相殺を認め

ることもやむをえないとする考え方が通説であった。

③は，①・②のルールと不可分に関わっていた。すなわち，①・②を前提とすると，［事例2］(1)において，Aは自己の債権額の範囲でCから支払を受けることができれば，②のルールに従い，相殺することによって自己の債権の満足を受けることができるから，それを超える額の支払を受ける必要はない。また，もし800万円全額についてAの受領権限を認めると，Aは自己の債権額を超える部分についてBに返還する義務を負うが，その余剰額についてAが費消して返還できなくなった場合，Bの他の債権者が害されることになる。そこで，判例（最判昭和44年6月24日民集23巻7号1079頁）・通説は，①・②のルールを認めることの結果として，③のルールを認めてきた。

改正の審議過程において，②のルールの当否があらためて問題とされ，相殺を禁止する案も検討されたが，最終的には，従前の判例・通説の考え方を否定するには至らなかった。

この結果，上述のとおり，423条の3が①のルールを条文化するとともに，423条の2は，被代位権利の目的が可分であるとき（その典型が金銭債権）は，自己の債権の額の限度でのみ代位権行使を認めることとし，上記③のルールを条文化した。したがって，小問(1)において，Cは，Aの有する債権額500万円の限度で，Aの請求に応ずる必要がある。この場合，Aは旧法におけると同様に自己の金銭債権について事実上の優先弁済を受けることができるが，後述する423条の5の新設により，この点には大きな変化が生ずることに留意が必要である。

金銭債権の場合とは異なり，小問(2)のように，BのCに対する債権が一個の動産乙の引渡請求権である場合には，その一部のみを引き渡すことは不可能であるから，乙の価額がAの有する債権の額を超える場合でも，Aは乙の引渡しを求めることができる。この場合も，Aが乙の所有者となるわけではなく，AはBの所有する乙をBに代わって受領するにすぎない。Aは，乙を受領した後，民事執行法の規定に従い，乙を差し押さえて，競売により換価し，その売却代金から債権の満足を受けることになる。この手続においては，Bの他の債権者が競合した場合，その債権額に応じて平等弁済がなされ，Aは金銭を受領した場合と異なり，他の債権者に優先することはできない。逆にいえば，債権者代位権の行使がとくに重要な意味を持つのは，Bの有する権利が金銭債権の場合であるといえる。

2　代位権行使の相手方の抗弁

債権者代位権は，債務者に属する権利を債権者が代わって行使するにすぎないものであるから，債権者代位権の行使を受けた相手方は，本来の権利者が権利行使をした場合よりも不利な地位に置かれる理由はない。したがって，旧法の解釈としても，相手方は，債務者に対して主張することのできた事由（履行期の未到来，消滅時効等）を債権者に対しても主張することができると解する点で異論がなかった。[→7] 423条の4は，この趣旨を明文で規定したものである。

これによれば，[事例2]（3）において，Cは，もしB自身がCに対して甲債権の履行請求をしていたとすると，丙債権との間で，対当額で相殺をすることができたのであるから（505条1項参照），Aの代位権行使に対しても，相殺を主張して，800万円－600万円＝200万円の限度で支払えば足りる。

3　代位権行使後の債務者の権利行使

旧法の下で，判例（大判昭和14年5月16日民集18巻557頁）は，債権者が債権者代位権を行使し，その事実を債務者に通知するか，債務者がその事実を了知したときは，債務者は被代位権利について代位権行使を妨げるような処分（取立てや権利の譲渡等）を行うことはできないと解してきた。学説の多数もこれを支持してきたが，その主要な理由は，履行期到来前に裁判上の代位に基づいて代位権が行使された場合に，非訟旧88条3項が，裁判上の代位について

7｜　これに対して，相手方が代位権を行使する債権者に対して主張しうる事由をもって代位権行使に対抗できるかどうかについて議論が分かれていたが，新法はこの点に関する規定を設けておらず，引き続き解釈論として争われることになる。

告知を受けた債務者は被代位権利の処分をすることができないと規定しており，履行期到来後の代位権行使については，より強い理由で処分禁止が認められると解されること，また，実質論として，代位権行使後に債務者の権利行使を認めると，代位権行使の実益が失われることにあった。

もっとも，債務者が積極的に債権の取立てをすることができないとしても，その債務者（第三債務者）が任意に弁済することが許されるかどうかについては，議論が分かれていたほか，債務者の権利行使が制限されること自体についても有力な異論が存在した。

改正の審議過程において，旧法下の判例・多数説の当否があらためて問題とされ，裁判上の代位制度が廃止されたことや，債務者の責任財産の維持という目的からすると，本来の権利者である債務者の権利行使を制限することは，債務者の財産管理権限に対する過剰な介入であると考えられたことから，新423条の5は，代位権が行使された後であっても，債務者の権利行使は妨げられず，また，その相手方も債務者に対して履行をすることは妨げられないとするルールを新設した。これは，多数の改正規定が旧法における判例・通説が認めてきた考え方を条文化しているのとは対照的に，これまでの判例・多数説とは正反対のルールを採用するものである。

これによれば，［事例2］(4)において，Aが債権者代位権を行使した後，Bがその事実を認識していても，Bは自己の債権を行使してCに履行請求が可能であり，また，Cは本来の債権者であるBに弁済することによって，その債務を免れることができる。したがって，CがBに弁済すると，AはもはやCに対して履行請求をすることはできず，Cから弁済を受けたBに対して履行請求をするほかはない。

この結果，旧法で認められてきた債権者代位権の事実上の優先弁済機能は大きく後退することになる。Cは，Bに対する関係において，Cが債務を履行する必要があるかどうかについては情報を有しているが，Aの代位権行使がその要件を充たしているかどうか，たとえば，AがBに対して履行期の到来している債権を有しているかどうか，また，その額がいくらか，Bが無資力状態にあるかどうか等について，正確に判断できる情報を有していないことが多いと考えられるが，旧法の下では，本来の権利者である債務者に対して弁済をしても，債権者との関係ではその効力を主張できないおそれがあった。しかし，新423条の5によれば，Cはそのようなリスクを冒してAに弁済をするより，Bに対して履行することを選択する方が確実である。旧法の下では，債権者代位権は，債務者の責任財産を維持するという目的を超えて，債権者が債権の回収を図るために利用されてきたが，新法の下ではこの状況が大きく変わる可能性がある。

4　裁判上の代位権行使の場合の訴訟告知

旧法の下では，債権者が訴えを提起して債権者代位権を行使したときは，上述した処分禁止の効果が生ずるとともに，当該訴訟の判決の効果が債務者にも及ぶと解するのが判例（大判昭和15年3月15日民集19巻586頁）・通説であった。これは，代位権の行使が民事訴訟法115条1項2号の場合に該当する（法定訴訟担当）と解されるからである。しかし，これを前提とすると，債務者は自己の知らない間に自己の有する権利についてなされた判決の効力を受けることになる。たとえば，代位権を行使する債権者の訴訟追行が適切ではなかったことによって，債務者の有する権利が存在しないと判断された場合，債務者の関与しない訴訟によって権利を失うという不利益を受けることになりうる。

そこで，423条の6は，債権者が訴訟を提起して代位権を行使する場合には，債務者に対して遅滞なく訴訟告知（民訴53条）をする義務があるとして，債務者の手続保障を図っている。→8

なお，この規定は，債権者が訴えを提起する場合の告知義務を定めたものにとどまるから，債権者が裁判外において権利行使をする場合には，債務者の知らない間に権利行使がなされることがありうる。しかし，その場合，訴訟にお

8｜　これに類似する訴訟告知制度として，代表訴訟に関する会社法849条4項参照。

けるとは異なり，代位権行使の結果について債務者が事後に争うことは妨げられない。

［事例 2］(5)においても，A が B に訴訟告知をすることにより，B は自己の権利が訴訟の対象となっていることを知り，必要に応じて，この訴訟に参加することができる。この場合，B の参加の仕方は状況に応じて多様でありうる。たとえば，A の債権が存在しないと主張しようとする場合，B は被告 C に補助参加することができる（民訴 42 条参照）ほか，A の権利を否定しつつ，自ら C に対して履行請求をする場合には，当事者として参加することもできる（独立当事者参加。民訴 47 条参照）。反対に，C が B の権利の存否を争う場合には，A に補助参加する等の方法も考えられる。

Ⅳ　責任財産に依存しない債権保全の必要性

［事例 3］

(1)　甲土地の所有者 A は，2021 年 5 月 10 日，B との間で甲土地の売買契約を締結した。同年 9 月 10 日，B は甲土地を C に転売したが，甲土地の登記名義は A のままとなっている。この場合，C は甲土地の登記名義を得るためにどのような方法を用いることができるか。
(2)　D は自己の所有する乙土地を建物所有の目的で，E に賃貸する契約を締結した。しかし，E が乙土地上に建物を建築する前に，第三者 F が乙土地を不法に占拠したため，E は建築工事を開始することができない状態にある。E は，どのような方法によって，不法占拠者 F を排除することができるか。
(3)　G は，自己の所有する丙土地を 2000 万円で H に売却する契約を締結したが，その履行がなされる前に G が死亡し，G の子供 G_1 及び G_2 が G の共同相続人となった。G_1 は，売買契約に基づいて，H に代金の支払を求めたが，H は，G_2 が売買契約の無効を主張しているとして，これに応じない。G_1 は，売買代金債権の履行請求をするためにどのような方法を採ることができるか。

1　登記請求権の代位

［事例3］(1)において，甲土地の所有権がA→B→Cに移転している場合，一見すると，Cは，甲土地の所有権に基づいてAに対して移転登記請求（中間省略登記請求）ができるかに見える。しかし，これを認めると，たとえばCがBに対して代金を支払っていない場合，Bが同時履行の抗弁に基づいて，代金の受領と引換えにのみ移転登記をすると主張しえたはずであるのに，その抗弁を失うことになる。また，不動産の権利関係を明らかにするためには，単に現在の権利者が登記名義人であることにとどまらず，登記簿がその権利の変動過程を正確に反映するものであることが必要である。したがって，判例（最判平成22年12月16日民集64巻8号2050頁）・通説は，Cは，Aに対して直接移転登記請求をすることはできないと解している。

この場合，CがBに対する移転登記請求をするためには，まず，AからBへの移転登記がなされる必要があるが，BがAに対する移転登記請求権を行使しない場合，CがBの移転登記請求権を代位行使することができないとすると，Cは甲土地の登記名義を取得することができないことになる。

そこで，旧法の下で，判例（大判明治43年7月6日民録16輯537頁）・通説は早くから，Cは債権者代位権に基づいてBのAに対する移転登記請求権を代位行使することができると解してきた。また，このような代位権行使は，債務者の責任財産の有無には関わりがないことから，無資力要件は不要であり，学説はこのような場合の代位権行使を「債権者代位権の転用」と呼んできた。

新423条の7は，このルールを明文で規定するものである。[→9]

これによれば，［事例3］(1)において，CはBに代位して，BのAに対する移転登記請求権を代位行使することができる。この場合，BがAに対して代金債務を履行していないときは，Aは，423条の4の規定に従い，Cに対し

9｜　船舶や飛行機等については，登記ではなく登録制度がとられているが，趣旨は登記の場合と同様であり，423条の7は登録の場合をあわせて考慮したものである。

て同時履行の抗弁を主張することができる。

2　賃借権に基づく不法占拠者の排除

［事例 3］⑵において，土地賃借人 E が不法占拠者 F に対して妨害排除請求権を行使することができるとすれば，E は債権者代位権を利用する必要はない。しかし，旧法の下で，判例（最判昭和 30 年 4 月 5 日民集 9 巻 4 号 431 頁）・通説は，賃借権に基づく妨害排除請求が認められるのは，賃借権が対抗力を備えた場合に限られると解してきた。賃借権に基づく妨害排除請求権について対抗力を備えることは不要であるとする有力な異論も存在したが，判例・通説に従う限り，小問⑵における E は，いまだ乙土地上に建物を建築して建物の登記をしたとはいえない状況にあるから（借地借家 10 条 1 項参照），F に対する直接の妨害排除請求権行使は認められなかった。しかし，この場合に，判例（大判昭和 4 年 12 月 16 日民集 8 巻 944 頁）・通説は，登記請求権の場合と同様に，D が E に対して有する所有権に基づく妨害排除請求権の代位行使を認めてきた。

新法は，賃借権に基づく妨害排除請求について 605 条の 4 の規定を新設したが，これは旧法下における判例・通説と同様，対抗力を備えた不動産賃借人は賃借権に基づいて妨害排除請求できるとするものであり，同条の趣旨からすると，新法の下で，対抗力を備えていない賃借権に基づく直接の妨害排除請求を認める解釈はとりえないと解される。したがって，新法の下でも，旧法におけると同様に，賃借人に賃貸人＝所有者の有する妨害排除請求権の代位行使を認める必要がある。もっとも，新法は，この点に関して 423 条の 7 のような明文の規定を置いていないが，これは，登記請求権以外の場合について，従来認められてきた「転用事例」を排除する趣旨ではなく，単に，規定の文言をどのように定めるかについて一致した意見が得られなかった結果である。したがって，小問⑵において，E は，423 条 1 項の規定に従い，自己の賃借権を保全するため，D の有する妨害排除請求権を代位行使することができる。

なお，この場合に，423 条の 3 において，不動産の引渡請求が認められていないこととの関係が問題となりうるが，同条は，責任財産を維持する必要がある場合を念頭に置いた規定であり，小問(2)の事例においては，E が引渡しを受けるために代位権の行使を認める以上，F に対して E に明け渡すよう求めることができると解すべきである。

3　売買代金債権確保のための登記請求権の代位行使

［事例 3］(3)はやや特殊な事案に係る。最判昭和 50 年 3 月 6 日民集 29 巻 3 号 203 頁は，このような事案において，相手方 H の同時履行の抗弁を失わせるために，G_1 が H に代位して，H の G_2 に対する移転登記請求権を代位行使することができるとし，また，この場合，G_1 の被保全債権は金銭債権であるが，H の無資力要件は不要であるとした。すなわち，このような場合，G_1 の代金債権行使の可否は H の財産状態に依存するものではなく，H の移転登記請求権が実現されることと引換えに，その権利行使が可能となるからである。

新法は，このような場合についても特別の規定を置いているわけではないが，賃借権に基づく妨害排除請求の代位行使と同様，423 条 1 項の規定の解釈として，債権の保全の必要性がある限り，代位権行使が認められる。

4　債権者代位権の「転用」？

上述したとおり，［事例 3］の各場合は，旧法の下では，債権者代位権の転用の問題と位置づけられてきた。これは，債権者代位権は，本来，債務者の責任財産を維持する制度であり，それとは異なる場合に，債権者代位権を便宜的に利用するというニュアンスを含んでいた。

しかし，423 条の 7 が，登記請求権等の代位行使について明文の規定を置いた以上，債権者代位権は，債権者が「自己の債権を保全するため」に債務者に属する権利を代わって行使することを認める制度であり，責任財産を維持するために用いられる場合と，責任財産の維持には関わらないが特定の債権を保全するために行使が必要な場合の双方を含むものであり，新法の下で，債権者代位権の転用という表現を用いることはもはや適切ではないと解される。

第 9 講

詐害行為取消権

I　詐害行為取消権に関する改正の概要

詐害行為取消権[→1]は，債権者が，債務者が行った行為の効果を取り消すことができる権利であり，債務者の有する権利を債務者に代わって行使することを認める債権者代位権に比して，債務者の財産管理に対する干渉の程度が強いだけでなく，受益者や転得者にも取消しの影響が及ぶ点で，債権者と債務者の間の関係にとどまらない。

旧法の下で，詐害行為取消権については，判例・学説によって種々のルールが形成されてきたが，債権法改正により，多くの点で従来のルールに変更が加えられ，改正事項が多岐にわたっている。具体的には，とりわけ，①債務者と受益者の間で行われた行為がどのような場合に詐害行為に当たるか，②どのような要件の下で受益者からの転得者に対して詐害行為取消権を行使することができるか，③詐害行為取消しが認められる場合に，その行使はどのような方法で行われるか，④詐害行為取消しが認められた場合にその効果がどうなるか，⑤詐害行為取消権の期間制限等について重要な改正が行われている。

以下，理解の便宜のために，まず改正のポイントを概観する。

①について，旧法の下で，とくに，弁済や不動産の相当価格での売却のように，債務者が行った行為の前後で債務者の財産状態に計数上の変化が生じない

1｜　新法は，款や目のタイトルでは「詐害行為取消権」とし，424条の条文タイトルでは「詐害行為取消請求」としているが，詐害行為取消請求と詐害行為取消権の行使は同じ意味で用いることができる。

場合に，詐害行為取消しが認められるかどうかが問題とされてきた。すでに旧法の下でも，旧424条の解釈として認められてきた解釈ルールは，平成16年の破産法改正により，見直す必要が生じていた。すなわち，この改正により，破産手続前に破産者が行った行為の効力を否定する否認権の行使要件が限定的になったことにより，詐害行為取消権に関する従前のルールを維持すると，詐害行為取消権の行使要件の方が否認権の行使要件よりも緩やかとなるというアンバランスが生じることになり，両者の調整を行う必要があった（より詳しくは後述する）。①に関する多くの改正は，破産法の規定との整合性を図るものとなっている（424条の2～424条の4）。→2

②について，旧法における判例（最判昭和49年12月12日金法743号31頁）は，いわゆる相対的構成を採り，直接の受益者が善意であっても，転得者が悪意であるときは，転得者に対して詐害行為取消権の行使が可能であるとしていた。新法は破産法170条1項1号にあわせて絶対的構成を採り，転得者に対する詐害行為取消権の行使は，受益者に対して詐害行為取消権の行使が可能であることが要件となるとしている（424条の5）。

③について，逸出した財産の原物返還が原則であること（424条の6），逸出した財産が可分であるときは詐害行為取消権の行使の範囲が自己の債権額に限定されること（424条の8），取消債権者は金銭・動産について自己への支払・引渡しを請求できること（424条の9）など，これまで判例・学説によって認められてきたルールを条文化するほか，訴訟に関する規定が新設された（424条の7）。

④について，判例・通説がこれまで詐害行為取消訴訟における確定判決の効力が相対効にとどまると解してきたことを改め，判決の効力が「債務者及びその全ての債権者」に及ぶとしている（425条）。424条の7第2項の訴訟告知は，425条との関係で，債務者に訴訟への参加機会を確保するという点で重要な意味を持つ。

最後に，⑤は，詐害行為取消権に関して，2年の短期制限について起算点を

2｜ ただし，詳細に立ち入る余裕はないが，すべて同じ要件とされているわけではない。

より明確にするとともに，20 年とされていた長期の期間制限を 10 年に改めている（新 426 条と旧 426 条を参照)。

以下においては，①〜④の主要な事項について，事例に即して検討する。なお，改正附則 19 条は，詐害行為が新法の施行日前に行われた場合には旧 424 条以下の規定が適用されると規定する。以下の各事例においては，新法が適用されること，及び，債務者が無資力であることを前提とする。

II　詐害行為取消権行使の要件

［事例 1］

Aは，2021 年 5 月 16 日の時点で，債務者Bに対して 1000 万円の金銭債権を有している。Bが，同月 17 日以後に以下の各行為を行った場合に，Aは詐害行為取消権に基づいて当該行為の取消しを裁判所に請求することができるか。また，Aの債権が，Bが各行為を行った後に発生した場合には相違が生ずるか。

(1)　Bは，第三債務者Cに対して有している 500 万円の金銭債権について債務免除をした。

(2)　Bは，自己の所有する甲土地（市場価格 2000 万円）をDに売却した。甲土地の売買代金額が，(a) 1200 万円であった場合，(b) 2000 万円であった場合に，それぞれどうなるか。

(3)　Bは，継続的な取引関係にある債権者Eに，Eに対する債務 1000 万円を弁済した。

(4)　(3) において，Bが 1000 万円の弁済に代えて，(a) 市場価格が 2000 万円である乙土地を譲渡した場合，(b) 市場価格が 1000 万円である丙土地を譲渡した場合に，それぞれどうなるか。

1　詐害行為取消権行使の一般的要件

(1)　行為の詐害性と主観的要件

424 条 1 項に従い，債権者は，①債務者が債権者を害することを知ってした行為について，②受益者が善意であった場合を除いて，その取消しを裁判所に請求することができる。債権者代位権とは異なり，詐害行為取消権[→3]行使のためにはつねに訴えの提起が必要である。

旧424条1項と対比すると，「法律行為」の文言が「行為」に改められているが，これは，特定の債権者に対する弁済のように，厳密な意味では法律行為とはいえない場合（弁済は準法律行為に当たる）であっても，一定の要件の下で詐害行為取消しが認められることを考慮したものである。

①の要件は，(i) 債務者の行った行為が客観的に債権者を害するものであること，及び，(ii) 詐害行為であることを債務者が知っていること，に分けることができる。(i) については，［事例 1］(1)のように，債務者Bが自己の責任財産を減少させる行為をしたとしても，債権者AがBの他の財産から債権の弁済を受けられる場合には，Bの債務免除の取消しを認めるべき理由がない。したがって，すでに従前から，当該行為が債務者の無資力の状態でなされたか，あるいは，当該行為によって債務者が無資力となる場合であることが必要であると解されてきたが，この点は新法の下でも同様である。

(i) の要件に関しては，Bの行った行為が，その行為の前後で債務者の財産状態の総体に影響を及ぼさない場合に詐害行為に当たるかどうかがとくに問題となるが，この点はあらためて取り上げる。

Aの詐害行為取消権行使が認められるためには，(i) の客観的要件に加えて，(ii) の要件，すなわち，Bが行為の詐害性について悪意であったという主観的要件をAが証明する必要があるが，債務者が無資力状態の下で財産の減少をもたらす行為，あるいは財産の減少により無資力となる行為を行った場合には，経験則からしても債務者は通常悪意であると解されることから，Aにとってこの証明は容易であると考えられる。

①の要件に加えて，②実体法的には，受益者が悪意であることも取消権行使の要件となるが，424条1項の規定の体裁からも知られるとおり，受益者の悪意については，債権者が積極的に証明する必要はなく，①の要件が証明されたときは，受益者が自己の善意を証明することによってはじめて取消権の行使を

3｜ 以下，詐害行為取消権を単に取消権と表記することがある。

阻止することができる。もっとも，詐害行為の態様によっては，例外的に債権者が積極的に受益者の悪意を証明する必要がある場合もあるが，その点については後述する。

以上の一般原則に従い，［事例1］(1)において，BがCに対して行った債務免除（519条）は，AがBの無資力と悪意を証明できるときは，原則として，取消権の行使が可能であるが，Cが債務免除を受けた時点で善意であったことを証明したときは，取消権の行使は認められない。→4

(2)　被保全債権の発生時期との関係

旧法の解釈として，判例（最判昭和33年2月21日民集12巻2号341頁）・通説は，債権者の有する債権（被保全債権）は，債務者の行った行為の時点ですでに発生していることが必要であると解してきた。これは，債権者は自己の債権を取得した時点での債務者の財産からその債権の満足を受けることを期待しているのであり，債権取得時より前に行われた行為については，たとえ債務者の財産を減少させるものであっても，取消権の行使を認める必要がないと考えられることによる。

これによれば，［事例1］においても，Aの債権が各行為の後に発生したときは，Aには詐害行為取消権を行使する余地がないことになる。しかし，新424条3項は，旧法のルールに重要な修正を加え，被保全債権の発生時期を基準とするのではなく，その債権を発生させる原因が各行為の前に生じていたかどうかを基準としている。

たとえば，①AがBの債務について債権者Gとの間で保証契約を締結し，②その後，Bが責任財産を減少させる行為を行い，③AがGからの履行請求に応じて保証債務を履行した場合，③の時点でAはBに対して求償債権を取

4｜　もっとも，債務免除や贈与のように受益者が無償で利益を受ける場合にも，善意であれば詐害行為取消権を行使できないと解すべきかどうかは議論の余地がありうる。民法にはとくに規定がないが，破産法160条3項及び170条1項3号では無償の受益者・転得者について特別規定が置かれている。

得する。しかし，このケースにおいては，Aは，すでに①の時点で，Bに対する求償権の行使ができるかどうかを判断するのであるから，①の時点でのBの財産状態を信頼しているといえる。したがって，責任財産に対する期待の保護という趣旨からすれば，債権（求償権）が現実に発生するのは債務者の財産減少行為の後であっても，債権を発生させる原因が当該行為に先行している場合には，取消権の行使を認める必要がある。424条3項はこの点を考慮したものである。[→5]

したがって，［事例 1］において，Aの債権発生原因が各行為よりも先に生じていたときは，各行為が詐害行為取消しの要件を充たす限り，取消権の行使が可能である。

2　不動産の売却

［事例 1］(2)のように，債務者が，自己の所有する甲土地をDに売却する場合において，(a)のように，市場価格を下回る価格で甲土地を売却するときは，これによりBの責任財産が減少するから，これが詐害行為に当たることについてはとくに問題がない。

これに対し，(b)のように，甲土地を市場価格で売却するときは，Bの責任財産に計数上の変化は生じていないが，旧法における判例（大判明治44年10月3日民録17輯538頁）・通説は，不動産を売却して消費しやすい金銭に替えることは，担保の効力を減じるものであり，その金銭を弁済に充てるなど有用の資に供する場合を除いて，たとえ相当価格の売却であっても詐害行為に当たると解してきた。

しかし，相当価格での売却も詐害行為取消しが可能であるとすると，債務者は事業資金を得るために所有不動産を売却しようとしても，適当な買い手を見つけることができず，債務者が事業の再生を図ることを妨げる結果ともなりう

5｜　このほか，424条2項は旧規定とほぼ同一であり，また，424条4項は，423条3項と同趣旨であり，被保全債権が強制的に実現しうる権利であることが必要であるとする。

る。なぜなら，債務者が無資力状態にあるときは，相当価格で買い受けようとしても取消権の行使を受けるおそれがある以上，そのような物件を買うことを避けるからである。

この問題に関して，破産の場合にも同様の状況が生じていたが，平成16年に改正された破産法は，相当価格での売却について否認権を行使できるとしてきたルールを改め，同法161条の規定を置いた。否認権は，債務者が破産した場合について，債務者がそれ以前に行った一定の行為の効力を否定する権利であり，詐害行為取消権と類似する機能を有するが，債務者が単に無資力にとどまらず，破産するに至った場合に認められる権利であることから，否認権の行使が認められない行為について詐害行為取消権の行使を認めることのアンバランスが問題となっていた。したがって，破産法161条が新設された結果，旧424条の詐害行為取消権についても，判例・通説の認めてきたルールを見直す必要が生じていた。[→6] 新424条の2は，破産法の規定に合わせる形で明文の規定を置くものである。

これによれば，時価相当額での不動産の売却等，債務者がその有する財産を処分し，「受益者から相当の対価を取得しているときは」，以下の各要件をすべて充たす場合に限って，取消権を行使することができる。

すなわち，①不動産の金銭への換価等，財産の種類を変更することにより，隠匿・無償の供与その他の処分をするおそれを現に生じさせるものであること（424条の2第1号），②債務者が行為当時に隠匿等の処分をする意思を有していたこと（同条2号），及び，③受益者が債務者の意思を知っていたこと（同条3号）が必要である。①～③の要件は，すべて債権者が証明する必要があり，受益者の善意・悪意については受益者が善意であることを証明する必要があるという原則に対する例外が認められている。

これらの要件を債権者が証明することはきわめて困難であり，不動産の相当価格での売却が詐害行為取消しの対象となるのは，きわめて例外的な場合に限

6｜　旧424条と破産法改正との関係を論じるものとして，たとえば，潮見佳男『プラクティス民法 債権総論〔第4版〕』（信山社，2014年）265頁以下のmemo73～77等参照。

られることになる。

[事例 1]（2）において，（a）の場合には，責任財産の減少をもたらす行為であり，424 条の 2 の適用がないから，424 条の一般原則に従って取消しが可能である。しかし，（b）の場合には，A が 424 条の 2 の所定の要件をすべて主張・立証した場合にのみ取消しが認められる。

3　特定の債権者に対する弁済

[事例 1]（3）のように，債務者が特定の債権者に対する債務を弁済した場合も，債務者の責任財産には計数上の変化は生じない。B の積極財産が減少するが，それと同時に同額の消極財産も消滅するからである。

この場合について，旧法の解釈として，判例（最判昭和 33 年 9 月 26 日民集 12 巻 13 号 3022 頁）・通説は，①債権者が履行期の到来した債権の履行を請求するのは当然の権利であり，債務者もその履行に応ずる義務があり，他の債権者がいるからという理由で履行拒絶することができず，②したがって，特定の債権者に対する弁済は原則として詐害行為にならないが，③債務者が特定の債権者と通謀して，他の債権者を害する意思をもって弁済したときには詐害行為となりうると解してきた。

上掲昭和 33 年最判も，具体的な事案において，詐害行為取消権の行使を否定したものであり，旧法においても弁済が詐害行為取消しの対象となるのは例外的な場合に限られていたが，[→7] ここでも，破産法 162 条が，より限定的な要件を定めていることから，424 条の 3 は，これに合わせて規定を新設した。

これによれば，弁済や，特定の債権者のために抵当権等を設定する行為（「既存の債務についての担保の供与」）については，①その行為が，債務者が「支払不能」の時に行われたものであり（424 条の 3 第 1 項 1 号），かつ，②債務者と受益者とが通謀して，他の債権者を害する意図をもって行われた（同項

7｜　詐害行為取消しを認めたものとして，最判昭和 46 年 11 月 19 日民集 25 巻 8 号 1321 頁。

2号）場合に限って，詐害行為取消しが可能であり，かつ，債権者はこれらの要件を主張・立証する必要がある。したがって，ここでも，一般原則とは異なり，債権者が受益者の詐害意思を証明する必要がある。

支払不能とは，424条の3第1項1号に定義されているように，「債務者が，支払能力を欠くために，その債務のうち弁済期にあるものにつき，一般的かつ継続的に弁済することができない状態をいう」ものであり，単に一時的に無資力である場合よりも限定的な要件であるから，新法の下で弁済を取り消すことができるのは，旧法におけるよりもさらに例外的な場合に限られることになる。

4　代物弁済

［事例1］(4)は，Bが代物弁済によってEに対する債務の弁済をする場合であるが，そのうち，(a)の場合は，1000万円の債務弁済のために市場価格2000万円の乙土地を譲渡しているから，差額1000万円の責任財産減少が生じており，この部分に関しては，424条の要件の下で詐害行為取消権を行使することができる。もっとも，この場合，代物弁済をすべて取り消すのではなく，一部取消しとなる（424条の4）[→8]。

これに対して，(b)の場合には，Bの債務額に対して丙土地の価格が相当であるから，424条の4ではなく，424条の3の問題となる。しかし，3の債務の弁済とは異なり[→9]，代物弁済は，債務者が義務として行う行為ではなく，債権者との間での合意によるものであるから，424条の3第2項が適用される。この場合，2号の要件（債務者と受益者の通謀）は共通するが，1号については，支払不能の時ではなく，「支払不能になる前30日以内に行われたもの」についても，取り消すことができる。

もっとも，424条の3第2項にほぼ対応する破産法162条2項については，代物弁済がBの債務の履行期到来後になされたときは，破産者の義務に属し

8｜　この点も，破産法160条2項に対応するものである。

9｜　履行期到来前になされた弁済については，債務者は履行期まで弁済する必要がなかったのであるから，424条の3第2項が適用される。

ない行為には該当しないと解釈されており，424条の3第2項の解釈として，同様に解するのか（その場合，2項ではなく，1項が適用される），あるいは，詐害行為取消権については，たとえ履行期到来後であっても債務者に代物弁済に応ずる義務はなく，2項が適用されると解するかについて，改正の審議過程で意見が分かれ，その決着を見ないまま改正条文が成立しており，この点は今後の解釈論に委ねられることになる。[→10]

Ⅲ　転得者を相手方とする詐害行為取消し

[事例2]

> Aは，2021年5月16日の時点で，債務者Bに対して1000万円の金銭債権を有している。Bは，同年6月10日，自己の所有する甲土地（市場価格2000万円）を1200万円でCに売却し，代金の受領と引換えに登記名義をCに移転した。同年7月20日，Cは甲土地を第三者Dに2000万円で転売し，Dは代金の支払と引換えに甲土地の登記名義を取得した。
> この場合，AはBの詐害行為を理由として，Dに対して取消権を行使することができるか。

本講180頁でも略説したとおり，旧法の下で，判例（上掲昭和49年最判）・通説は，詐害行為取消権行使の可否については，いわゆる相対的構成を採用し，債権者が受益者に対する関係で取消権を行使することができない場合でも，転得者が悪意であるときは，転得者に対して取消権の行使が可能であるとしてきた。しかし，この場合に，かりに，転得者が受益者に対して担保責任等を追及することができるとすると，[→11]善意の受益者が不利益を受けることにもなりかねないことから，学説の一部には反対説も存在した。

10｜　潮見佳男『改正法の概要』90頁参照。
11｜　もっとも，相対的取消しの考え方によれば，担保責任の追及ができるとする前提に疑問の余地があった。

破産法上の否認権については，同法170条1項が，否認すべき行為の相手方に否認の原因がないときは，転得者に対する否認権行使が認められないとしているが，424条の5は，破産法の規定とのバランスを考慮して「受益者に対して詐害行為取消請求をすることができる場合において」と規定し，転得者に対する詐害行為取消権の行使は，受益者に対する関係において取消権の行使が可能であることを要件とする趣旨を明示している。

［事例2］において，まず，B・C間の売買契約については，相当な価格での売却ではないから，424条の2の規定が適用されず，424条1項の要件に従って，取消しの可否が判断される。この場合，Bによる甲土地の売却が詐害行為に当たり，Bが悪意であっても，買主Cが善意であったことを証明できる場合には，[→12] 取消権の行使は認められない。

また，受益者Cに対して取消権の行使が可能である場合でも，債権者Aが転得者Dに対して取消権を行使するためには，Dが，「転得の当時，債務者がした行為が債権者を害することを知っていた」ことを，Aが積極的に証明する必要がある。旧424条1項ただし書が，受益者のみならず，転得者についても，それぞれ自己の善意を証明する必要があるとしていたのと対比すると，転得者に対して詐害行為取消権を行使することができる場合は限られることになる。[→13]

［事例2］において，AがDを相手として詐害行為取消権を行使しようとする場合，Aは，①B・C間の売買が詐害行為取消しの要件を充たすこと，及び，②DがBの詐害行為について悪意であったことを証明する必要がある。②の証明は容易ではなく，また，Dは，①についてCが善意であったことを証明

12｜　念のために付言すると，転得者に対する詐害行為取消訴訟において，被告となるのは転得者であって受益者ではないから（424条の7第1項2号参照），訴訟においては，転得者が受益者の善意を証明することによって，取消権の行使を阻止することができる。

13｜　なお，平成16年改正時の破産法170条1項1号は，転得者に対する否認権行使の要件として，受益者が悪意であることを認識していたことをも要件としていた。しかし，これを要件とすることは過大であり，424条の5においてはこれを要件とせず，破産法についても改正民法の施行と同時に施行された改正破産法170条1項1号はこの要件を削除している。

することができれば，取消権の行使を阻止することができる。

Ⅳ　詐害行為取消権の行使方法と行使の効果

[事例 3]

> Aは，2021年5月16日の時点で，債務者Bに対して1000万円の金銭債権を有している。Bが無資力であることを前提として，以下の各場合に，Aが詐害行為取消権を行使したときに，その効果はどうなるか。
> (1)　Bは，同年6月10日，Cに対して1500万円を贈与し，金銭をCに交付した。
> (2)　Bは，同年6月10日，Cに対して市場価格が1500万円である甲土地を贈与し，登記名義をCに移転した。
> (3)　(2)において，Cは同年8月20日，甲土地を1000万円でDに売却し，代金の受領と引換えに登記名義をDに移転した。

1　被保全債権の額と取消しの範囲

まず，424条の6は，詐害行為取消権行使の効果として，行為の取消しと受益者に移転した財産（同条1項）ないし転得者が転得した財産（同条2項）の返還を請求することができると規定する。旧法の下で，詐害行為取消権の法的性質については議論の対立があったが，424条の6は，旧法におけるいわゆる折衷説（取消しの効果を生ずる形成権と財産の返還請求を求めることができる請求権の双方を含む権利であるとする考え方）を採用するものである。

詐害行為が未履行である場合，たとえば，金銭の贈与を書面で合意したが，金銭が支払われる前であれば，債権者は詐害行為取消権を行使して，贈与を取り消すことにより，その目的を達成することができる。しかし，[事例3]の各小問におけるように，当該行為に基づいて財産が受益者や転得者に移転している場合には，その返還を請求する必要がある。

小問(1)において，無資力であるBが1500万円を贈与するのは，詐害行為の典型事例であるが，この場合，BがCに贈与した金銭は可分であるから，424条の8第1項に従い，取消権を行使しうるのはAの被保全債権の額である1000万円の範囲に限られる。これは，旧法の下で判例（大判明治36年12月7日民録9輯1339頁）・通説が認めてきたルールを条文化するものであるが，この点は，詐害行為取消権の行使により金銭や動産の返還請求をする場合，債権者は自己への支払ないし引渡しを請求することができるルール（424条の9）と関連している。

すなわち，小問(1)において，AがCから1000万円を受け取る場合，AはBに返還されるべき金銭をBに代わって受領しているのであるから，本来，これをBに返還する必要がある。しかし，債権者代位権の場合と同様に，AはBに対する返還債務と，Bに対して有する金銭債権とを相殺することにより，[→14]債権の満足を得ることができる。したがって，被保全債権の額を超えて支払請求を認める必要がない。

これに対して，小問(2)においては，甲土地は不可分物であり，その一部のみの返還を求めることはできないから，被保全債権の額を超える場合でも，全部について取消権を行使して，甲土地の返還を求めることができる。

2　訴訟の当事者

［事例3］(3)において，債権者Aが受益者Cに対しても，転得者Dに対しても詐害行為取消権を行使することができる（その要件については上述参照）ことを前提とした場合，①AはCを被告として訴えを提起するか，②Dを被告として訴えを提起するかを選択することができる。いずれの場合にも，債務者Bは訴訟当事者とはならないが，Bの行った行為の取消しが問題となることか

14｜　改正の審議過程において，債権者代位権の場合と同様，この相殺を認めるべきかどうかについて議論が分かれた。とくに，旧425条は，詐害行為取消しの効果が総債権者の利益のために生ずると規定しており，詐害行為取消権を行使した債権者のみが利益を受けるのはこれに反するとも考えられたからである。しかし，結局，相殺を禁止するルールは採用されず，それと引換えに，424条の8の規定が新設された。

ら，Bが自己の利益を主張できる機会（たとえば，Bは自分が行った行為が詐害行為に当たらないと主張する可能性がある）を保障するため，Aは，訴訟提起をしたことを債務者Bに告知する義務を負う（424条の7第2項）。

また，①の場合にはCのみが被告となり，②の場合にはDのみが被告となるが，①を選択すると，甲土地の現物はDの財産となっているから，Cに対する請求は価額償還請求となる。これに対して，②の場合には，Dに対して甲土地の現物を返還請求することになる。

3　認容判決の効力

詐害行為取消請求を認容する確定判決は，当該訴訟の当事者だけではなく，「債務者及びその全ての債権者」にも及ぶ（425条）。

旧法の下で，早い時期に確立した判例（大連判明治44年3月24日民録17輯117頁）・通説は，詐害行為取消しの効果が相対的取消しであることを強調し，取消しの効果はあくまで訴訟当事者の間でのみ生じ，債務者やその他の第三者に対して効力が及ばないと解してきた。これは，訴訟当事者に債務者を含まず，受益者・転得者の一方のみが相手方となることと関連し，当事者でない者に取消しの効果が及ぶことを避けようとするものであったが，実際には，相対的取消しの考え方を貫くことには困難があった。→15

425条は，従前の相対的取消しの考え方を修正して，請求を認容する確定判決は債務者及びその債権者にも及ぶとしたものであるが，これはすべての第三者に効力が及ぶことを規定する趣旨ではないことに注意が必要である。すなわち，小問(3)において，AがDを相手として取消訴訟を提起して，勝訴の確定判決を得た場合，この判決の効力はD，B及びBの債権者には及ぶが，受益

15｜　たとえば，［事例3］(2)において，BのCに対する甲土地の贈与が取り消された場合，Bの債権者はB名義に戻された甲土地を差し押さえて競売に付することになるが，AとCの間で贈与契約が取り消されたにすぎず，BとCの間では贈与が有効であると解すると，甲土地はBの財産とはならず，Bの債権者はBの財産ではない物を差し押さえることができないはずである。しかし，この結論が不当であることは明らかであり，実際にも，Bの債権者による差押えは有効とされてきた。

者 C にその効力が及ぶわけではない。→16

4　取消権行使後の法律関係

(1)　受益者が反対給付をしていた場合

［事例 3］(1)や(2)においては，C が B から無償で利益を受けているが，たとえば，(2)において C が贈与を受けたのではなく，B から 500 万円で甲土地を買い受けていた場合に，廉価での甲土地の売買が取り消されたときは，C が B に支払った売買代金がどうなるかが問題となる。旧法の下で，相対的取消しの考え方を貫徹すると，この場合にも，C と B の間の売買は有効に存続するのであるから，売買代金を取り返すことはできないことになるが，詐害行為に関わったとはいえ，C が買い受けた財産を返還しつつ，支払った代金の返還請求も受けることができないとするのは，C に過度の不利益を及ぼすことになる。

学説は，種々の工夫により，この不合理を回避しようとしてきたが，新 425 条の 2 は，明文の規定により，受益者が反対給付をしていたときは，その返還を請求することができるとしている。

なお，この場合に，C が B に対して有する反対給付の返還請求と B から取得した財産の返還との同時履行を主張できるかどうかが問題となりうる。条文上の文言からは明らかでないが，これを認めると，C は詐害行為であることについて悪意の場合でも，リスクを負うことなく詐害行為に関与することができることになりかねない。潮見佳男『改正法の概要』100 頁や，中田裕康他著『債権法改正』149 頁（沖野眞已執筆）は，受益者に同時履行の抗弁を認めることに否定的であり，これを支持すべきものと思われる。

また，同様の趣旨から，たとえば，小問(2)において，C が B に対して債権を有しており，B がその債務の代物弁済として甲土地を C に譲渡したところ，代物弁済が取り消された場合，代物弁済と引換えに消滅した債権がどうなるかが問

16｜　一部には，425 条が絶対的取消しを定めたものであるとする理解も示されているが，中田裕康他著『債権法改正』141 頁以下（沖野眞已執筆）は，このような理解に疑問を呈している。

題となるが，425条の3は，この場合，Cがもともと B に対して有していた債権が復活する（「原状に復する」）と規定する。この場合には，債権の復活は，「受益者が債務者から受けた給付を返還し，又はその価額を償還したとき」となっており，文言上も，給付の返還ないし価額償還が先履行になることが示されている。

(2) 転得者に対する詐害行為取消しが認められる場合

［事例3］(3)において，A が，転得者 D を被告として詐害行為取消訴訟を提起し，甲土地の返還請求が認められた場合に，D が C に対して支払った代金がどうなるか。

この場合，425条の4第1号によれば，B の C に対する財産処分行為が取り消された場合，かりに受益者に対して訴訟が提起され，取消しがなされたとすれば受益者 C が債務者 B に対して有したであろう反対給付返還請求権を，D が行使できるとする。

しかし，小問(2)，(3)におけるように，C が B から甲土地を無償で取得していたときは，C は B に対して行使するべき反対給付返還請求権を有しないから，D もまた，債務者 B に対して何らの権利を主張することもできない。

この場合には，D が C に対して権利の移転不能を理由とする不履行責任を追及して，契約を解除し，売買代金の返還を求めることができるかどうかが問題となるが，この返還請求は認められないとするのが一般的な考え方である。[→17] しかし，425条の規定に従い，C に対して判決の効力が当然には及ばないとしても，B の C に対する贈与契約が取り消され，D が甲土地の所有権を失うことになると，D は C との売買契約に基づいて甲土地の権利を取得できなかったことになる。この場合，425条の4第1号は，B に対する関係において D が行使できる権利を定めるものであるが，これによって，D が C に対して権利移転義務の不履行責任を追及することができないかどうかは別個の問題であり，D が C との売買契約を解除して，C に支払った代金について原状回復請

17｜ 潮見佳男『改正法の概要』102頁，中田裕康『債権総論』329頁等。

求ができると解するべきではないか。これを否定すると，AがCを被告として取消権を行使したときは，Cは甲土地の価額償還義務を負うが，AがDを被告として取消権を行使したときは，CはDから受領した1000万円を保持することができるというアンバランスが残ることになる。→18

18｜　中田裕康他著『債権法改正』153頁（沖野眞已執筆）は，否認権が行使された場合には，転得者は前主に対して担保責任を追及することができるのが通説ないし多数説であるが，訴訟以外の方法で行使が認められる否認権の場合と，訴訟での形成権行使が必要である詐害行為取消権の場合を同列に論じることはできず，担保責任の成否は解釈問題として残ると述べている。なお，新法では権利をおよそ移転できなかった場合は，担保責任ではなく，端的に債務不履行責任の問題であると解される。

第10講

多数当事者の債権関係（1）——保証を除く

I　多数当事者の債権関係に関する改正の概要

多数当事者の債権関係は，債務者ないし債権者が複数である場合を広く含む概念であるが，そのうち，主たる債務者と保証人が債務者となる場合には，主たる債務と保証債務の間に付従性が存在する点で，他の場合と性質を異にすることから，第11講で取り上げる。

多数当事者の債権関係の主要な改正事項は，①債務者が複数である場合について，分割債務，連帯債務，不可分債務の概念を整理したこと，とりわけ，これにより，連帯債務と不可分債務の区別を明確にしたこと，及び，②旧法の下で解釈として認められていた連帯債務と不真正連帯債務の区別を否定したこと，③連帯債務において，債権者と一部の債務者との間で生じた事由が絶対的効力を有する（他の債務者にも効力が及ぶ）か，相対的効力にとどまる（他の債務者には効力が及ばない）かについて，旧法は広く絶対的効力を認めていたのに対して，絶対的効力事由を限定したこと，④求償権の行使について規定を整理したこと，⑤債権者が複数の場合についても，分割債権，連帯債権，不可分債権の概念を整理し，旧法に規定のなかった連帯債権に関する規定を新設したこと，である。

多数当事者の債権関係に関する改正事項は詳細・多岐にわたっており，本講でそれらをすべて取り上げる余裕はないが，その主要な改正事項①～⑤を事例に即して検討する。

II　分割債務，連帯債務及び不可分債務の意義

[事例 1]

(1)　Aは，2021年5月23日，Bに対して1200万円を貸し付けた。その後，Bが死亡し，Bの子供C及びDがBの共同相続人となった。履行期の到来後，AはCに対して1200万円の返済を求めた。Cはこれに応ずる必要があるか。この場合において，Bが遺言を作成しており，Cの相続分が3分の2，Dの相続分が3分の1と定めていたときはどうなるか。

(2)　甲土地の所有者Aは，2021年5月23日，B及びCを共同買主として，甲土地の売買契約を締結し，売買代金は3000万円とされた。履行期が到来し，AがBに対して3000万円全額の支払を請求した場合，Bはこれに応ずる必要があるか。

(3)　Aは，甲車を運転中に携帯電話で通話をしていたため，前方不注意となり，Bが運転する乙車が右折してくるのに気づくのが遅れた。A・B双方の過失により甲車と乙車は衝突し，この事故により，乙車に同乗していたCが負傷し，Cに300万円の損害が発生した。CがAに対して300万円の損害賠償請求をした場合，Aはこれに応ずる必要があるか。

(4)　甲土地の所有者Aは，2021年5月23日，Bとの間で甲土地の売買契約を締結し，売買代金は3000万円とされた。その後，Aが死亡し，Aの子供C及びDがAの共同相続人となった。履行期が到来し，BはCに対して甲土地の引渡しと移転登記を請求した。Cはこれに応ずる必要があるか。

(5)　甲建物の所有者Aは，2021年5月1日を始期として，甲建物を共同賃借人B及びCに月額賃料20万円で賃貸した。同年8月分の賃料支払がなかった場合に，AはBに対して20万円の支払を求めることができるか。

1　債務の目的の可分性・不可分性

新法は，債務者が複数の場合に，債務の目的が可分であるかどうかを基準として，①債務の目的が可分であり，かつ，特別の法令や当事者の異なる意思表示がない場合には分割債務となり（427条），②債務の目的が可分であるが，特別の法令や当事者の異なる意思表示がある場合には連帯債務となり（436条），③債務の目的が不可分である場合には，不可分債務となるとする（430条）。

旧428条は，不可分債権の定義の中で，性質上の不可分の場合に加えて，「当事者の意思表示によって」不可分である場合があることを認めており，不可分債務についてもこれと同様に解されてきたが，この結果，債務者が全部給付義務を負う場合に，連帯債務と不可分債務の区別が不明確なままとなっていた。この点について，新法は，意思表示による不可分性を否定し，債務の目的の可分性の有無という客観的な基準によって区別することとしている。したがって，可分である給付について，当事者の意思表示により債務者が全額の履行義務を負う場合は，連帯債務に当たることになる。

2　具体例に即して

まず，[事例 1]（1）前半において，金銭債務の相続については，相続によって当然に分割債務となるとするのが旧法における判例（最判昭和34年6月19日民集13巻6号757頁）であり，これを前提とすると，Bの相続人C及びDは分割債務を負担することになるから，Aは法定相続分の割合に従って，Cに対して600万円の限度で履行を請求することができるにとどまる。この場合，たとえば，Dが600万円の債務を履行することができない場合，Aはその取立不能のリスクを自ら負担することになる。

> 金銭債権についても，最判昭和29年4月8日民集8巻4号819頁は，同様に分割債権となると解してきたが，最大決平成28年12月19日民集70巻8号2121頁は，預貯金債権についてその例外を認め，預貯金債権は相続財産の対象に含まれ，相続によって分割債権とはならないとの判断を示した。これによる場合，遺産分割協議前に預貯金債権を行使するためには相続人全員の同意が必要であり，被相続人の債務の弁済や被相続人の扶養を受けていた相続人が生活費を支出するのに支障が生じるという問題点が指摘されていた。平成30年の相続法改正によって新設された909条の2は，平成28年最大決のルールが適用されることを前提として，各共同相続人が遺産分割前に一定の範囲で預貯金債権を行使することを認めるものである（具体的な要件について，909条の2の文言を参照）。

小問（1）の後半は，被相続人が法定相続分と異なる相続分（指定相続分）を定めていた場合に関わる問題である。被相続人Bは，902条の規定に従い，法定相続分とは異なる相続分を定めることができるが，その場合においても，債権者Aは，902条の2の規定に従い，各共同相続人に対して法定相続分に応じて債権を行使することができる。ただし，債権者は，指定された相続分に応じた債務の承継があったと認めることもできる（同条ただし書）。この規定は，従来，判例によって認められていた結論を条文化したものである。

これに対し，小問(2)において，B及びCが共同買主となる場合に，特段の合意をしなければ分割債務となるが，売主Aからすれば，各買主に対してそれぞれ1500万円しか請求できないことになると，代金全額の弁済を受けることができないおそれが生じる。したがって，このような場合には，特約により共同買主はそれぞれ全額について給付義務を負うとするのが通常である。旧法の下では，それが意思表示による不可分であるのか，連帯債務であるのか不明確であったが，新法の下では，給付が可分である場合に，各債務者が全部について履行義務を負うときは，B・Cは連帯債務者となる。連帯債務に当たる場合，債権者は，各債務者に対して一部又は全部の履行を求めることができ，債務者の一人が弁済をすれば，その限度で他の債務者もそれによって債務を免れることになる。

また，旧法の下では，連帯債務者間の間で，小問(2)のように，主観的な共同目的が存在することが前提とされてきた。これに対して，小問(3)においては，前方不注意をしていたAの行為と，直進車が優先権を持つにもかかわらず右折をしようとしたBの行為が共同して，Cの負傷という損害を惹起している。A・Bは719条1項の規定に基づき，共同不法行為者として各自，Cの被った損害全額について「連帯して」責任を負うが，この場合，AとBの間で主観的な共同目的が存在しないから，旧法の下では，本来の連帯債務ではなく「不真正連帯債務」であると考えられてきた。この区別は，とくに2つの点で具体的な効果に相違をもたらすと考えられていた。

まず，本来の連帯債務の場合，債務者相互間で内部的にどのように債務を負担するかという負担部分が存在するのに対して，不真正連帯債務にはこのような意味での負担部分がないとされた。また，これと関連して，連帯債務についてはいわゆる絶対的効力が認められ，債権者と一人の債務者との間で生じた事由が，他の債務者にも広く影響を及ぼすことになるのに対して，不真正連帯債務の場合には，絶対的効力が生じるのは債務の弁済等の事由に限られると解されていた。もっとも，不真正連帯債務についても，当事者の意思とは別に，内部関係における損害賠償義務の公平な分担という観点から負担部分が認められるとする解釈が定着し，旧法における両者の重要な相違は，絶対的効力事由が認められる範囲の相違にあったといえる。

しかし，新436条1項の規定する連帯債務には，当事者の意思表示による場合のみならず，法令の規定によって複数の債務者が連帯して債務を負う場合も含まれており，新法の下での連帯債務は，旧法における不真正連帯債務を包含する広い概念である。この概念の再整理は，債権者と一人の債務者の間で生じた事由の効力の問題にも関連しているが，この点は後述する。

小問⑷において，Aを共同相続したC・Dは売主として甲土地の引渡義務及び移転登記義務を負っているが，この債務は金銭債務とは異なり，その性質上，一部だけを履行することはできない。この場合に，甲土地の引渡義務については，性質上不可分であり，430条の規定に従い，440条の場合を除いて連帯債務に関する規定が適用され，BはC・Dのいずれに対しても甲土地の引渡しを請求することができる。

これに対して，C・Dの登記移転義務に関しては，共同相続人が不可分債務を負っていると解することができるかどうかについては議論の対立がある。旧法下の判例（最判昭和36年12月15日民集15巻11号2865頁）は，各共同相続人は移転登記について不可分債務を負担しており，相続人全員を被告として訴えを提起する必要はない（固有必要的共同訴訟ではない）と解してきた。しかし，実際に甲土地の移転登記を実現するためには共同相続人全員の同意が必要であり，Cに対する移転登記請求が認められるだけでは，登記を移転することはできない。不可分債務は，連帯債務の場合と同様，各債務者が単独でその債務の履行ができるものであると解すると，共同相続人C・Dの登記移転義務はC・Dが共同してはじめて履行することができるものであり，不可分債務とは性質を異にするものと見るべきことになる。→1

議論が分かれうるのが，小問(5)の場合である。賃料債務それ自体は金銭債権であるが，その対価である賃貸債務は性質上不可分であることから，性質上不可分である債務の対価も性質上不可分であるとする議論が存在し，この点は，改正の審議過程においても同様に問題となった。しかし，給付の可分性のみを基準とする新法の趣旨からすれば，賃料債務は不可分債務ではなく，連帯債務であると解すれば足りると思われるが，今後の議論の推移を見る必要がある。→2 小問(5)においては，B・Cが共同賃借人であり，不可分債務ではないとしても，連帯債務を負っていると解することができ，AはBに対して賃料全額の支払を請求することができる。いずれと解するかによって相違が生じるのは，440条の混同の場合であり，不可分債務については同条が準用されない（430条参照）。

Ⅲ　連帯債務者の一人について生じた事由の効力

［事例 2］

Aは，2021年5月23日の時点で，B，C，Dに対して1200万円の貸金債権（甲債権）を有しており，Bらは連帯して債務を負担している。また，B〜Dが負担する部分は等しいものである。以下の各場合に，AとBの間で生じた事由はC，Dに対してどのような意味を持つか。
(1)　BはAに対して債務額のうち700万円を弁済した。
(2)　BはAに対して700万円の乙債権を有しており，乙債権を自働債権として甲債権と相殺した。
(3)　BはAとの間での合意に基づき，甲債務に代えて，新たに丙債務を負担した。
(4)　Aが死亡し，BがAの相続人となった。
(5)　Aは，甲債権の消滅時効が2026年5月10日に完成することから，同月

1｜　この点について，中田裕康『債権総論』553頁以下参照。
2｜　問題状況を的確に整理・検討するものとして，中田裕康他著『債権法改正』179頁（沖野眞已執筆）参照。

1日，Bに対して裁判外で履行の催告をし，その後，同年9月10日，B〜Dを被告として1200万円の支払を求める訴えを提起した。B〜Dはこれに応ずる必要があるか。
(6)　Aは，2021年6月10日，Bに対して債務免除の意思表示をするとともに，Cに対して1200万円の支払を求めた。Cはこれに応じる必要があるか。

1　絶対的効力が生じる事由

(1)　弁済及びこれと同視される事由（供託，代物弁済，相殺）

連帯債務関係において，債権者と一人の債務者の間で生じた事由が他の債務者にも影響を及ぼす場合，これを絶対的効力事由と呼ぶが，旧法の下では，連帯債務について絶対的効力事由が広く認められており（旧434条〜439条），相対的効力事由にとどまるものは例外であった（旧440条）。これは，連帯債務において債務者間に主観的な結合関係があることを考慮したものといえるが，絶対的効力事由が広く認められると，債権者にとって不利益を生じうる面もあり，立法論としては疑問も提起されていた。また，絶対的効力事由を広く認める根拠を考慮すると，主観的な結合関係が存在しない債務者間においては，絶対的効力事由を広く認めるべきではないと解され，したがって，債権総則で規定される連帯債務とは性質の異なる連帯債務を不真正連帯債務として連帯債務と区別し，絶対的効力が及ぶ事由を限定してきた。

しかし，新法は，一方において従来の連帯債務と不真正連帯債務の区別を放棄して，連帯債務概念が従前の不真正連帯債務に当たる場合を含むものとし（436条参照），他方，絶対的効力事由を限定している。

絶対的効力が生じることに異論の余地がないのは，弁済及びこれと同視される代物弁済や供託の場合である。[事例2]（1）において，債務者の一人であるBが700万円を弁済すると，Aは自己の債権のうち，700万円の満足を受けたのであるから，他の債務者C・Dに対して請求できるのは残額500万円にとどまる。この意味において，債務者の一人が行った弁済は絶対的効力を生じる。

弁済の供託や代物弁済は，弁済に準じて考えることができるから，明文の規定はないが，弁済と同様に絶対的効力を生じることに異論がない。

小問(2)の相殺も，債権者が満足を得るという点でこれと同様である。439条1項はこれを確認する趣旨にすぎないが，同条の重要な意義は2項にある。小問(2)と同様に，BがAに対して乙債権を有する場合に，AがCに対して甲債権の履行請求をしたときは，Cは439条2項の規定に従い，Bの負担額である400万円の限度で，BがAに対して相殺しうる状況にあることを理由として，債務の履行を拒むことができ，したがって，800万円の限度で履行をすれば足りる。旧436条2項は，この場合に，債務者は他の債務者の相殺を援用することができるとしていたが，実際に債務の消滅をもたらす相殺まで認める必要はなく，相殺が可能であることを理由として履行拒絶権を認めれば足りるとして，規定を改めたものである。

(2)　更改と混同

改正の審議過程において議論が分かれたのは更改と混同の効果である。これらについても相対的効力事由にとどまるとする提案もなされていたが，最終的には絶対的効力事由とされ，旧法の規定が維持された。

更改とは，513条に規定されるとおり，当事者が従前の債務に代えて新たな債務を発生させる合意であり，これにより旧債務は消滅する。小問(3)は更改の事例であるが，更改は旧債務消滅の効果をもたらすことから，弁済と同視できる面があるほか，新債務の発生と引換えに旧債務が消滅することを望まない場合，債権者は更改ではなく，代物弁済の合意を行い，代物弁済の給付が実際になされるまで旧債務を存続させることもできることから（482条），絶対的効力事由とされた（438条）。

小問(4)においては，Aが死亡して，BがAの地位を相続することにより，債権者と債務者の混同が生じる（520条本文参照）。この場合に相対的効力事由にとどまるとすると，Bは債権者Aの相続人として，Cに対して全額の履行請求ができることになるが，Cはその後，Bの負担部分について400万円の限度で求償権を行使することになる（442条1項）。すなわち，Bはいったん Cから受領した1200万円のうち，400万円をCに返還する必要があるが，このような求償関係の循環が生ずる無駄を省くために，混同に絶対的効力を認めていた旧438条は，新440条として維持されている。この結果，BはAに対して全額の弁済をした場合と同様に，C・Dに対して，それぞれの負担部分額について求償権を行使することになる。

2　相対的効力にとどまる事由

旧法の規定と対比して，とくに重要であるのが，履行の請求，消滅時効，債務免除が，絶対的効力事由から相対的効力事由に改められた点である。

(1)　履行の請求

旧434条は，連帯債務者の一人に対する履行の請求は，他の連帯債務者に対しても効力が及ぶと規定していた。しかし，新法は，履行の請求は相対的効力事由にとどめている（441条）。

この違いを小問(5)に即して見ると，以下のとおりである。

AのBに対する履行の請求に絶対的効力が認められるとすると，AはBに対して履行の催告をすることにより，他の連帯債務者に対する関係においても，150条1項に従い，時効の完成猶予の効果を主張することができるから，Aは，時効の完成が猶予されている間にB〜Dに対して訴えを提起することにより，147条1項1号に従って訴訟が終了するまで時効の完成を阻止することができる。したがって，履行の催告を受けたBだけでなく，他の連帯債務者C・Dも消滅時効を援用することができないことになる。

しかし，新法においては履行の請求は相対的効力にとどまり，C・Dにはその効果は及ばず，150条1項による時効の完成猶予の効果はBに対してのみ生じる。したがって，C・Dについては2026年5月10日に時効が完成し，Aがその後に訴えを提起しても，C・Dは消滅時効を援用して履行義務を免れることができる。

この改正は，連帯債務概念を拡大して，旧法における不真正連帯債務の場合も連帯債務の中に取り込んだことと関連している。すなわち，債務者相互間に主観的な結合関係がない場合にも連帯債務となることから，履行の請求が絶対的効力を生じるとすると，債務者の知らない間に時効の完成猶予の効果を受け，また履行遅滞責任を負うことになり，債務者に不測の不利益を及ぼす可能性がある。

そこで，新法は，履行の請求について相対的効力事由にとどまるとしつつ（441条本文），履行の請求について絶対的効力を及ぼす必要がある場合には，債権者と連帯債務者が合意をすることによって，相対的効力の例外を認めるものとしている（同条ただし書）。

したがって，小問(5)においても，C・Dが，Aとの間で，Bに対する履行の請求の効果がC・Dに及ぶことを合意していたときは，Bに対する履行の請求の効力はC・Dにも及び，したがって時効の完成猶予の効果も及ぶことになる。

念のために付言すると，Aが単にBとの間で，履行の請求の効力がC・Dにも及ぶことを合意していても，その合意の効力がC・Dに及ぶことはない。Cらは，自己の関与しない第三者の合意によって不利益を受ける理由はないからである。

(2) 消滅時効

旧439条は，連帯債務者の一人のために消滅時効が完成したときは，負担部分の限度で絶対的効力が生じるとしていた。これによれば，小問(5)において，C・Dが消滅時効を援用できる場合には，Bは1200万円のうち，C・Dの負担部分の合計額800万円について債務を免れることができることになる。

しかし，新法は消滅時効についても相対的効力事由にとどめており（441条），これによれば，Aは他の連帯債務者に対して消滅時効により履行請求ができなくなった場合でも，Bに対しては全額について履行請求をすることができる。この場合に，あわせて注意を要するのは，全額について弁済をしたBは，445条・442条の規定に従い，C・Dに対して求償権を行使することができるという点である。

ここで，Bから求償権の行使を受けたC・Dがその負担額をBに支払った後，A に対して，B に支払った額の支払を請求できるかどうかが問題となりうる。C らは，A に対する関係においては消滅時効を援用して履行義務を免れることができたのであるから，A との相対的な関係においては，C らが B に支払った額は A が負担すべきものと解する余地もあるからである。しかし，A が B から債務の履行として受領した金銭は，A が債権者として保持できるのであり，C らの請求は認められないと解されている。

これによれば，債権者は，一部の連帯債務者に対して，消滅時効により履行請求ができなくなった場合でも，その他の連帯債務者から弁済を得られる限り[→3]，消滅時効による不利益を受けず，また，A に対する関係において消滅時効により履行義務を免れる連帯債務者も，債務者の一人が弁済をした場合，自己の負担部分の限度で負担を引き受けることになる。

(3)　債務免除

債務免除についても，旧 437 条は，債務免除を受ける連帯債務者の負担部分の限度で絶対的効力が生じると規定していた。これによれば，小問(6)において，A が B に対して債務免除をした場合，A は C・D に対して 800 万円の支払請求ができるにとどまることになった。

もっとも，債務免除については債権者がどのような意思で免除をしたかという意思解釈が重要であり，たとえば，B に対する債務免除が，B のみならず，債務者全員に対して債務を免除する意思でなされることもありうるとともに（その例として，最判平成 10 年 9 月 10 日民集 52 巻 6 号 1494 頁），他方，B に対して履行請求をしないという意味での免除（履行免除）にとどまり，他の連帯債務者に対しては全額の請求をする権利を留保する場合もあると考えられてきた。後者の場合には，債務免除は相対的効力にとどまり，全額の履行請求に応じた連帯債務者は，債務免除を受けた連帯債務者に対して求償権を行使することができる。

3｜　債権者 A は，B に対してのみ履行請求が可能であるから，B が無資力であるために弁済を受けることができない場合，そのリスクを負担することになる。

新法は，債務免除の効力は相対的なものにとどまるとしているが（441 条），これは債権者の意思を推定するものにすぎず，債務免除の意思解釈の結果，負担部分の限度で免除を認める意思や，連帯債務者全員の債務を免除する意思がある場合には，それに従うことについて異論はない。

また，消滅時効の場合と同じく，他の連帯債務者は 445 条・442 条の規定により，債務免除を受けた連帯債務者に対して求償権を行使することができる。ただし，債務免除の意思が全員を免除するものであったときは，他の連帯債務者も履行請求を拒絶することができるから，445 条の適用がないことは当然である。

債務免除の意思解釈が問題となる例として，たとえば，[事例 1]（3）において，被害者 C が乙車の運転者 B と親しい関係にあり，B の不法行為責任を免除する意思を表示した場合を考えることができる。C の債務免除が，民法の原則どおりに相対的効力にとどまり，A に対して全額の損害賠償請求ができるとすると，A は B に対して負担部分（過失の割合で決まる）について求償権を行使することができる。しかし，その場合，B は C との関係で履行義務を免れても，最終的には，債務免除がなかった場合と同一の負担を引き受けることになる。C の債務免除が B の負担を免れさせることを目的とするものであったとすると，この結果は C の意思に反することになり，この場合，C の債務免除は負担部分の限度で絶対的効力を生じる意思でなされたものと解釈することが自然である。

Ⅳ　連帯債務者間における求償権の行使

[事例 3]

> A は，B，C，D の共同不法行為によって 600 万円の損害を被った。A に対する加害行為について，B，C，D の過失割合は各 3 分の 1 である。
> （1）　B が A から履行請求を受けて 150 万円を支払った場合，B は C・D に対して各 50 万円の支払を請求することができるか。

(2)　B は A から履行請求を受けて 600 万円全額を支払った。その後，C・D に対して各 200 万円の支払を請求したところ，C は，A から C の負担部分について絶対的効力を有する債務免除を受けていたとして，B の請求を拒絶した。B の C に対する請求は認められるか。

(3)　B は A から履行請求を受けて 600 万円全額を支払った。その後，C・D に対して各 200 万円の支払を請求したが，D は無資力であり，自己の負担部分を履行することができなかった。B は D の無資力の負担を引き受ける必要があるか。

1　求償権行使の要件

連帯債務者の一人が自己の財産をもって共同の免責を得たとき（弁済のほか，代物弁済や相殺を含む）は，その連帯債務者は他の連帯債務者に対して各自の負担部分について求償権を行使することができる。

この場合に，旧法においては，債務者が自己の負担部分を超えて共同免責を得た場合にはじめて，求償権を行使することができるのか，あるいは，負担部分を超えない場合でも，債務者が共同の免責を得るために負担した額について，負担割合に応じて他の債務者に対して求償権を行使することが可能であるかについて議論が存在し，判例・通説は，不真正連帯債務の場合には，自己の負担部分を超えて共同免責を得た場合に限って求償権の行使を認め（最判昭和 63 年 7 月 1 日民集 42 巻 6 号 451 頁），連帯債務については，負担部分を超えない場合でも，負担割合に応じた求償権の行使が可能であると解してきた（大判大正 6 年 5 月 3 日民録 23 輯 863 頁）。

しかし，新法は不真正連帯債務の場合を含めて連帯債務の効果を一律に規定し，この問題については，442 条 1 項が「その免責を得た額が自己の負担部分を超えるかどうかにかかわらず」求償権を行使することができると規定している。したがって，[事例 3]（1）においては，同項に従えば，B が自己の負担部分である 200 万円を下回る 150 万円の弁済をしたにすぎない場合でも，負担部分の割合に応じて他の連帯債務者に求償権を行使することができる。

もっとも，442 条 1 項の規定を前提としても，共同不法行為者間における求償関係については，被害者保護という観点を優先させ，共同不法行為における連帯債務者は，他の連帯債務者からの求償に応じるよりも，被害者に対する弁済を優先させるべきであり，旧法下における昭和63年最判の結論を維持することも可能であるとの指摘もなされている。私見は，債権者の利益を優先するという観点は共同不法行為の場合に限らず問題となり得ること，共同不法行為における被害者は，求償権を行使した連帯債務者に対しても履行請求が可能であること等を考えると，個別の事情や法令の規定の性質を考慮して，442条1項の例外を柔軟に認めることには消極的であるが，議論の余地があることに留意されたい。[→4]

2　事前・事後の通知

債権者から履行の請求を受けた場合に，旧443条は，他の連帯債務者に通知をすることなく，弁済等の共同免責を得る行為を行った場合に，他の連帯債務者が債権者に対抗することができる事由を有していたとき（たとえば，絶対的効力を有する免除）は，その負担部分について，共同免責を得た連帯債務者に対抗することができると規定していた。

この規定は，連帯債務者間の主観的結合関係があることを前提とするものであるが，上述したとおり，従前の不真正連帯債務を含めた連帯債務概念を前提とすると，他の連帯債務者の存在を知らない場合も生じうる。そこで，443条は，「他の連帯債務者があることを知りながら」通知を怠った場合に限定して，同様の効果を規定する（同条1項）。

この通知が，共同免責を得る前に行うべき事前の通知であるのに対して，443条2項は，共同免責後の通知義務に関する規定である。すなわち，共同免責を得た連帯債務者が，その後に，他の連帯債務者があることを知りながら，共同免責を得たことの通知を怠ったため，他の連帯債務者が善意で共同免責を得る行為を行ったときは，当該他の連帯債務者は，共同免責を得るための行為が有効であったとみなすことができる。

4｜　筒井健夫他編著『一問一答』119頁，中田裕康『債権総論』542頁以下参照。

小問(2)において，BがAから履行請求を受けた時点で，Cが連帯債務者であることを知らなかったときは，事前通知義務を負わず，Bの行った弁済は有効であり，BはCに対して求償権を行使することができる。これに対して，BがCの存在を知りながら，事前通知を怠ったときには，Cは自己の負担部分について債務免除を受けていたことを理由として，Bの求償権の行使を阻止することができる。

3　無資力者がいる場合

小問(3)のように，連帯債務者の中に無資力者がいるため，その者に対する求償権の行使が事実上不可能である場合，求償権を行使する連帯債務者と，資力のある他の連帯債務者の間で，各自の負担部分に応じて分割して負担する(444条1項)。したがって，Dが無資力であり求償権の行使に応ずることができない場合，BはCとの間でその分の負担を分け合い，BはCに対して200万円＋100万円の求償権を行使することができる。

また，小問(3)とは異なり，BもCも負担部分を有しておらず，負担部分のある連帯債務者がすべて無資力である場合（小問(3)でDのみが負担部分を有しており，Dが無資力の場合）について，旧法では規定を欠いていたが，旧法の下ですでに判例・通説が認めてきたルールを444条2項が条文化し，求償者と資力ある連帯債務者の間で等しい割合で負担を引き受けるものとしている。

V　不可分債務

不可分債務の意義及び連帯債務との相違については，すでに述べたとおりである。

旧法は，不可分債務について連帯債務の規定を準用するのを原則としつつ，旧434条～440条（絶対的効力事由及び相対的効力の原則）については適用除外とし，債権者と不可分債務者の一人との間で生じた事由の効力については，旧

429条の不可分債権に関する規定を準用するとしていた（旧430条）。

新法は，連帯債務について絶対的効力事由が限定されたのを受けて，債権者と不可分債務者の一人との間で生じた事由の効力についても，連帯債務の規定を一般的に準用し，ただ，440条の混同については適用を除外している（新430条）。

混同について例外を認めたのは，不可分債務の内容と連帯債務の内容の相違を考慮したものである。すなわち，連帯債務は金銭債務であることが通常であるが，その場合，混同について絶対的効力を認めるのは求償関係の錯綜を避ける意味があるといえる（上述204頁参照）。しかし，不可分債務については，債務内容と求償の内容が同種であるとは限らず，したがって，混同の絶対的効力を否定し，不可分債務を債権者に履行した上で，その債権者に対して不可分債務者の一人としての立場で求償権を行使することには意味があると考えられる。

Ⅵ　債権者が複数の場合

新法は，分割債務，連帯債務，不可分債務の概念整理に対応して，分割債権（427条），連帯債権（432条），不可分債権（428条）の概念を整理し，旧法には規定がなかった連帯債権の諸規定（432条～435条の2）を新たに設けている。

連帯債権，不可分債権は，それぞれ連帯債務，不可分債務と対になる形で規定が置かれているが，更改・免除の効力に関して，429条と433条の違いに留意が必要である。

429条は不可分債権について，債権者の一人と債務者の間で更改・免除があった場合でも，他の不可分債権者は債務全部の履行を請求することができ，その場合に，その一人の不可分債権者がその権利を失わなければ分与されるべきであった利益を債務者に償還する必要があるとする。たとえば，A・Bが共同で売主Cからデジタルカメラ甲を購入し，すでに代金が支払われた後，BがCに対して債務免除をした場合，Aは，Bの債務免除の効力によって影響を受けることなく，Cに対して甲の引渡しを求めることができる。しかし，もしB

がCに対して債務免除をしていなかったとすると，Aは甲を単独で所有することはできず，Bと共有関係にあったといえる。したがって，Aは甲の2分の1の持分をBに分与すべきであったから，その利益をCに償還することが必要である (429 条)。

これに対して，連帯債権者の一人と債務者の間で更改・免除があった場合には，他の連帯債権者は，その連帯債権者がその権利を失わなければ分与されるべきであった利益に係る部分について履行請求ができない (433 条)。すなわち，更改・免除のあった連帯債権者の利益分の限度で絶対的効力が認められる。不可分債権との相違は，連帯債権の目的が可分であることに由来する。たとえば，A・Bが債務者Cに対して 50 万円の連帯債権を有しており，A・Bの内部関係において，25 万円の利益を取得するべきBがCに対して債務免除をした場合，かりに不可分債権と同様の規定を置くとすると，AはCに 50 万円の履行請求をした後，あらためてCに 25 万円の利益を償還することになる。不可分債権については，不可分債権の目的が償還義務の目的と一致しないことから，429 条の規定に意味があるが，連帯債権については，金銭の支払を繰り返すことは無用な重複であり，端的に，Cに対して，Bが受け取るべき 25 万円を控除した 25 万円の限度で請求することができるとすれば足りる。

第11講

多数当事者の債権関係（2）——保証

I 保証に関する改正の概要

保証人は，主たる債務者がその債務を履行しない場合に，保証債務を履行する責任を負うが（446条1項参照），これは，債権者から見ると，債務者が複数存在する点で，連帯債務者の場合と同じく，多数当事者の債権関係の場合の1つであると見ることができる。しかし，保証人と主たる債務者との間では，保証人は主たる債務者の債務を担保するため保証債務を負担するにすぎず，保証債務は主たる債務に対して付従性を有し，主たる債務が成立せず，あるいは事後に消滅したときは，保証債務も成立せず，あるいは消滅する（448条1項参照）。また，保証人が保証債務を履行した場合，主たる債務者との関係においては，保証人に負担部分はなく，主たる債務者に対して全額について求償権を行使することができる。→1

もっとも，保証人が主たる債務者に代わって保証債務を履行する場合，主たる債務者が債権者に対して債務を履行できない状況にあることが通常であるから，保証人が求償権を取得しても，実際に主たる債務者から弁済を受ける可能性は乏しく，保証債務を引き受けることは大きなリスクを伴うものといえる。

他方，保証債務を引き受ける時点では，いまだそのリスクが現実化しているとはいえず，保証債務を引き受けることの危険を保証人が十分に認識していない可能性があり，また，主たる債務者から委託を受ける場合，保証人は主たる

1｜ 求償権の範囲は，保証人が主たる債務者から保証の委託を受けたかどうか（459条），また，委託を受けなかった場合に，主たる債務者の意思に反していたかどうか（462条1項・2項）によって異なる。

債務者との人的関係（親族関係，親しい友人関係等）を考慮して，保証を引き受けてしまうおそれも少なくない。これらの事情を考慮し，平成16年の民法の現代語化に際して，保証契約の締結は書面によることが必要であるとする規定（446条2項）が新設された。

しかし，契約締結に際して単に書面の要件を課するだけでは十分な保護とはいえず，とりわけ，主な債務者が事業のために負担する貸金等債務に関する保証や根保証（特定の債務の保証ではなく，継続的取引関係において生じる不特定の債務の保証）について，保証人の保護を強化する必要が説かれていた。

このような問題状況を踏まえて，保証については，他の改正部分に比して，新しく，かつ詳細なルールを定める規定が多数設けられることとなった。その主要な改正事項は，①保証契約に基づいて負担する保証人の責任内容を整理・明確化したこと，②保証人を保護するために情報提供義務が設けられたこと，及び，個人保証人の保護の観点から，③根保証契約についてルールを整備したこと，④事業のために負担した貸金等債務の保証について保証人の意思確認の厳格化を図ったこと，である。

以下，各事例に即して改正の概要を取り上げるが，それらの前提として，まず注意を要するのは，保証契約は，保証人と債権者との間で締結される契約であり，主たる債務者が保証人に対して保証委託をする場合に，主たる債務者と保証人との間で締結される保証委託契約とは別個独立の法律関係であるという点である。この結果，たとえば，主たる債務者の欺罔によって保証委託契約を締結した場合でも，保証人が債権者との間で締結した保証契約にとっては，第三者による詐欺にすぎず（96条2項），債権者が主たる債務者の欺罔について悪意又は善意有過失である場合を除いて，保証契約を取り消すことはできない。

また，民法は通常の保証について規定するとともに，連帯保証に関する特別規定を置いている（454条）。両者は，主たる債務に対して付従性がある点では共通するが，通常の保証については，催告の抗弁（452条）及び検索の抗弁（453条）が認められるが，連帯保証の場合にはこれらの抗弁が認められない。これらの抗弁の有無に従い，通常の保証には補充性があるが，連帯保証の場合には補充性がないといわれる。しかし，実際には，保証契約の締結に際して連帯保証の合意がなされるのが一般的であり，以下の各事例においても保証人が連帯保証人となっている場合を前提とする。

II　保証債務の内容に関わる改正事項

［事例 1］

　Aは，2021 年 5 月 30 日，Bに対して 1000 万円を貸し付け，履行期は 2022 年 5 月 30 日とされた。CはBの委託を受けて，Bの債務について連帯保証人となった。以下の各場合にどうなるか。
(1)　CがBの債務について連帯保証人となった後，AとBの合意により，Bの債務の履行期は 2022 年 1 月末日に改められた。この履行期が到来してもBが債務を履行しない場合，AはCに対して保証債務の履行を求めることができるか。
(2)　Aは，2027 年 4 月 15 日にBに対して履行の催告をしたが，Bがこれに応じなかったことから，同年 9 月 5 日になって，AはCに対して保証債務の履行を求めた。この場合，Cは消滅時効を援用することができるか。
(3)　A・B間の金銭消費貸借契約締結に際して，Aの欺罔行為があった。2022 年 5 月 30 日が到来しても，Bが取消権を行使していないことから，AはCに対して保証債務の履行を求めた。Cはこれに応ずる必要があるか。この場合において，BがAに対して一部弁済をしていたときに相違が生ずるか。
(4)　Aは，履行期到来後，Cに対して保証債務の履行を求めた。その時点で，BはAに対して履行期の到来した 300 万円の金銭債権を有していた。この場合，CはBのAに対する反対債権を自働債権として相殺することができるか。
(5)　Aは，2027 年 4 月 15 日，Cに対して保証債務の履行を請求したが，Cがこれに応じなかったことから，同年 9 月 5 日になって，AはBに対して主たる債務の履行を求めた。この場合，Bは消滅時効を援用することができるか。

1　保証契約締結後の主たる債務の変更

　保証債務は，主たる債務に対して付従性を有し，保証契約締結後に，主たる債務の履行期が猶予され，あるいは一部の免除があった場合，保証人は主たる債務者が引き受けている負担以上の負担を負わないから（448条1項），履行期の猶予や一部免除の効果は保証人にも及ぶ。

しかし，これとは反対に，保証契約締結後に，債権者と主たる債務者の合意により，主たる債務の履行期が早められ，あるいは債務額が増加した場合に，保証人の関与なしに保証人に不利益を及ぼすことはできないから，債権者と主たる債務者の合意により，主たる債務者の負担を重くする合意をしても，その効果が保証人に及ぶことはない。この点は，旧法の下でもすでに異論のない解釈であったが，448条2項は，この趣旨を明文で規定した。

したがって，［事例1］(1)において，Cは2022年1月末日が到来しても履行に応ずる必要はなく，引き続き，同年5月30日まで期限の利益を有している。

2　主たる債務者についての時効の完成猶予・更新

小問(2)において，AのBに対する債権の消滅時効については，Aが履行期を認識していることから，166条1項1号が適用されるが，Aは，2027年4月15日に履行の催告を行っており，150条1項に従い，催告の時から6ヶ月が経過するまでは時効は完成しない。では，この時効の完成猶予の効果は保証人Cにも及ぶのか。

まず，153条1項〜3項の原則によれば，時効の完成猶予や更新は，その事由が生じた当事者（及び承継人）の間でのみ効力が生ずることになるが，保証人については，457条1項による例外が認められる。これは，旧法において，時効の中断に関して同様の規定が存在していたところ，時効制度の改正に伴って，時効の中断が時効の完成猶予と更新に改められたことを受けて（**第4講**91頁以下参照），457条1項もそれに対応したものである。

したがって，小問(2)において，Aが時効完成前にBに対して催告をすることにより，Bに対して時効の完成猶予の効果が生じると，この効果は457条1項に従い，保証人Cにも及ぶ。この場合に注意を要するのは，Cは主たる債務についても，自ら負担している保証債務についても，時効の完成猶予の効果を受けるという点である。

また，小問(2)とは異なり，たとえば，Bが債務の一部を弁済した場合，これは152条1項の権利の承認に当たり，Bの債務について時効の更新が生ずるが，その効果もCに及ぶ。

3　主たる債務者の有する抗弁の援用

まず，小問(3)において，BがAに対して詐欺を理由とする取消権を行使することができる場合に，Bが実際に取消権を行使すると，Bの契約上の返還債務は遡及的に消滅し，付従性によってCの債務も消滅する。→2 しかし，Bが取消権を行使するまでは，A・B間の消費貸借契約は不確定的に有効であり，この場合，Cが履行請求に応ずる必要があるかどうかが議論されてきた。

旧法の下で，判例（大判昭和20年5月21日民集24巻9頁）は，Cは取消権を行使することができないとし，通説もこれを支持しつつ，主たる債務が取り消されるかどうかが確定するまでの間，保証人は履行拒絶権を行使しうると解してきた。この点は，解除権についても同様に当てはまる。

457条3項は，取消権・解除権について，従来の通説の解釈を明文の形で定めるものである。

もっとも，取消権については，Bが追認可能時以後に追認の意思表示をした場合や，小問(3)の後半の事例のように，Bが追認可能時以後に一部弁済をすることにより，125条1号に従って法定追認の効果が生じると，Bの取消権が消滅する。その場合には，Cは457条3項の援用はできなくなる。

2｜　この場合，契約が無効になっても，BはAから受領した金銭について不当利得返還債務を負うから，Cはその債務について保証人として責任を負うかどうかが問題となりうる。しかし，金銭消費貸借契約と不当利得返還債務は履行期が異なるなど，債務内容が同一とはいえず，また，保証債務の内容は書面によって明らかにする必要があることから，消費貸借に基づく返還債務に関する保証契約の効力は，原則として，契約が無効となる場合の不当利得返還債務に及ばないと解するべきである。

また，小問(4)については，主たる債務者が有する債権を自働債権とする相殺の可否が問題となるが，旧457条2項は，主たる債務者の債権をもって相殺することができるとしていた。しかし，連帯債務の場合と同様に（439条2項。**第10講**204頁以下参照），主たる債務者の意思を無視して保証人の相殺を認めることは不要であり，また，主たる債務者の財産管理に対する過剰な介入となるから，457条3項は，相殺についても，取消権・解除権と同じく，相殺がなされれば債務を免れるべき限度において履行拒絶権を認めている。

したがって，小問(4)において，CはBに代わって相殺することはできないが，300万円については履行拒絶権を有し，700万円の限度で履行に応ずれば足りる。

4 連帯保証人に対する履行請求の効果

小問(5)については，旧法の規定から重要な変更が生じており，とくに注意を要する。

すなわち，旧458条は，連帯保証人について生じた事由の効力について，旧434条〜440条を準用しており，これによれば，連帯債務者の一人に対して行った履行請求の効力が他の連帯債務者にも及ぶ（旧434条）のと同じく，連帯保証人に対して行った履行の請求の効力は主たる債務者にも及ぶことになっていた。したがって，小問(5)において，旧法によれば，Cに対する履行の請求により，Bに対しても履行の請求の効果が及び，したがって，時効の中断効（新法では時効の完成猶予）もBに及ぶから，その中断効が生じている間に，Bに対して履行請求をする場合，Bは消滅時効を援用することができなかった。

しかし，**第10講**205頁で述べているとおり，新法の下では，連帯債務者の一人に対して行った履行の請求は，441条本文に従い，他の連帯債務者には及ばないのが原則であり，このことは，連帯保証人に対して行った請求についても同様である。

したがって，小問(5)において，AがCに対して行った履行の請求は，Cに対して時効の完成猶予の効果を生じるが，その効果はBには及ばず，Bは消滅時効を援用することができる。

この結果を回避するためには，AはBとの間で，連帯保証人に対して行う履行請求の効果がBに及ぶとする特約を結んでおく必要がある（458条及び441条ただし書参照）。

Ⅲ　保証人の求償権

1　事前・事後の求償権

保証人が委託を受けた場合，一定の要件の下で，事前求償権（保証人が債権者に弁済をする前に行使できる求償権）を行使することができる（460条）。旧法が459条，460条に分けて規定していたものを新460条に統合し，また，旧460条3号の事由については，事前求償権の行使になじまないとして削除している。

事後求償権については，委託を受けた場合と受けなかった場合に分けて規定が置かれているが，基本的には，旧法の内容を維持するものである。そのうち，459条の2は，保証人が期限前弁済をした場合に関わるが，主たる債務者が有する期限の利益を奪うことはできないから，求償権を行使できるのは，主たる債務者について期限が到来した後であることを同条3項は確認的に明らかにしている。

2　事前・事後の通知と求償権

(1)　保証人の通知

保証人が債権者から履行の請求を受けて弁済する場合に，主たる債務者にあらかじめ通知をしなかったときに求償権の行使が制限されるかどうかについて，旧463条は，連帯債務の規定を準用するという体裁をとっていた。

これに対し，新463条は，直接その内容を規定している。

463条1項前段によれば，主たる債務者の委託を受けた保証人が，主たる債務者にあらかじめ通知をせずに弁済等の行為をしたときは，主たる債務者は債権者に対抗することができた事由（取消権，解除権，相殺，免除等）をもって保証人に対抗することができる。同項後段は，主たる債務者が相殺を対抗しえた場合に，事後どうなるかを規定するものである。たとえば，主たる債務者Bが債権者Aに対して，1000万円の債務に対して300万円の反対債権との相殺を主張できたところ，事前通知を怠った保証人Cが債務全額を履行した場合，Bは300万円については相殺できたことを抗弁として主張することができ，Cは700万円の限度で求償権を行使しうるにとどまる。しかし，その場合，Cは，Bが相殺をしていればAに対する債務が消滅していたはずであるから，Aに対して300万円について債務の履行を求めることができる。→3

また，保証人が弁済等をしたが，その事実を主たる債務者に通知しなかったため，主たる債務者が弁済等を行った場合，たとえば，債権者Aが保証人Cに対して履行請求をし，Cが保証債務を履行したが，Cが保証債務を履行した事実を主たる債務者Bに通知しない間に，BがAからの履行請求を受けて，債務が存在すると信じて弁済した場合，Bは，Cに対して，Bの弁済が有効であったとみなすことができる（463条3項)。これにより，BはCからの求償権行使を免れることができる。この場合，債権者Aは二重に利得を受けたことになるから，保証人Cは，Aに対して，Cが弁済したことによってAが得た利益を不当利得に基づいて返還請求することができる。

(2) 主たる債務者の通知

これに対し，463条2項は，主たる債務者からの事後通知に関する規定である。すなわち，委託を受けた保証人Cがいる場合に，主たる債務者Bが弁済等をしたことをCに通知をせず，その結果，CがBによる弁済等の事実を知らずに債権者Aに対して弁済等を行った場合に，Cは自己の行った債務消滅

3｜ 463条1項が，委託を受けた保証の場合についてのみ規定しているのは，委託を受けない保証の場合，462条1項及び459条の2に従い，保証人は「主たる債務者がその当時利益を受けた限度において」求償権を行使することができるにとどまり，債権者に対抗できる事由があった場合には，保証人の弁済によって利益を受けたとはいえず，463条1項の規定を待つまでもなく，求償権行使の範囲が限定されるからである。

行為を有効であるとみなすことができるとする。この結果，C は有効な弁済等を行った場合と同じく，B に対して求償権を行使することができる。この場合，B が A に弁済した額は A の不当利得となり，B は A に対してその返還を請求することができる。

Ⅳ　保証人に対する情報提供義務

［事例 2］

（1）　Aは，2021 年 5 月 30 日，Bに対して 1000 万円を貸し付け，履行期は 2022 年 5 月 30 日とされた。C は B の委託を受けて，B の債務について連帯保証人となった。B の債務の履行期が到来したが，C は，B が A に対する債務を履行したかどうか等について B から連絡を受けないままである。この場合，C が自己の負担する保証債務がどうなっているかを知るために，どのような手段を用いることができるか。
（2）（1）と異なり，B は A から借り受けた 1000 万円を 2021 年 10 月以後，毎月 50 万円ずつ 20 回に分けて弁済し，B が毎月の支払を怠った場合には B は残額について期限の利益を喪失する旨の特約が結ばれた。C は，これらの内容を了知して連帯保証人となった。その後，B から債務の履行状況について連絡を受けないままであったところ，A は，2022 年 5 月になって，C に対して，B は 2021 年 12 月以降，分割払債務の履行を怠っているとして，残債務全額の履行請求と，2021 年 12 月からの遅延損害金の支払を請求した。C はこれに応じる必要があるか。

1　債権者の情報提供義務

保証人を保護するための新設規定は，とりわけ，根保証契約や事業に係る債務についての保証に関するものが多いが，458 条の 2 及び 458 条の 3 は，保証一般についての情報提供義務を規定している。ただし，458 条の 3 は，保証人が法人である場合には適用が排除される。

保証人は，主たる債務の履行状況について利害関係を有するが，主たる債務者から正確な情報が伝えられているとは限らないことから，458条の2は，保証人が債権者に対して情報提供を求めることができることを定めたものである。このことは同時に，債権者が保証人の請求に応じて情報を提供した場合，主たる債務者から守秘義務違反の責任を問われることにはならないことを含意している。

この場合に，情報提供を求めることができるのは委託を受けた保証人に限られており，委託を受けずに保証人となった者には，情報提供を求める権利が認められていない。

> もっとも，委託を受けた保証人については，主たる債務者からの情報提供がなされる可能性があるが，委託を受けずに保証人となった場合には，債権者からの情報提供がより重要な意味を持つともいえ，委託を受けた保証人のみが情報提供を求めることができるとすることの政策的当否については検討の余地がある。

では，［事例2］(1)において，CがAに対して情報提供を請求したが，Aがこれに応じず，あるいは不十分・不正確な情報しか提供しなかった場合に，その効果はどうなるか。458条の2は，義務違反があった場合にどのような効果が生ずるかを具体的に規定しておらず，解釈に委ねられている。AがCに対して情報提供義務を負っている以上，その義務を本旨に従って履行しなかったときは，415条に従い，損害賠償請求が可能であると考えられるが，具体的にどのような損害の賠償請求が認められるかは必ずしも明らかではない。また，保証契約上の義務違反があったとして，保証契約の解除を認めることも考えられるが，解除の要件を充たすのはどのような場合かが明らかとはいえず，保証人が債権者の情報提供義務違反を理由としてどのような救済を受けることができるかは，今後の議論に委ねられている。

2　債務者の期限の利益喪失に関する情報提供義務

458条の3は，個人保証に限定して（同条3項参照），期限の利益喪失に関する債権者の情報提供義務を規定するものである。1の情報提供義務は，保証人の請求があった場合に認められる義務であるが，458 条の 3 の規定による情報提供義務は，債権者が期限の利益喪失の事実を知ったときは，保証人の請求がなくても履行される必要がある。

［事例 2］(2)において，A は，B が期限の利益を喪失したことを知った時から 2 ヶ月以内に C に対してその事実を通知する必要があり（458 条の 3 第 1 項），A がこの通知を怠ったときは，C に対して，B が期限の利益を喪失した時から 1 項の通知をするまでに生じた遅延損害金の支払請求をすることができない（同条 2 項）。たとえば，遅延損害金についての約定利率が年利 2 割とされ，期限の利益喪失時に債務残額が 800 万円であり，その時から 1 年が経過した後に，その事実を C に伝えた場合，それまでの 1 年間の遅延損害金 160 万円（＝800 万円×0.2）を C に請求することができない。

V　個人根保証の場合

[事例 3]

(1)　A は，2021 年 5 月 30 日，B に対して甲建物を賃貸し，C は，A・B 間の賃貸借契約に基づいて B が負担する一切の債務について保証人となった。B は，2024 年 6 月，ガス器具の取扱いを誤り，甲建物が事実上滅失する事故を起こした。この場合，A は C に対して，この事故によって生じた損害 1000 万円の支払を求めることができるか。
(2)　(1) において，C が保証人となった際，元本の確定期日は定められていなかった。C は，2024 年 5 月 30 日が到来した時点で，元本が確定したと主張することができるか。
(3)　(1) において，(a) 2023 年 10 月 8 日に B が死亡し，B の単独相続人 D が 2024 年 6 月に事故を起こした場合，(b) 2023 年 10 月 8 日に C が死亡した場合に，それぞれ保証契約の効力はどうなるか。

1　極度額の設定

債権者を A，債務者を B，保証人を C として，B が A に対して負担する特定の債務についてCが保証人となる場合には，Cがどのような負担を引き受けることになるかはCも認識することができる。しかし，AとBが継続的な契約関係にあり，その契約関係に基づいて発生する債務についてCが保証人となる場合，実際にCがどれだけの負担を引き受けることになるかは，A・B間の継続的な契約関係に依存する。

このような場合の保証を根保証というが，すでに平成16年の民法の現代語化と同時に行われた改正により，旧465条の2が，貸金等根保証契約については，極度額（保証人が引き受ける負担の上限額）を定める必要があり，極度額の定めを欠く貸金等根保証契約は無効であるとしていた（同条2項）。

しかし，旧規定は，貸金等根保証契約に限定したものであり，たとえば，[事例3] のように，賃貸人・賃借人間の継続的な契約関係に基づいて生じる賃借人の債務を継続的に保証する場合には適用されないものであった。

新465条の2は，この点を改め，主たる債務の範囲に含まれる債務の内容を問わず，極度額を定める必要があり，また，極度額の定めについて書面性の要件が必要であることを規定している（同条3項）。

したがって，小問(1)において，A・C間の保証契約締結に際して，極度額が定められていた場合，Cはその限度で保証債務の履行義務を負うが，極度額の定めがなかった場合，根保証契約は無効であり，AのCに対する履行請求は認められない。

2　元本の確定

極度額の設定については，主たる債務の範囲に含まれる債務の内容を問わないものに改められたが，元本の確定については，貸金等根保証契約の場合とそれ以外の場合との間で相違があることに注意が必要である。

[事例3] とは異なり，A・B間においてCが個人として貸金等根保証契約を締結しており，元本の確定期日について定めがなかったときは，465条の3第2項に従い，契約締結日から3年が経過した時点で元本が確定する。したがって，その後に元本が増加し，その額が極度額の範囲内であっても，Cは確定した元本の限度で履行義務を負うことになる。

しかし，[事例3]（2）の場合には，賃貸借契約について根保証契約が締結されており，465条の3の適用がないから，元本の確定期日について定めがない場合，3年が経過しても元本確定の効果は生じない。賃貸借契約の場合，債権者と主たる債務者の契約関係は長期的に存続することが予定されることが多いが，そのような場合に，一定の期間経過後に元本確定を認めると，それ以後については保証人がないまま賃貸借関係が存続することになる。この点を考慮し，一定期間の経過による元本の確定は，貸金等根保証契約の場合に限るものとされた。

これに対して，465条の4に規定される元本確定事由は，個人根保証契約一般について適用がある。したがって，小問（3）において，（a）のように主たる債務者が死亡した場合，あるいは，（b）のように保証人が死亡した場合，465条の4第1項3号に従い，元本が確定する。

事例からは離れるが，注意を要するのは，465条の4第2項の確定事由は個人貸金等根保証契約の場合に限られる点である。1項と対比して理解すると，債権者Aが保証人Cに対して強制執行や担保権の実行の申立てをしたときは，それにより元本が確定するが，Aが債務者Bに対して強制執行や担保権実行の申立てを行っても，貸金等根保証契約以外の個人根保証契約については元本確定事由とはならないことが分かる。賃貸借契約は，主たる債務者である賃借人が破産した場合でも終了しないが，賃借人に対する強制執行や担保権実行の申立てが行われることにより元本が確定すると，その後に存続する賃貸借契約について保証人がいない状態になるからである。

Ⅵ　事業に係る債務についての個人保証の場合

1　公正証書の作成

事業のために負担する貸金等の債務について保証人となる場合，保証債務の額が高額となり，保証人の生活が破綻する危険性が高くなるが，従前においては，446条2項の書面性のみが要件とされ，より厳格な要件を立てる必要性が指摘されていた。一部には，事業に関する債務については個人保証を一律に禁止する提案も見られた。しかし，個人保証人の保護を過度に進めると，たとえば，十分な物的担保を提供することができない中小企業などが資金調達をすることが困難になるとの指摘も見られた。

新法は，個人が，事業のために負担した貸金等債務を主たる債務として保証契約（及び事業のために負担する債務が含まれる根保証契約）を締結する場合，契約締結前の1ヶ月以内に作成された公正証書によって，保証債務を履行する意思を確認することとし，その方式についても詳細に規定している（465条の6第1項及び2項。同条3項は，法人が保証人となる場合に前2項の適用を除外している）。公正証書は，法律専門家であり，公的機関である公証人が作成する文書であり，保証契約の一般的要件である単なる書面とは，要件の厳格さにおいてきわめて大きな違いがある。

もっとも，公正証書の作成に関する465条の6〜465条の8の規定は，465条の9の各号に該当する場合，その適用が排除される。

とくに，保証人が個人であっても，「主たる債務者が法人である場合のその理事，取締役，執行役又はこれらに準ずる者」（465条の9第1号），「主たる債務者（法人であるものを除く。以下この号において同じ。）と共同して事業を行う者又は主たる債務者が行う事業に現に従事している主たる債務者の配偶者」（同条3号）等の場合には，保証人が主たる債務者の財産状態や収支の状況等を把握しており，公証人による意思確認等が不要であると考えられたものであるが，とりわけ，3号の場合については，身分関係上，保証人となることを断ることが難しい場合もあり，疑問も少なくない。

2　契約締結時の情報提供義務

先述した，保証契約存続中の一般的な情報提供義務とは異なり，主たる債務者が，法人でない保証人に対して，事業のために負担する債務を主たる債務とする保証（及び事業のために負担する債務が含まれる根保証）の委託をする場合，主たる債務者は，465条の10に従い，委託をする相手方に対して，同条1項各号に掲げる情報を提供する義務を負う。465 条の 6 の場合とは異なり，事業のために負担した貸金等債務の保証に限らず，より一般的に，事業のために負担する債務の保証について適用される。

465 条の 10 第 1 項の情報提供義務違反の効果は 2 項が規定している。すなわち，主たる債務者が 1 項の情報提供義務に違反し，1 項各号に掲げられた情報を提供せず，あるいは事実と異なる情報を提供したために，委託を受けた者が誤認し，それによって保証契約を締結した場合に，そのことを債権者が知り，又は知ることができたときは，保証人は保証契約を取り消すことができる。詐欺の場合とは異なり，主たる債務者の欺罔の故意は不要であり，保証人は，①客観的な義務違反があったこと，②義務違反により誤認をし，その誤認によって保証契約締結の意思表示をしたこと，及び，③債権者が主たる債務者の情報提供義務違反を知っていたか，知ることができたことを証明することができれば，保証契約を取り消すことができる。

第12講

債権譲渡と債務引受

I 債権譲渡及び債務引受に関する改正の概要

債権譲渡については，主として，①債権の自由譲渡性とその制限，②将来債権の譲渡，及び，③債務者が債権の譲受人に対して主張することができる抗弁に関する改正が行われた。このほか，④従来，指名債権の譲渡と証券的債権（指図債権，記名式所持人払債権，無記名債権）の譲渡との間で区別が存在したが，有価証券に関する規定が新設され（520条の2〜520条の20），証券的債権の譲渡に関する旧規定が削除され，指名債権の譲渡は単に債権の譲渡とされている。同時に，無記名債権を動産とみなすとする旧86条3項も削除された。

有価証券の問題は，主として商法に関わるものであり，本講では，①〜③を取り扱う[→1]。

債務引受[→2]については，旧法に規定がなく，もっぱら解釈論によって問題の解決が図られてきた。新しい債務者が債務を引き受ける場合に，従来の債務者も引き続き債務を負担する類型（併存的債務引受）と，従来の債務者が債務を免れる類型（免責的債務引受）とが理論的に区別されてきたが，新法は，この区別に応じて規定を新設しており，その概要についても取り上げる。

1｜ 有価証券の譲渡については体系書での対応も分かれている。たとえば，中田裕康『債権総論』694頁以下では詳しく論じられているが，潮見佳男『債権総論』455頁は，商法・有価証券法の教科書に譲ると述べるにとどまっている。

2｜ 「債務の引受け」と表記する場合には送り仮名が必要となる。民法第3編第1章第5節のタイトル及び同節第1款のタイトル参照。

II　債権譲渡

1　債権の自由譲渡性とその制限

[事例 1]

（1）　A は革製品の製造・販売を業とするメーカーであり，取引先である B に対して，500 万円の売掛代金債権（甲債権）を有している。B は A との間で，A・B の間で発生する債権については，譲渡することができないとする特約を結んでいた。しかし，A は，原材料を早急に調達する必要が生じたことから，甲債権を第三者 C に 450 万円で売却した。甲債権の履行期が到来し，C は B に履行請求をしたが，B は A との特約が存在したことを理由にこれを拒絶した。C の履行請求は認められるか。
（2）　（1）において，C の債権者 G が C の B に対する債権を差し押さえた場合に，G は B に対して甲債権の履行請求をすることができるか。
（3）　A は D 銀行に対して預金債権（乙債権）を有しており，A と D の間で，A は D に対して有する預金債権を譲渡することができない旨の特約が存在している。A が乙債権を第三者 E に譲渡し，E が D に対して預金の払戻しを求めた場合，D はその履行を拒絶することができるか。
（4）　（3）において，A が乙債権を譲渡していない状態で，A の債権者 G_2 が乙債権を差し押さえて，D に対して乙債権の履行を求めた場合にはどうなるか。

（1）　譲渡制限特約の効力（1）——預貯金債権を除く債権についての原則 →3

（a）　物権的効力の否定——債権の譲渡性の確保

旧 466 条 1 項は，新 466 条 1 項と同じく，債権は原則として自由に譲渡することができると規定するが，旧 466 条 2 項は，当事者が反対の意思表示をした場合には 1 項が適用されないとしつつ（本文），譲受人が「善意」であったときは，譲渡制限を対抗することができないとしていた（ただし書）。この場合の「善意」について，判例・学説は一致して，単に善意であるだけでなく，重過失がなかったことが必要であると解してきた。

この譲渡制限の意味について，旧法下の判例（最判平成 9 年 6 月 5 日民集 51

巻5号2053頁）・通説は，特約に違反してなされた債権譲渡は，債務者に対する関係においてのみならず，債権譲渡の当事者の間でも無効であると解してきた（譲渡禁止に物権的効力があるといわれてきた）。

譲渡制限特約は，とくに債務者にとって債権者が誰であるかを確知することができるというメリットを有するが，その反面，債権者からすると，自己の有する債権，とくに金銭債権を利用して資金を調達しようとすることが困難になるというデメリットが存在する。そこで，改正に際して，債権をより自由に譲渡することができる必要性が重視され，債権は，たとえ譲渡制限特約があっても自由に譲渡することができるとされ（新466条2項），ただ，その例外として，預金債権・貯金債権については旧466条2項と同趣旨の規定を置き，譲渡制限特約に物権的効力が認められている。この例外については後述する。[→4]

新法の下でも，債務者が，債権者を固定することにより，弁済の相手方を確知することができる必要性が存在することには変わりがないから，債務者は債権者との間で譲渡制限特約の合意をすることにより，一定の範囲でこの必要性に対応することができる。すなわち，債権者が譲渡制限特約に違反して債権を譲渡した場合，譲受人が譲渡制限特約について悪意であるか，重大な過失によって特約を知らなかったときは，債務者は466条3項の規定に従い，債務の履行を拒絶することができる。

この結果だけを見れば，一見すると，旧法の解釈と異なるところがないように思われる。しかし，旧法とは異なり，新法の下では譲渡制限特約に反してなされた債権譲渡も有効であることに変わりがなく，したがってまた，譲受人が正当な債権者となる。これが具体的にどのような帰結をもたらすかを，以下，

3｜　旧法の下では債権譲渡禁止特約という言い方が一般的であったが，債権の譲渡をすべて禁止する場合のほか，たとえば，一定の第三者に対する譲渡を制限する場合，あるいは，一定の要件を充たす場合にのみ譲渡を認める等の場合も考えられることから，新法は「譲渡制限の意思表示」と呼んでいる。また，通常は，譲渡制限を定めるためには債権者と債務者の合意が必要となるが，単独行為に基づいて発生する債権については，債務者の単独の意思表示によって譲渡制限をすることがありうることから，「特約」ではなく，「意思表示」としている。本文では，債権者・債務者間の特約による譲渡制限を前提としている。

4｜　中田裕康他著『債権法改正』208頁以下（沖野眞已執筆）は，実務上の重要性を考慮して預貯金債権の特則を先に解説している。

［事例 1］に即して検討する。

(b)　債権者の履行請求に対する履行拒絶権

［事例 1］(1)において，Aが，Bとの譲渡制限特約に違反して甲債権をCに譲渡した場合にも，A・C間の譲渡は466条2項に従って有効であり，Cは甲債権の正当な債権者となる。したがって，履行期が到来すれば，CはBに対して履行請求することができ，Bは原則としてこの履行請求に応じる必要がある。

しかし，CがA・B間の譲渡制限特約を知っていたか，重大な過失によってこれを知らなかったときは，Cが正当な債権者であるにもかかわらず，BはCの履行請求を拒絶することができる。この場合にも，Aはもはや債権者ではないから，本来，AはBに対して履行請求をすることはできないが，Bの側から，Aに対する弁済や相殺等の債権を消滅させる行為を行った場合，これをもってBはCに対抗することができる。この場合，Bから弁済を受領したAは，Cとの関係では無権利者であり，弁済を受領する法律上の原因を欠いているから，CはAに対して，Aが受領した弁済金等を不当利得に基づいて返還請求することができる。

また，Bが有する履行拒絶権は，あくまでBの利益を保護するためのものであるから，Bは，Cが債権者であると認めて，Cの履行請求に応ずることもできる。この点は，条文からは明らかではないが，すでに旧法下においても解釈によって認められていた結論であり，改正の審議過程においても，このことは当然の前提とされていた。

(c)　譲渡人への履行請求

BがCに対する関係において履行を拒絶することができる場合に，債権者ではないAも，Bに対して履行請求をすることができない。しかし，その場合，BはCに対しても，Aに対しても履行を拒絶することができることになるが，Cは，これに対抗する手段として，466条4項に従い，Bに対して相当の期間を定めてAに履行するように催告することができる。Bが期間内に履行しなかったときは，Bは466条3項の適用が排除され（同条4項），BはC

の履行請求に応じる必要がある。

(d)　債務者の供託権

Bは，466条3項の要件を充たす場合には履行を拒絶することができるが，譲渡制限特約のある金銭債権が譲渡された場合には，供託をすることができる(466条の2第1項)。この場合，BはA及びCに対して，遅滞なく供託の通知をする必要がある（同条2項)。

466条の2は，Bの不安定な地位を考慮するものである。すなわち，Bは，譲渡制限特約がある場合に，Cの履行請求を拒絶することができるかどうかについて判断に迷う可能性がある。たとえば，Cからの履行請求に対し，Cが譲渡制限特約について悪意ないし知らないことについて重大な過失があると考えて履行請求を拒絶しても，実際には466条3項の要件が備わっていなかった場合，Bは履行遅滞責任を負うことになる。

そこで，466条の2第1項は，Bに供託権を認めて，供託することにより誰に対して履行すべきか不確実な状態を回避することができるものとしている。この場合，AとCの間で正当な債権者はCであるから，供託金の還付を請求できるのはCのみである（同条3項)。

なお，供託については，494条2項において債権者不確知の場合の供託が認められているが，466条の場合には，債権者はCであることは確定しており，[→5] 494条2項に該当するかどうか疑義が生じたことから，466条の2がとくに定められた。また，対象を金銭債権に限定しているのは，金銭が目的物の性質上供託に適合的であることが考慮されたものと考えられる。[→6]

5｜　旧法の下では，譲渡制限特約について悪意又は重大な過失があれば，物権的効力により譲受人は債権者ではないことになるから，旧494条後段（新494条2項はこれに対応する規定）による弁済供託が可能であることについて異論はなかった。

6｜　このほか，466条の3は，譲渡人の破産手続が開始した場合，譲受人が債務者に対して供託するように請求できる旨を規定しているが，この点の解説を省略する。

(e) 譲渡制限特約の付された債権の差押え

小問(1)において，Aが，譲渡制限特約が付された甲債権をCに譲渡しておらず，債権者にとどまっている状態で，Aの債権者Xが甲債権を差し押さえた場合には，たとえXが譲渡制限特約について悪意又は重大な過失があっても，Xは差押えに基づいて甲債権を取り立てることができ，また転付命令を取得することができる（民執159条，160条参照）。差押債権者に対しても，債権の譲受人と同じく履行拒絶ができることになると，債権者・債務者という私人間の特約によって差し押さえることのできない財産を創出することを認めることになるからである。すでに，旧法下の判例（最判昭和45年4月10日民集24巻4号240頁）・学説において認められてきた考え方であるが，466条の4第1項はこの趣旨を明文で規定し，差押債権者に対して466条3項の適用は排除され，債務者は履行拒絶することができない。[→7]

この例外となるのが，466条の4第2項の場合である。小問(2)において，譲渡制限が付されていても，甲債権の債権者がCであることに変わりがないから，[→8] Cの債権者Gは原則として，CのBに対する甲債権を差し押さえることができる。しかし，Bは，本来の債権者であるCからの履行請求に対して，Cが悪意又は重大な過失があったときは履行を拒絶することができたのであるから，そのような事情が認められるときには，Cの債権者である差押債権者Gに対しても，Cに対して主張しうるのと同様に，履行を拒絶し，また，旧債権者Aに対する弁済等をもってCの債権者Gにも対抗することができる。

(f) 譲渡制限特約違反の効果――債務者と旧債権者の関係

譲渡制限特約が物権的効力を持たないとしても，Aが，AとBの譲渡制限特約に反して債権を譲渡した場合に，BはAの特約違反を理由として損害賠

7｜ なお，条文の文言は，「強制執行をした」差押債権者に限定しており，担保物権に基づいて差押えをした場合を含んでいない。約定の担保物権については当事者の合意に委ねるとしても，法定担保物権である先取特権に基づく差押えについては，466条の4の適用を認めるべきであるとする考え方が有力である。

8｜ 旧法において物権的効力が認められる場合には，Cは甲債権の債権者ではないから，Gは甲債権を差し押さえる余地はなかった。

償請求や継続的な取引関係を解除することができるかどうかが問題として残されている。

466 条 1 項・2 項の趣旨や，債務者の利益は 466 条 3 項，466 条の 2 等で十分に保護されていることから，解除を認めることには消極的な意見が多数であり，また，損害賠償請求については，債務者がどのような損害を被るかが問題となる。しかし，この点について，実務がどのように動いていくかを見守る必要があろう。

(2)　譲渡制限特約の効力(2)——預貯金債権[→9]の場合の例外

小問(3)においては，A と D 銀行の間で預金債権について譲渡制限特約が存在するが，この場合には 466 条の 5 の特則が適用され，466 条 2 項の適用はなく，悪意又は重大な過失がある譲受人は債権者であると主張することができない。したがって，D は，譲受人 E が悪意又は重大な過失がある場合，乙債権を譲渡した A を正当な債権者として扱うことになる。また，実務的に，金融機関が預貯金について譲渡制限特約を付していることは広く知られた事実であり，したがって，預貯金債権を譲り受けた者は，かりに善意であっても重大な過失があると解されることから，事実上，債権譲渡の可能性は排除されているといえる。

この例外は，①預貯金システムが，旧法以来，預貯金債権の譲渡がないことを前提として構築されているものであり，このルールを変更することによって管理コストが著しく増大することになることに加えて，②預貯金債権は，日常的にも頻繁に入金・出金が繰り返されるものであり，債権者を特定する利益は，他の債権に比してきわめて大きいものであること，③預貯金債権はそれ自体として，現金とほぼ同視できる性質を有しており，債権の譲渡性を高めて資金調達を容易にするという必要性に乏しいこと，等を考慮したものである。

しかし，小問(4)のように，預貯金債権の差押えについては，たとえ差押債

9｜　貯金と預金は日常用語としてほぼ同じ意味で用いられるが，ゆうちょ銀行や農協などの機関にお金を預ける場合には「貯金」と呼ばれ，これら以外の金融機関にお金を預ける場合には「預金」と呼ばれる。

権者が譲渡制限特約を知っていた場合であっても，差押えの効力を否定することは私人間の合意により差し押さえることのできない財産を作り出すことを認めることになるから，466条の5第2項は，466条の4第1項と同様に，差押債権者に対しては譲渡制限特約の効力を対抗することができないとしている。

したがって，小問(4)において，DはG_2の履行請求に応ずる必要がある。

2　将来債権の譲渡

[事例2]

(1)　Aは開業医として医院を開設するに当たり，B銀行から開業資金として3000万円を借り受けることとした。Aは，借受金返還債務の担保として，Aが開業後に医師として取得するC（＝社会保険診療報酬支払基金）に対する診療報酬債権のうち，毎月50万円について，2021年4月1日から2024年3月31日までの将来債権を譲渡することとし，2021年3月20日，この譲渡について確定日付のある証書をもってCに通知した。

その後，2022年3月10日，Aに医療機器を販売したDが売買代金債権に基づいて，AがCに対して取得した同月分の診療報酬債権金額150万円を差し押さえた。Bはこの差押えの効力を争うことができるか。

(2)　(1)において，AがCに対する診療報酬債権全額を2021年4月分から2031年3月分まで譲渡していたときに相違が生ずるか。

旧法は，将来発生する債権（将来債権）の譲渡について規定を置いていなかったが，判例・学説は，将来債権の譲渡に関するルールを解釈によって形成してきた。

これによれば，①将来債権の譲渡が可能であり，②債権発生の可能性が高いかどうかは，債権譲渡の有効性に影響を及ぼさず（最判平成11年1月29日民集53巻1号151頁），③将来債権の譲渡に関する対抗要件は指名債権の譲渡の対抗要件の方法によって具備することができ，債権が未発生の時点でも対抗要件を備えることができる（最判平成19年2月15日民集61巻1号243頁）と解されてきた。

新 466 条の 6 はこれらのルールを条文として取り込むものである。1 項は未発生の債権，すなわち将来債権であっても譲渡することができると規定し，また，2 項は，将来債権が譲渡された場合，その発生時に特段の行為を必要とすることなく譲受人が債権を取得するとしている。さらに，新 467 条 1 項は，括弧書で将来債権の譲渡についての対抗要件を含む趣旨を明らかにしている。

したがって，[事例 2]（1）において，A は実際に開業してはじめて，各月毎に C に対する診療報酬債権を取得するが，B との間で合意した将来債権の包括的な譲渡は有効であり，かつ，C に対して確定日付ある通知をした時点で対抗要件を備えたといえる。したがって，D の差押えはこれに劣後するものであり，B は D の差押えを排除することができる。

もっとも，将来債権の譲渡が包括的かつ長期にわたってなされると，債務者や他の債権者の利益を著しく損なう可能性が生じる。この点について，上掲平成 11 年最判は，一般論として，以下のとおり説示していた。

> 「もっとも，契約締結時における譲渡人の資産状況，右当時における譲渡人の営業等の推移に関する見込み，契約内容，契約が締結された経緯等を総合的に考慮し，将来の一定期間内に発生すべき債権を目的とする債権譲渡契約について，右期間の長さ等の契約内容が譲渡人の営業活動等に対して社会通念に照らし相当とされる範囲を著しく逸脱する制限を加え，又は他の債権者に不当な不利益を与えるものであると見られるなどの特段の事情の認められる場合には，右契約は公序良俗に反するなどとして，その効力の全部又は一部が否定されることがあるものというべきである。」

この点は，新法の下でも同様に問題となりうる。466 条の 6 第 1 項は，一般的に将来債権譲渡が有効である趣旨を述べたにとどまり，その合意が事情によっては 90 条の公序良俗違反に該当することを排除するものではない。

したがって，小問(2)のような事情においては，A が過大な制限を被ることにならないか，また，B が，A の他の債権者に対して過大な担保を取り込むことになっていないか等を検討する必要がある。

なお，[事例 2] とは異なり，将来債権の譲渡が債務者不特定のままなされることもある。たとえば，Aが，貸金業者Bが将来取得する貸金債権の包括的譲渡を受ける場合，誰がBの借主となるかは，将来債権を譲渡する時点では特定していないから，467条1項の通知や承諾の方法による対抗要件を具備することはできない。しかし，その場合でも，Aは債権譲渡登記制度を利用することによって，第三者に対する対抗要件を備えることができる（動産及び債権の譲渡の対抗要件に関する民法の特例等に関する法律4条1項参照）。

また，466条の6第3項は，先述した譲渡制限特約との関係を規定している。すなわち，将来債権譲渡の対抗要件が具備される時点以前に譲渡制限特約がなされていたときは，その後に譲り受けた者は悪意とみなされ，反対に，対抗要件具備後に譲渡制限特約がなされたときは，譲受人は譲渡制限特約による影響を受けない。後者の場合，債権を譲渡した者は，債権について処分権限を失っているのであるから，処分権限を有しない債権について譲渡制限特約をしてもその効力が生じないのは当然であるといえる。

3　債務者の主張しうる抗弁

[事例3]

(1)　AはBに対して500万円の売掛代金債権（甲債権）を有している。Aは，2021年6月5日，甲債権をCに譲渡し，Bはこの譲渡についてA・Cに承諾する旨の通知をした。Cの履行請求に対して，以下の各場合に，Bは，Cの履行請求を拒むことができるか。

(a)　甲債権については，承諾の通知の時点で消滅時効が完成していた。

(b)　甲債権については，Cの履行請求前に消滅時効が完成した。

(c)　売買契約はAの強迫に基づくものであった。

(d)　売買契約はAの詐欺に基づくものであった。

(e)　Bが承諾の通知をした後に，Aが引き渡した目的物に不適合があることが発見され，BはAに履行の追完を請求したが，Aがこれに応じなかったことから，Bは契約を解除した。

(2)　(1)において，Aが甲債権をCに譲渡し，Bがこれについて承諾をした時点で，BはAに対する期限未到来の200万円の金銭債権（乙債権）を有していた。Cが甲債権の履行請求をした時点で，乙債権の履行期が到来していた場合，Bは乙債権を自働債権として200万円の限度で相殺すると主張することができるか。
(3)　(2) において，BのAに対する乙債権がBの承諾後に発生した場合にはどうなるか。

(1)　異議なき承諾制度の廃止

旧規定は，債権譲渡の対抗要件として，債権者による譲渡の通知と債務者による承諾を定めていたが，債権者が通知をしたにとどまるときには，債務者は通知を受けるまでに譲渡人に対して生じた事由をもって譲受人に対抗することができたのに対して（旧468条2項），債務者が異議なき承諾（異議をとどめない承諾）をしたときには，これらの事由を譲受人に対抗することができないとしていた（同条1項）。しかも，この場合の異議なき承諾は，異議がない旨を表示した場合に限らず，単に承諾をした場合も含まれると解されていた。したがって，債務者は，積極的に異議をとどめる旨を表示した場合を除いて，債権譲渡を承諾すると過大な不利益を受けるおそれが高く，立法論として批判が強かった。

新法はこの批判を考慮し，通知か承諾かを区別せず，一律に対抗要件具備時までに生じた事由をもって譲受人に対抗することができると規定している（新468条1項）。

もっとも，債務者が一般原則に従って自己の有する抗弁権を放棄することが妨げられるわけではないから，債権譲渡に対する承諾が抗弁権を放棄する趣旨を含んでいる場合には，その意思表示の効果として抗弁権の対抗は否定されることになる。しかし，そのような意思解釈は，債務者が受ける不利益を考慮すると，とくに慎重になされる必要があるほか，債務者の不利な地位を不当に利用して抗弁権を放棄させた場合には，その放棄自体が効力を有しないとされる可能性がある（90条，96条1項等）。

(2)　「対抗要件具備時までに譲渡人に対して生じた事由」

これをどの範囲で認めるかについては，議論が分かれうる。債務者が，譲受人の対抗要件取得時にすでに現実に主張しえた事由，たとえば，甲債権はすでに弁済した，あるいは，甲債権はその時点ですでに時効消滅していた甲債権に対して同時履行の抗弁を有していた等の事由を譲受人に対抗できることに異論はない。

しかし，対抗要件具備時に潜在的には存在していた事由が，その後に現実化する場合や，第三者保護規定が存在する場合に，468条1項による対抗を認めるべきかどうかが議論となりうる。

[事例3]（1）のうち，(a)については，すでに発生している時効援用権をCに対抗することができる。もっとも，譲渡の承諾の意思が債務の存在を承認したと解される場合には，Bが時効完成後に債務を承認したことになり，したがって，その後に時効援用権を行使できないと解される可能性が残る。その限りにおいて，譲渡人が譲渡通知をした場合とは異なる効果が生じることになる。

また，(b)の場合，債権譲渡がなされ，この譲渡について承諾をすると，甲債権の存在についてBが承認をしたといえるから，時効の更新が生じる。問題となるのは，対抗要件の具備が債権者の通知による場合である。通知があっても時効の進行は妨げられないから，そのまま時効期間が満了した場合，対抗要件具備後に時効が完成する。この場合，対抗要件具備の時点では時効完成には至っていないが，時効期間が進行中であり，その後，引き続き時効期間が満了して時効が完成すれば，時効を援用することができると解される。

小問(c)の場合，強迫による意思表示の瑕疵は甲債権の発生時に存在しており，したがって，取り消しうる契約に基づいて甲債権が生じたという事由は，当初から存在し，実際に取消権を行使していなくても，Cの履行請求に対して，取消権を行使して甲債権の消滅を主張することができる。

では，小問(d)の場合にはどうか。468条1項のみを見れば，強迫と同様に解することができるようにも見える。しかし，詐欺については，96条3項に従い，善意無過失の第三者には取消しの遡及効の対抗できないとされており，この規定による善意者保護との関係が問題となる。旧法下において，判例（大判大正3年11月20日民録20輯963頁）・通説は，A・Bが94条1項の仮装売買を行った場合に，その売買契約上の代金債権を譲り受けた第三者Cが善意であったときは，Cは94条2項の第三者として保護されるとしており，これとのバランスからすると，小問(d)においても，96 条 3 項の第三者保護規定が優先し，C が善意無過失である場合には，B は詐欺取消しの効果を主張できないと解すべきである。

小問(e)についても，引き渡されていた契約目的物が契約内容に適合しないものであった場合，買主 B は一定の要件の下で（564 条，541 条，542 条）契約を解除することができる。その場合，売買代金債務は A との関係では消滅するが，C が 545 条 1 項ただし書の第三者に当たるかどうかについて，議論が分かれている。判例は，解除によって消滅する債権の譲受人は 545 条 1 項ただし書の第三者には当たらないとしており，これに従うのが通説であるが，第三者保護規定のうち，94 条 2 項や 96 条 3 項の場合との区別が合理的かどうか議論の余地が残されている。

これらは，すでに旧法の下でも生じていた問題であるが，468 条 1 項の規定の解釈として，今後も争われることになる。→10

(3)　債権譲渡と相殺

債務者が譲渡人に対して有する債権を自働債権とする相殺を譲受人に対抗することができるかどうかという問題について，旧法には特別の規定がなく，旧 468 条 2 項の解釈問題として争われ，かつ，相殺と差押えの場合との異同について議論が対立していた。

469 条は，これについて規定を新たに設けて，債務者は，「対抗要件具備時より前に取得した譲渡人に対する債権による相殺をもって譲受人に対抗することができる」としている（1 項）。

したがって，小問(3)のように，C が対抗要件を備えた後に B が乙債権を取得した場合には，B は相殺を主張することができないが（これは，債権債務の対立がなく当然の結果といえる），小問(2)のように，C が対抗要件を具備した時

10｜　この議論の対立について，潮見佳男『債権総論』503 頁，中田裕康『債権総論』654 頁以下等参照。

点で，BがAに対する乙債権を有していたときは，対抗要件具備時に相殺適状にあったことが必要でないばかりか，甲債権の履行期が乙債権の履行期より先に到来し，Cが甲債権の履行請求をした時点では相殺適状になく，したがってBが履行に応ずる必要がある場合であっても，その後，Bが履行を遅滞している間に乙債権の履行期が到来したときは，BはAに対する相殺を主張して，200万円の限度でCの履行請求を免れることができる。

この点は，相殺と差押えについて，いわゆる無制限説を採用した511条と関連するが，後者の問題については，**第13講**で取り扱う。

> ［事例3］とは離れるが，469条2項についても補足する。Bが乙債権を取得した時点がCの対抗要件具備後であっても，乙債権を発生させる原因が対抗要件具備前に生じていた場合（同項1号）（たとえば，保証人の求償権発生が対抗要件具備後であるが，保証委託契約が先行していた場合），及び，「譲受人の取得した債権の発生原因である契約に基づいて生じた債権」（同項2号）（たとえば，将来発生する売買代金債権が譲渡された後に，売買契約が締結されたが，売買目的物に契約不適合があり，買主が売主に対して損害賠償請求権を取得する場合）に，債務者はこれらの債権を自働債権として相殺することができる。

Ⅲ　債務引受

1　規定の新設

Aを債権者，Bを債務者とすると，債務引受とは，BがAに対して負担するものと同一の債務をCが負担することをいう。債務引受のうち，Cの債務引受があってもBが引き続き債務を負担する場合を併存的債務引受，Cの債務引受によりBが債務を免れる場合を免責的債務引受という。本講231頁でも述べたとおり，旧法には債務引受に関する規定がなく，その要件・効果については，もっぱら解釈論によってルールが形成されてきた。実務的には重要な意味を持つ制度であり，今回の改正に際して規定が整備された。→11

2　併存的債務引受

まず，併存的債務引受については，470 条，471 条の規定があるが，これによれば，従来の債務者 B と債務引受をした債務者 C は連帯債務者となる（470 条 1 項）。併存的債務引受は，①債権者 A と新債務者 C の間の合意によることも（同条 2 項），②従前の債務者 B と新債務者 C の間の合意によることもできる（同条 3 項）。②の場合，B・C 間の合意は A の利益となる点で，第三者のためにする契約と利益状況が同じであることから，その効力は A の承諾時に発生する（同条 4 項も参照）。なお，とくに規定はないが，A〜C の三者間の合意によることができるのは当然であると解されている。

併存的債務引受においては，引受人 C は，B と同一の債務を引き受けるものであるから，471 条 1 項に従い，B が A に対して主張しえた事由をもって A に対抗することができる。また，C は，同条 2 項に従い，B が A に対して取消権，解除権を有する場合，保証人の場合と同じ範囲で履行を拒絶することができる。同項では相殺が掲げられていないが，これは，470 条 1 項を介して，439 条 2 項が適用されるためである。

B と C の間での負担部分がどうなるかは，①の場合に不明であることも少なくないが，とくに注意を要するのは，C が実質的には B の債務の保証人として併存的債務引受をする場合である。A・C 間の合意が保証契約であれば，**第 11 講**で取り上げたとおり，保証契約の有効性や保証人の責任内容について種々の制限規定が存在する。併存的債務引受の形式を利用した場合でも，それが実際には保証の趣旨であるときには，保証の規定を潜脱することは許されず，保証の規定が適用されることになる。もっとも，実際に，どのような場合に保証と同視できるかは，今後の解釈・適用の問題として議論されることになる。

11｜　すでに旧法においても債務引受の概念は用いられていたが（旧 398 条の 7 第 2 項，商法 18 条等参照），債務引受自体の要件・効果は解釈に委ねられていた。

3　免責的債務引受

免責的債務引受は，債権者にとって重大な変更・不利益をもたらしうることから，債権者にとって有利に働く併存的債務引受とは状況を異にする。

この場合も，①債権者Aと新債務者Cの間で行うことができ，従前の債務者Bの承諾は不要であり，AがBに対して通知をした時に効力が生ずる（472条2項）。Bは自己の意思に反して債務を免れることになるが，債務免除がAの単独行為によって可能であることとのバランスはとれているといえる（ただし，第三者弁済に関する474条2項とのアンバランスは残る）。また，②従来の債務者Bと新債務者Cの間での合意も可能であるが，債権者Aの承諾が必要であり（同条3項），これによりAの利益が確保されることになる。

免責的債務引受は，債務を旧債務者と交代して引き継ぐ点で，債権譲渡と裏返しの関係にあるともいえるが，これに応じて，Cは，免責的債務引受の効力が生じた時点でBがAに対して主張しえた抗弁をもってAに対抗することができる（472条の2第1項）。取消権，解除権については，同条2項参照。

消滅する債務について設定されていた担保権について，AはCが負担する債務のために移転することができるが（472条の4第1項本文），担保提供者がB以外の第三者であったときは，それらの第三者の利益を侵害することはできず，その承諾を得る必要がある（同項ただし書）。保証人についても同様であるが，保証契約の書面性は，債務者の交代の場合にも充たされている必要がある（472条の4第3項～5項）。

第13講

弁済その他の債務消滅原因

I　弁済等に関する改正の概要

民法債権編の第1章第6節「債権の消滅」は，弁済，相殺，更改，免除，混同に関する規定を含むが，債権消滅原因として最も重要であり，かつ最も通常であるのは弁済である。

弁済についての改正は多岐にわたっているが，とくに重要であるのは，①第三者弁済，及び，①とも密接に関連する制度である②弁済による代位である。とくに，②の問題については，弁済による代位という制度自体を正確に理解する必要があり，かつ，担保法の問題にも関わることから，やや詳しく取り上げる。①・②以外の改正事項については，後でまとめて略説する。

つぎに，相殺については，従来から議論のあった③相殺と差押えの問題を取り上げ，その他の改正事項については，まとめて略説する。

また，更改についても，要件の明確化のほか，一定の要件・効果について見直しがなされている。これらについても，その概要を略説する。

なお，債務消滅原因のうち，免除と混同については旧法がそのまま維持されている。

II　弁済(1)——第三者弁済

[事例1]

債権者Aは，債務者Bに対して履行期の到来した1200万円の金銭債権（α

債権）を有している。

（1） CはBの債務を担保するため，自己の所有する甲土地についてAのために抵当権を設定し，その登記を行っていた。また，Dは，Bから委託を受けることなく，Aとの間で連帯保証契約を締結していた。C，Dは債務者Bの意思に反して債務を弁済することができるか。

（2）（1）において，Aは，C又はDが弁済の提供をした場合に，その受領を拒絶することができるか。

（3）（1）において，甲土地の後順位抵当権者Eは，Bの債務を弁済することができるか。

（4）（1）において，Bの一般債権者FはBの債務を弁済することができるか。

（5）（1）において，Bの配偶者の父親GはBの債務を弁済することができるか。

（6）（1）において，HがBとの合意に基づいてBの債務の履行を引き受けていた場合，HはBの債務を弁済することができるか。

1 正当な利益を有する第三者

(1) 正当な利益を有する第三者の意義

旧474条は，債務の弁済は，①債務の性質がこれを許さないとき，②当事者が反対の意思表示をしたときを除いて，第三者もなしうるとし，ただ，「利害関係を有しない第三者」は，債務者の意思に反して弁済をすることができないと規定していた。

新474条は，①及び②については旧法の内容を基本的に維持しつつ，いくつかの改正を行っている。

まず，「利害関係を有しない第三者」を「弁済をするについて正当な利益を有する者でない第三者」に改めている。

旧法は，第三者弁済の可否については，「利害関係を有する第三者」であるかどうかという基準に従って判断していたのに対して，弁済者の法定代位が認められるかどうかについては，「正当な利益を有する第三者」であるかどうかを基準として判断していた（旧500条参照）。しかし，この両者の区別に意味があるのか，また，両者の基準が実質的に異なるのかについて議論が存在した。

旧法の下で，前者については，法律上の利害関係があることが必要であるとされ，たとえば，［事例1］(1)における物上保証人Cや，小問(3)における後順位抵当権者Eはこの意味での利害関係があることについて異論がなかった。しかし，単に事実上の利害関係では足りないとされ，たとえば，Bと一定の親族関係にある者（小問(5)のG）は利害関係を有する第三者には当たらないとされていた。小問(4)の一般債権者Fについては，利害関係を有する第三者の範囲をできるだけ広く解すべきであるとして，法律上の利害関係を有するとするものもあったが（我妻榮『新訂債権総論』〔岩波書店，1964年〕244頁），これに言及しないものも多かった。

他方，旧500条の「正当な利益」については，法律上の利害関係という抽象的な概念によって判断するのではなく，より具体的に，(a) 弁済をしなければ債権者から執行を受ける者，(b) 弁済をしなければ債務者に対する自己の権利が価値を失う者という解釈基準を立て，小問(1)における物上保証人Cや保証人Dは (a) の場合に当たり，また，小問(3)における後順位抵当権者Eのほか，小問(4)の一般債権者Fについても (b) の場合に当たり，正当な利益を有する者と解されてきた。

したがって，利害関係を有するかどうかという判断基準と正当な利益を有するかどうかという判断基準は，一般債権者について明確ではないところがあることを除いて，実質的にはほとんど相違がなく，広く利害関係が認められ，また，正当な利益が認められてきた。

弁済が問題となる場合以外の局面では，一般債権者や後順位抵当権者は単に事実上の利害関係を有するにすぎないと解されることが一般的であるが（たとえば，消滅時効の援用権），第三者弁済や弁済による代位の場面では，法律上の利害関係や正当な利益が広く肯定されてきたのは，もともと第三者弁済ができる範囲や代位ができる範囲を制限することには合理的な理由がないと解されてきたことによるものと考えられる。

もっとも，小問(5)のように，単に親戚関係があるにとどまる場合のほか，小問(6)において，HがAに対して併存的債務を引き受けない形で，Bとの間でBの債務を履行する契約を締結したにとどまるときは，Hは正当な利益を有する者には当たらないとされてきた（筒井健夫他編著『一問一答』189頁→1）。

新474条は，旧法におけるこのような状況を考慮し，弁済による代位に関する新500条と文言を一致させ，「弁済をするについて正当な利益を有する者」に当たるかどうかという基準で統一を図っている。これによれば，新法の下では，［事例 1］において，物上保証人C，保証人D，後順位抵当権者Eのほか，一般債権者Fも第三者弁済をするについて正当な利益を有すると解される。これに対して，旧法におけるのと同様に，親族関係を有するにすぎないGや履行の引受けをしているHは，474条2項の正当な利益を有する第三者には当たらない。もっとも，Hについては，同条3項ただし書の例外があり，HがBから履行の委託を受けていることを債権者Aが知っていたときは，Aの意思に反して弁済をすることができる。

もっとも，第三者弁済における「第三者」は，他人の債務を弁済する者であり，自己の債務を弁済する者は含まない。したがって，小問(1)のうち，Dは，連帯保証人として保証債務，すなわちD自身の債務を履行することにより，Bの債務が消滅するにすぎず，第三者弁済には当たらないと解されてきた。他方，弁済による代位については，保証人が正当な利益を有する者として代位することができることは，旧法下においても異論がなく，弁済ができる第三者と代位ができる第三者とは一致しない場合があると考えられてきた。新法の下でも同様に解するのが自然であるが，概念の整理という面が強く，実質的な結論は異ならない。

(2)　正当な利益を有する第三者が弁済することができることの意味

正当な利益を有する第三者は，債務者の意思に反しても弁済することができ(474条2項)，また，債権者もその受領を拒絶することができない（同条3項)。

したがって，債権者が，正当な利益を有する第三者の弁済を受領したときは，その弁済によって債務が消滅する。反対に，債権者がその受領を拒絶したとき

1｜　もっとも，この結論には異論の余地もある。HはBに対する関係において履行義務を負っており，その履行がなされないときには，Bに対して債務不履行責任を負う関係にあるから，その不履行責任を回避するために，Hは弁済をするについて正当な利益を有するともいえるからである。

は，本旨に従ってなされた弁済の提供の受領拒絶として，413 条の規定に従い，受領遅滞の責任を負う。

2　第三者が正当な利益を有しない場合

上述のとおり，正当な利益を有しない第三者の範囲は限られているが，その場合にも，第三者弁済が当然に排除されるわけではない。

まず，このような第三者は，原則として，債務者の意思に反して弁済をすることができない。この点は，旧 474 条 2 項も同様であったが，債権者 A は，小問(5)や(6)において，G や H の弁済が債務者 B の意思に反することを知らない場合もありうる。そこで，新 474 条 2 項は，ただし書を付加し，債務者の意思に反することを債権者が知らなかったときは，正当な利益を有しない第三者による弁済も有効であるとする。

また，債権者は，正当な利益を有しない第三者の弁済提供があった場合に，債務者の意思に反するかどうか不明であることも考えられることから，新 474 条 3 項は，債権者の受領拒絶権を認めている。正当な利益を有しない第三者が弁済の提供をした場合も，本来の原則からすると，債務者の意思に反しないのであれば有効な弁済の提供となるが，同項は，受領拒絶権を認めることにより，債権者が受領遅滞の責任を負わないことを明らかにしている。ただし，第三者が債務者から履行の委託を受けている場合に，債権者がこれを知っていたときは，債権者はその弁済の受領を拒絶することができない（474 条 3 項ただし書。この点について，上述 250 頁参照）。

III　弁済(2)――弁済による代位

[事例 2]

> 債権者 A は，債務者 B に対して履行期の到来した 1200 万円の金銭債権（α債権）を有している。

(1)　Bは，α債権を担保するため，自己の所有する甲土地にAのために抵当権を設定し，その登記を行った。Aが甲土地の抵当権を実行しようとしたことから，Bの一般債権者Cは，この抵当権の実行を阻止するため，Bの債務を第三者弁済した。この場合，CはBに対してどのような根拠に基づいて，どのような権利を行使することができるか。
(2)　(1)において，Cが，α債権のうち600万円を弁済した場合，AとCは甲土地の抵当権についてどのような関係に立つか。
(3)　(1)とは異なり，α債権を担保するため，第三者Dがその所有する乙土地にAのために抵当権を設定して，その登記を行い，また，他の第三者EがBの連帯保証人となった。EがAに対して連帯保証債務を履行した場合，EはB及びDに対してどのような権利を行使することができるか。
(4)　(3)において，Dのほかに，Fが，α債権を担保するためF所有の丙土地にAのために抵当権を設定していたときにはどうなるか。
(5)　(3)において，乙土地についてAのために抵当権登記がなされた後，物上保証人DがGから600万円を借り受け，Gのために二番抵当権を設定し，その登記を行った。EとDの間で，501条3項4号の規定とは異なり，Eが全額についてDに代位することができる旨の特約が存在した場合，Eはこの特約の効力を二番抵当権者Gに対して主張することができるか。
(6)　(3)において，Dは，抵当権設定後に乙土地を第三者Hに譲渡し，登記名義をHに移転した。Eがその後，保証債務を履行した場合，EとHの間で代位はどのように行われるか。

1　弁済による代位の意義

まず，改正事項の検討の前に，債務者以外の第三者（保証人等を含む）が弁済した場合に，弁済による代位がどのような意義を有するかを概説する。

第三者が弁済をした場合に，第三者において，その弁済により債務者の債務を確定的に消滅させ，債務者の免責を生じさせる意思があったときは，第三者は債務者に対して求償権を取得せず，したがって，その求償権の行使を確保するための制度である弁済による代位も生じない。たとえば，[事例2]（1）において，BがAに対して負担している債務を，一般債権者CではなくBの両親Pが代わって弁済した場合，PはBの債務を肩代わりして支払い，これにより

B の債務を消滅させる意図を持っていたと考えられることが少なくない。このような場合，P は事後に B に対して求償権を行使する意思を有しておらず，B の債務は確定的に消滅する。

しかし，たとえば，小問(3)において保証人 E が弁済した場合，E は，459 条，462 条等に従い，主たる債務者 B に対して求償権を行使することができる。また，物上保証人 D が弁済をした場合にも，372 条によって準用される 351 条の規定に従い，債務者に対して求償権を行使することができる。さらに，これらに該当しない場合でも，第三者が債務者からの委託に基づいて第三者弁済をしたときは，委任契約に基づき（650 条 1 項），また，委託を受けずに弁済をしたときは，事務管理（702 条 1 項・3 項）等に基づき，それぞれ求償権を行使することができる。

このように，第三者が債務者に対して求償権を行使することができる場合に，第三者の求償権行使を確保するため，民法は弁済者が原債権者に代わってその権利を行使することを認めている。これを弁済者の代位という。

この場合，今日のほぼ一致した理解によれば，代位をする弁済者は，原債権者が有していた原債権を取得し，これに伴って原債権のために設定されていた担保権を取得する（担保権の随伴性）。また，弁済による代位は，あくまで求償権を確保するためのものであるから，原債権の行使は求償権の範囲に限られる（501 条 2 項参照）。したがって，かりに，求償権の額が原債権を上回る場合でも，→2 原債権額を超えて原債権を行使することはできず，反対に，求償権の額が原債権を下回る場合には，求償権の額を超えて原債権を行使することもできない。

［事例 1］(1)に即していえば，第三者弁済をした C は，B から委託を受けていた場合を除いて，事務管理の規定に従って求償権を取得し，この求償権を

2｜　求償権についての約定利息が原債権の約定利息を上回る等の場合，債務者の履行が遅滞すると，求償権の元利合計額が原債権の元利合計額を上回ることがありうる。

確保するため，原債権者Aに代位して，Aの権利を行使することができる。この代位により，CはAがBに対して有していたα債権を取得し（α債権がAからCに移転し），これに伴って，Aが有していた甲土地の抵当権もCに移転する。したがって，Cは，Bが求償債務を履行しない場合，α債権に基づいて甲土地の抵当権を実行して，競売代金から優先弁済を受けることができる。この場合に，かりにCの求償権の範囲がα債権の額を上回る場合でも，Cが抵当権の実行によって優先弁済を受けることのできる範囲はα債権額（及び2年分の利息ないし遅延損害。375条参照）に限られるから，甲土地について後順位抵当権者がいた場合にも，後順位抵当権者は，Cの抵当権実行により，Aが抵当権を実行したときを超える不利益を受けることはない。

2　正当な利益の有無による区別

旧法は，弁済による代位について，弁済をするについて，①正当な利益を有する場合と，②正当な利益を有しない場合を区別し，①については，法律上当然に代位が認められる（＝法定代位）が（旧500条），②については，債権者の承諾がある場合にのみ代位が認められる（＝任意代位）としていた。法定代位と任意代位の区別は，(a) 債権者の承諾が必要かどうかという点のほか，(b) 原債権の移転について対抗要件を具備する必要があるかどうかにも関わっていた。すなわち，法定代位の場合には，原債権の移転について対抗要件の具備が不要であるが，任意代位の場合には対抗要件の具備が必要とされていた。

もっとも，旧法の下でも，(a) については，任意代位の場合でも，すでに債権の満足を得た原債権者が，自己の意思に従って代位の可否を自由に決めることができるとするのは疑問であるとし，原債権者は正当な理由がある場合を除いて，承諾を拒絶することができないとする解釈論が有力に主張されてきた。

新法は，この点を踏まえて，正当な利益を有していたかどうかに関わりなく，求償権の行使が問題となる限り，弁済による代位はつねに認められるとし，ただ，(b) の対抗要件具備について旧規定を維持することとしている（新499条，500条）。

3　一部代位

小問(2)のように，第三者が一部弁済をした場合に，原債権者と第三者がどのような関係に立つかについて，旧 502 条 1 項は，「その弁済をした価額に応じて，債権者とともに」その権利を行使すると規定していたが，その意味について，①原債権のために設定された抵当権を単独で実行することができるのか，及び，②抵当権の実行により得られる売却代金が，原債権者と代位債権者の双方の債権額に満たない場合，原債権者が優先するのか，あるいは，価額に応じた平等弁済になるのかという点で争いがあった。

新 502 条は，この点について明文の規定を置き，立法的に問題を解決した。すなわち，小問(2)に即していえば，①については，一部弁済により代位する債権者 C は単独で抵当権を実行することができず，原債権者 A の承諾を得る必要があるが（同条 1 項）[→3]，A は C の意思如何に関わらず，単独で抵当権を実行することができる（同条 2 項）。また，②については，甲土地の抵当権が実行され，売却代金が 1000 万円であった場合，A は債権の残額 600 万円について C に優先して弁済を受けることができ（同条 3 項），C は 400 万円について売却代金から弁済を受けることになり，残額は無担保の債権となる。[→4]

4　代位者相互の関係

小問(3)以下の事例のように，複数の利害関係者が存在し，そのうちの一人が弁済をして代位をする場合に，他の者との間での利益調整が必要となる。

3｜　旧法下における判例（大決昭和 6 年 4 月 7 日民集 10 巻 535 頁）は，代位債権者が単独で抵当権を実行することができるとしていた。通説は，原債権者が自己の判断に従って抵当権を実行する時期を選べる利益が害されることになるとして，判例を批判してきたが，新法は通説の立場を取り込んだものといえる。

4｜　抵当目的物件の売却代金について原債権者が代位者に優先するというルールは，旧法下における判例（最判昭和 60 年 5 月 23 日民集 39 巻 4 号 940 頁）・通説の立場を取り込んだものである。

(1)　保証人と物上保証人との関係

小問(3)のように，D が物上保証人であり，E が連帯保証人である場合に，何らの調整規定も存在しないと仮定すると，D が B の債務について第三者弁済したときは，D が A に代位し，B に対する α 債権を取得するとともに，連帯保証人 E に対して保証債務全額の履行請求をすることができることになる。反対に，E が連帯保証債務を履行した場合，E は α 債権を取得するとともに，D に対して，全額について抵当権を実行することができることになる。

しかし，D・E のいずれが先に弁済をするかによって，D・E の負担がまったく異なる結果になることには合理性がないと考えられる。すでに旧規定においても，保証人と物上保証人の間では，その数に応じて代位するとされていたが（旧 501 条 5 号本文），新 501 条 3 項 4 号はこれを維持している。また，小問(4)のように，複数の物上保証人が存在する場合には，まず，保証人と物上保証人の間の負担割合は人数によって決まり，物上保証人相互間の内部的な負担割合については，各財産の価額（乙土地と丙土地の価額）の割合に応じて決まる。この点も，旧規定と新規定の内容は同一である。

> なお，保証人が物上保証人の資格を併有する場合に，負担割合をどのように決めるかについては，旧法において争いがあった。改正の審議過程においては，この点に関するルールを定めることも検討されたが，一致した結論が得られず，新法においてもこの点に関する条文上のルールは存在しない。旧法下における判例（最判昭和 61 年 11 月 27 日民集 40 巻 7 号 1205 頁）・多数説は，このような場合，資格併有者を人数の上で一人と考え，全員の頭数に応じた平等の割合で代位すると解してきた。新法の下でも，この点をめぐる解釈論が続くことになる。→5

これらによれば，小問(3)において，連帯保証人 E は債務者 B に対する関係においては，求償権の範囲内で α 債権全額の請求をすることができるが，物上保証人 D に対しては，2 分の 1 に当たる 600 万円の限度で代位することができ，その範囲で抵当権に基づいて配当を受けることができる。また，事例とは逆に，D の抵当権が実行され，A が売却金から α 債権全額について満足を

5｜　議論の詳細について，中田裕康『債権総論』427 頁以下参照。

得た場合，Dは600万円の限度でEに対して連帯保証債務の履行請求ができる。

小問(4)の場合，DとFが物上保証人であり，Eが保証人であるから，Eの負担割合は3分の1であり，800万円についてD・Fに対して代位することができる。D・Fの負担割合は抵当目的物件の価額割合に従う。したがって，乙土地の価額が1200万円，丙土地の価額が800万円であったとすると，EはDに対して，800万円×1200／2000＝480万円，Fに対して800万円×800／2000＝320万円について代位することができる。

(2)　501条3項各号と異なる特約の効力

では，小問(5)のように，連帯保証人Eと物上保証人Dの間で，501条3項4号とは異なり，EがDに対して全額について代位することができるとする特約があった場合にはどうなるか。たとえば，Dが，B会社の代表取締役であり，会社の債務を担保するため自己所有の土地に抵当権を設定し，第三者Eに保証委託をするような場合，このような特約をすることが考えられる。

一見すると，この特約は，乙土地について二番抵当権を有するGの利益を害するかに見える。すなわち，もしD・E間の特約がなければ，Eは600万円の限度で代位することができるにとどまるから，乙土地が1200万円で売却された場合，Gは残額600万円について売却代金から自己の債権の満足を得ることができる。これに対して，特約が有効であるとすると，Eは1200万円全額について代位して，抵当権の売却代金をすべて受け取ることができ，二番抵当権者Gはまったく弁済を受けられないことになる。

しかし，旧法下における判例（最判昭和59年5月29日民集38巻7号885頁）・通説は，Gがこのような不利益を受けることになっても，これはGが自己のリスクとして引き受けるべきものであり，D・E間の特約はGにも対抗できると解していた。なぜなら，Gはもともと，Aの一番抵当権が存在する以上，Aがその抵当権を実行すれば，乙土地の売却代金のうち1200万円についてAがGに優先することを覚悟すべきであり，したがって，Gは一番抵当権によって担保される被担保債権額を考慮して，乙土地の担保価値を評価する必要があったからである。501条3項4号の規定により，Gが結果として利益を受けることがあるとしても，G が法律上保護される利益を有しているとはいえないのである。

もっとも，旧 501 条柱書は，「次の各号の定めるところに従わなければならない」と規定し，同条が強行規定であるかのような体裁となっていた。新 501 条 3 項柱書は，単に「次に掲げるところによる」と規定して，強行規定ではなく，したがって，当事者が異なる特約をした場合，その特約が優先する趣旨をより明確にしている。

(3) 「第三取得者」の意義

小問(6)において，物上保証人であった D が乙土地を第三者 H に譲渡した場合に，E と H の間での代位がどうなるか。この点について，旧 501 条 2 号は，「第三取得者は，保証人に対して債権者に代位しない」と規定していた。この規定を文字どおりに解釈すると，D からの譲受人 H は，抵当権が実行され，A が全額について満足を受けた場合にも，E に対して代位することができないことになる。しかし，もともと，E は D から代位される地位にあったにもかかわらず，抵当目的物件が H に譲渡されると代位が生じないという利益を受けるべき理由がない。旧 501 条 2 号が想定していたのは，債務者 B が自己の所有する抵当不動産を第三者に譲渡した場合であり，B は全額について負担を引き受けるべき関係にあったのであるから，B からの譲受人もそれと同じ立場に立つといえる。したがって，旧法下での一致した解釈によれば，旧 501 条 2 号にいう「第三取得者」は，債務者から抵当目的物件を取得した者に限られ，物上保証人からの第三取得者は含まれないと解されていた。

新 501 条 3 項 1 号，5 号は，この趣旨を文言上も明らかにし，同項にいう「第三取得者」は，「債務者から担保の目的となっている財産を譲り受けた者」であるとし（同項 1 号），物上保証人からの譲受人は物上保証人とみなす（同項 5 号）と規定している。したがって，小問(6)において，D からの譲受人 H は，E との関係では物上保証人とみなされ，小問(3)の場合と同一の結果となる。

なお，旧 501 条 1 号は，保証人が第三取得者に対して代位するためには，「あらかじめ」代位について付記登記をしておく必要があると規定していた。この規定は，保証人が弁済の前に事前に付記登記をする必要があるとする趣旨ではなく，弁済をした後，第三取得者が目的不動産の登記を取得する前にという意味であることについて異論はなかった。しかし，その場合であっても，第三取得者は抵当権登記が残っている状態で目的不動産を取得しているのであるから，第三取得者が不測の不利益を受けることにはならない。この点を考慮し，新501条は，旧501条1号を削除している。

Ⅳ　弁済(3)——その他の改正事項

弁済に関する上記以外の改正事項を以下に略説する。

①弁済の意義（473条）

弁済により債務消滅の効果が生ずることを明示した。

②旧476条の削除

制限行為能力者が弁済として引き渡した物について，有効な弁済をしなければ取り戻すことができないとしていた規定が，制限行為能力者の保護に欠けるものとして削除された。

③預貯金口座への払込み（477条）

預貯金口座への払込みにより弁済の効果が生じるのは払込みの時点ではなく，預貯金債権者が払戻しを請求する権利を取得した時点であることを明らかにした。

④債権の準占有者概念の改正（478条）

旧478条の「債権の準占有者」は，205条の準占有とは異なり，債権の受領権限を有するという外観を備える者という意味で解釈されてきたが，分かりにくい用語であることから，新478条は準占有者という概念に代えて「受領権者……以外の者であって取引上の社会通念に照らして受領権者としての外観を有するもの」に言い換えている。同条の条文タイトルでは「受領権者としての外観を有する者」という文言が用いられているが，講学上は，表見受領権者ないし外観受領権者という表現が用いられることになろう（中田裕康『債権総論』387 頁以下，潮見佳男『債権総論』330 頁参照）。

⑤旧 480 条の削除

旧 478 条の特則として置かれていた規定であるが，その特則に合理性がないとして削除された。

⑥代物弁済（482 条）

旧法において代物弁済は要物契約であると解されてきたが，新 482 条は，代物弁済の合意自体は諾成契約として有効であり，ただ，債務消滅の効果が生じるのは実際に給付がなされたときであるとする趣旨を規定している。たとえば，債権者 A と債務者 B の間で，B の金銭債務に代えて B の所有する甲土地を A に譲渡する合意をした場合，その合意は有効であり，要物性は不要であるが，B が実際に甲土地の移転登記をしてはじめて，B の債務が消滅する。→6

⑦特定物の現状引渡義務（483 条）

旧法の下で，旧 483 条は瑕疵担保責任に関する法定責任説を規定したものであると解する立場も主張されていた。新法は，引渡時において売主がどのような品質の目的物を引き渡すべき義務を負うかは，当事者の合意に従うことを当然の前提としつつ，当事者意思に従って品質を定めることができない場合の補充規定として，新 483 条を修正のうえ存置した。

6｜　この場合，B が代物弁済の合意に反して甲土地の給付を拒絶した場合にどうなるか，また，A は甲土地の給付があるまで B に対して本来の債務の履行請求ができるのか等の問題は，解釈論に委ねられている。

⑧弁済の時間（484条2項）

もともと，商法520条に規定されていたものを民法に取り込んだものである。たとえば，午前6時に弁済の提供をしても，有効な弁済の提供とはいえない。この規定の新設と同時に旧商法520条は削除された。

⑨弁済と受取証書交付の同時履行関係（486条）

旧486条の文言では必ずしも明らかではなかったが，弁済と受取証書の交付が同時履行関係に立つことを明示した。

⑩弁済の充当（488条〜491条）

弁済の充当とは，債権者Aが債務者Bに対して一個又は複数の債権を有しており，債務者Bやその他の第三者（以下，単に債務者）の弁済がAの債権全額を消滅させるのに足りない場合に，どの債務の弁済に充てるかを定める問題である。とくに，債権が複数であり，履行期や利息が異なる場合に，どの債務のどの部分が弁済により消滅するかが重要な意味を持ちうる。旧488条〜491条に規定が置かれていたが，規定相互の適用関係が分かりにくいものであったことから，新法はこの点を整理した。

まず，①債権者（弁済受領権者を含むが，以下，単に債権者）と債務者で合意があれば，その合意に従う（490条）。つぎに，②同種の給付（通常は金銭）を目的とする数個の債務がある場合，債務者は弁済に際して指定することができ，指定があれば，それに従う（488条1項）。債務者の指定がない場合，債権者が指定できるが，この指定に対して債務者はただちに異議を述べることができる（同条2項）。債務者・債権者の双方が指定しないときは，同条4項に従う。しかし，③債務者が一個又は数個の債務について元本のほか，利息及び費用を支払うべき場合には，指定充当はできず，489条1項に従い，費用，利息，元本の順序で充当される。この場合において，たとえば，費用，利息については充当によりすべて消滅するが，元本を消滅させるには足りないときは，488条が準用され，債務者や債権者の指定が可能となる（489条2項）。

⑪弁済の提供の効果（492条）

弁済の提供の効果が債務不履行責任の不発生にあることが明示され，受領遅滞との関係が明確にされた。この点については，**第7講**を参照されたい。

⑫弁済供託（494条〜498条）

弁済供託の原因に関して，債権者の受領拒絶に先だって，弁済の提供が必要であることが明示された（494条1項1号）。また，弁済者に過失があるときは，債権者不確知を理由とする供託が認められないが，弁済者に過失があることの証明責任を負うのは債権者であることが明示された[→7]（同条2項ただし書）。

自助売却権について，旧497条の要件を拡大し，目的物の物理的な滅失・損傷のおそれがある場合のほか，「その他の事由による価格の低落のおそれがあるとき」（497条2号），また，「供託することが困難な事情があるとき」にも自助売却が認められるようになった（同条4号）。

供託による債権消滅時が供託時であることが明示され（494条1項），また，供託物の還付請求権を有するのは債権者であることが明示された（498条1項）。

⑬担保保存義務（504条）

旧504条は，代位することができる者がいる場合に，債権者が故意又は過失により担保を喪失・減少させたときは，代位者は喪失又は減少によって償還を受けることができなくなった限度において，責任を免れると規定していた。債権者はこの範囲で担保保存義務を負っていたといえる。たとえば，小問(3)において，債権者Aが乙土地に設定された抵当権を放棄し，Eに対して保証債務全額の履行請求をしたとする。この場合に，債務者Bが無資力であり，EがDに対して代位することができないことにより，求償権のうち600万円の回収ができないときは，Eはその限度でAに対して責任を免れることができる。Aの履行請求に対して600万円の限度で履行すれば足り，既履行の場合

7｜　たとえば，債権者が死亡し，相続人が誰であるかが明らかでない場合に，債権者不確知は債権者側の事情で生じており，債務者に自己の無過失について証明責任を負わせるのは合理的とはいえない。

には，600万円の返還を求めることができる。

しかし，実務上，銀行等が行う融資については，債務者の財産状態に応じて，第三者が設定している担保についての差替え等を行う必要があることから，新504条2項は，担保の喪失・減少について「取引上の社会通念に照らして合理的な理由があると認められるとき」は，免責の効果が生じないとする規定を追加した。

新504条1項前段は，旧504条と同趣旨の規程を置き，また，代位権者からの特定承継人は代位権者と同じく免責の効果を主張できるとするのが旧法における判例（最判平成3年9月3日民集45巻7号1121頁）・通説であったが，同項後段はこの趣旨を明示している。

V　相殺(1)——相殺と差押え

[事例3]

債権者Aは，債務者Bに対して1200万円の金銭債権（α債権）を有している。Aの債権者Gは，2021年6月10日，AのBに対するα債権を差し押さえた。その後，α債権の履行期が到来し，GはBに対してα債権の履行請求をした。以下の各場合に，BはAに対する800万円の金銭債権（β債権）を自働債権として相殺を主張し，対当額の限度で履行義務を免れることができるか。
(1)　Gがα債権を差し押さえた時点で，β債権の履行期が到来していた。
(2)　Gがα債権を差し押さえた時点で，β債権の履行期は未到来であったが，β債権の履行期はα債権の履行期より早く到来するものであった。
(3)　Gがα債権を差し押さえた時点で，β債権の履行期は未到来であり，かつ，β債権の履行期はα債権の履行期よりも遅く到来するものであった。
(4)　Gがα債権を差し押さえた時点で，β債権は発生しておらず，その後に，BはAに対するβ債権を取得した。

1　旧法における議論の対立

旧511条は，支払の差止め（差押え）を受けた第三債務者（[事例3]のB）

は，その後に取得した債権による相殺をもって差押債権者（G）に対抗することができないと規定していた。この意味について，旧法下の判例（最大判昭和45年6月24日民集24巻6号587頁）は，同条を反対解釈し，差押えの前に取得した債権を自働債権とする相殺は自働債権と受働債権の履行期の先後を問わず可能であると解していた（無制限説）。

もっとも，相殺をするためには相殺適状が生じていることが必要であるから（505条1項），無制限説による場合でも，［事例3］の各事例において，β 債権の履行期が未到来の間は相殺することができない。したがって，小問(3)の場合には，α 債権の履行期が先に到来し，GがBに対して α 債権の履行請求をした場合，この時点では相殺適状が生じていないから，Bは β 債権を自働債権として相殺することはできず，α 債権の弁済をしない場合，履行遅滞に陥ることになる。しかし，その場合でも，その後に β 債権の履行期が到来すると相殺適状が生じ，Bはその時点で相殺が可能となる。

また，AとBの間で，期限の到来について特約を結び，AがBに対して有する α 債権の差押えがあった場合には，Aは β 債権について期限の利益を失い，β 債権の履行期がただちに到来する旨を合意していれば，Gの差押えによって β 債権の履行期が到来し，相殺適状が生じるから，Bはただちに相殺することができる。

無制限説に対して，反対説は，第三債務者Bが相殺をするについて合理的な期待を有するかどうかを考慮する必要があり，第三債務者が相殺できる場合を限定するべきであると主張してきた（制限説，合理的期待説）。

たとえば，小問(1)においては，α 債権の履行期が未到来であっても，期限の利益を有するBがその利益を放棄することは可能であるから，この場合，Bはただちに相殺を主張することができる関係にある。また，小問(2)の場合には，β 債権の履行期も未到来であるが，β 債権の履行期が到来した時点で，Aの債権者Gはいまだ α 債権の履行請求ができないのであり，この場合にも，BはAに対する相殺により自己の債務を免れる合理的な期待を有するといえる。

これに対して，小問(3)の場合，Bは，上述したとおり，α 債権の履行請求を受けた時点では相殺適状に達していないから相殺をする余地がなく，したがって履行遅滞に陥ることになる。この場合に，履行遅滞中に β 債権の履行期が到来したからといって相殺を認めることは疑問ではないかと考えられた。

もっとも，B が銀行等の金融機関である場合，融資によって生じる貸金債権と A が B に対して有する預金債権の履行期の先後は偶然的な事情に依存するところもあり，また，B は，A との相殺予約により，G の差押えがあったときには，β 債権の履行期が到来する合意をしているのが通常であり（上述した期限の到来に関する特約参照），履行期の先後を問わず B は相殺について合理的な期待を有すると解する余地もあった。

2　新 511 条による無制限説の採用と拡張

改正の審議過程においても，どの範囲で第三債務者 B の相殺に対する期待を保護するべきかについて意見が分かれたが，最終的には，無制限説の立場を採用し，新 511 条 1 項で「差押え後に取得した債権」による相殺は差押債権者に対抗できないが，「差押え前に取得した債権」による相殺は可能であるとし，旧 511 条の反対解釈として認められていた無制限説に従うことを文言上も明らかにした。

さらに，511 条 2 項は，たとえ β 債権が差押え後に取得された場合であっても，β 債権が差押え前の原因に基づいて発生したときは，相殺が可能であるとする。たとえば，[事例 3] において，B の A に対する β 債権が委託を受けた保証に基づく求償権であり，保証委託契約が α 債権の差押え前に締結されていた場合，B はその時点で，将来発生する求償債権と α 債権との相殺について合理的な期待をしていると解することができる。したがって，この場合，β 債権の取得は差押え後であるが，その発生は差押え前の原因に基づいており，相殺をもって G に対抗することができる。(511 条 2 項本文)。もっとも，このことは，債権を発生させる原因が A・B 間で存在していたことを前提とするから，B が α 債権の差押え後に発生した債権を他の第三者から譲り受けたときは，B に合理的な期待があったとはいえず，承継取得した債権を自働債権として相殺することはできない（同項ただし書）。

旧法において，債権譲渡と相殺に関しても，債務者が譲受人に対して，譲渡人に対して有していた債権を自働債権として相殺することができるかどうかについて議論の対立が見られたが，新469条1項・2項は，新511条と同一の考え方によっている。この点につき**第12講**243頁以下参照。

したがって，511条によれば，小問(1)～(3)のいずれの場合にも，相殺適状が生じた時点で，BはAに対して有するβ債権を自働債権として相殺することができ，Gに対して400万円の限度で履行すれば足りる。

また，小問(4)においても，β債権の発生原因が差押えの時点で存在し，かつ，その発生原因に基づいてβ債権がA・B間において発生したときには，相殺適状が生じた時点でβ債権を自働債権とする相殺が可能である。

Ⅵ　相殺(2)――その他の改正事項

相殺に関する上記以外の改正事項を以下に略説する。

①相殺制限特約の対抗（505条2項）

債権の譲渡制限特約と平仄を合わせて，相殺制限特約についても，第三者が悪意又は重過失の場合に限って第三者に対抗できるものとした。

②不法行為に基づく損害賠償債権を受働債権とする相殺の可否（509条）

旧509条は，不法行為に基づく損害賠償債権を受働債権とする相殺を一律に禁止していた。たとえば，AがBに対して貸金債権を有しており，Aが暴力的な取立行為を行ってBを負傷させた場合に，Bの損害賠償請求に対して，Aは貸金債権を自働債権としてBの損害賠償請求権との相殺を主張することができなかった。これは，(i) このような相殺を認めると不法行為を誘発するおそれがあること，及び，(ii) 不法行為の被害者に現実に弁済を受けさせることにより保護を図る必要があることを根拠とするものであった。

しかし，(i) の趣旨は，故意による不法行為について妥当するが，過失による不法行為については当てはまらないこと，また，(ii) の理由からすると，とりわけ人の生命・身体の侵害による損害賠償請求権については，不法行為に限らず，債務不履行に基づく損害賠償請求権についても同様に解されること，被害者Bから第三者Cが損害賠償債権を取得したときには被害者の保護という観点が問題とならないことから，新509条は，相殺が禁止される場合として，「悪意による不法行為に基づく損害賠償の債務」（同条1号）及び「人の生命又は身体の侵害による損害賠償の債務」（同条2号）の2つを掲げ，かつ，これらの債権を他人から譲り受けたときは，相殺は禁止されないとしている。

③相殺の充当（512条，512条の2）

旧512条は弁済の充当に関する諸規定を準用していたが，判例を踏まえて，充当のルールを整理した。これによれば，(i) 当事者の合意があればそれに従い（512条1項），(ii) 合意がなかったときは，相殺適状となった時期の順序に従って対当額で消滅し（同じく1項），(iii) 相殺適状の時期が同じである場合について，弁済の充当の規定が準用される（同条2項）[→8]。

Ⅶ　更改の改正事項

更改とは，当事者が従前の債務に代えて新たな債務を発生させる合意であり，これにより，新債務の発生と引換えに旧債務は消滅する（513条）。諾成的代物弁済の合意の場合，実際に給付がなされるまで債務消滅の効果が生じないのとは対照的である。

更改の改正事項の概略は以下のとおりである。

8｜　ただし，指定充当に関する規定（488条1項～3項）は準用されていない。相殺適状時に債権債務が消滅したという期待を保護する観点から，一方当事者の指定によって他方当事者の期待を奪うことができないと考えられるからである。この点について，筒井健夫他編著『一問一答』206頁以下参照。

①更改の要件の明確化（513条）

旧513条は，抽象的に「債務の要素を変更する契約」としていたが，債務の要素が何を指すかが必ずしも明らかではなかったことから，新513条は，具体的に，給付の内容について重要な変更を生ずるもの（同条1号），債務者が第三者と交替するもの（同条2号），及び債権者が第三者と交替するもの（同条3号）がこれに当たることを明示している。

②旧債務者の意思に反する更改の可否（514条）

旧514条は，債務者の交替による更改について，債権者と新たに債務者となる者の契約によることができるが，従前の債務者の意思に反することはできないとしていた。しかし，債務免除が債務者の意思に反しても可能であることとのバランスから，新514条は，債務者の意思に反する場合でも更改は可能であり，従前の債務者に通知した時点で効力が生ずるとする（同条1項）。また，514条2項に従い，更改後の新債務者は，従前の債務者に対して求償権を取得しない。

③担保の移転（518条）

旧518条は，旧債務のために設定された担保について，当事者の合意に従って新債務の担保に移すことができるとしていた。しかし，債務者の意思を考慮する必要はないと解されることから，新518条1項は，債権者の意思によって移すことができるとする。

ただし，第三者が担保を設定していたときは，担保の移転についてその第三者の承諾が必要であることは，改正の前後を通じて変わりがない（旧518条ただし書，新518条1項ただし書参照）。→9

9｜　これら以外の改正事項について，筒井健夫他編著『一問一答』209頁参照。

第14講

売買契約

I　売買契約に関する改正事項の概要

売買に関する主要な改正事項として，①解約手付について，解釈上の争いがあった点を条文で定めたこと（557条），②対抗要件を具備させる義務を条文で定めたこと（560条），③権利の瑕疵，目的物の瑕疵に関する売主の担保責任を改め，売主の債務不履行責任として整理したこと，④代金支払拒絶権について要件を改めたこと，⑤買戻しの特約に関する規定を一部修正したこと，等をあげることができる。

このうち，③と④については，事例に即して検討することとし，①，②，⑤について，概要を略述する。

①解約手付について。

旧557条は，「当事者の一方が契約の履行に着手するまで」解除ができると規定していたが，自らは契約の履行に着手した当事者が，相手方の履行の着手がない場合に解除することができるかどうかについて争いがあった。条文の文言からすると，いずれの当事者であるかを問わず，履行の着手があったときは解除できないと解するのが自然であるが，最大判昭和40年11月24日民集19巻8号2019頁は，同条を制限的に解釈し，自ら履行に着手していても，その相手方が履行に着手する前であれば，相手方に不測の損害が生ずることはなく，解除は可能であるとし，通説もこれを支持していた。

新557条は，1項ただし書で「その相手方が契約の履行に着手した後は，この限りでない」と規定し，判例・通説の解釈を条文に取り込んでいる。

また，解約手付を受け取った売主が解除する場合に，旧557条は，「その倍額を償還して」と規定しており，文言上は，現実に倍額を返還することが必要であると解される可能性があった。しかし，最判平成6年3月22日民集48巻3号859頁は，口頭の提供では足りず，「買主に現実の提供をすることを要するものというべきである」と解していた。この判旨は，現実の提供があれば足り，現実の返還までは必要ではないという趣旨を含んでいたが，新557条は，「その倍額を現実に提供して」と規定することにより，これを条文に取り込んでいる。口頭の提供では，実際に倍額の返還を受けることができる保証はないから，現実の提供が必要とされる一方，相手方が提供された倍額の受領を拒絶しても，解除が可能であるとする趣旨である。

②の対抗要件を取得させる義務は，旧法の下でも解釈論として認められていたが，新560条は売主の義務としてこれを条文で定めている。これによれば，485条本文との関係において，登記や登録に要する費用は売主の債務の履行費用として売主が負担するのが原則であると考えられるが，売買における移転登記費用は，取引実務では買主が負担するのが一般的である。485条本文の文言（「別段の意思表示がないときは」）からも明らかなように，同条は任意規定であるから，当事者の合意や慣習によって移転登記に要する費用を買主が負担することはありうる。

⑤の買戻しについて。

旧579条は，買戻しの特約に基づく解除の場合に，その返還義務の範囲を「買主が支払った代金及び契約の費用」に限定していたが，当事者の合意によってこれを変更することを認めない理由がないことから，新579条は，括弧書で別段の合意が可能であることを定めている。

また，新581条1項は，売買契約と同時になされた買戻しの特約の登記が第三者に対して対抗力を有する趣旨を明示し，同条2項は，買戻しの特約の登記の後に対抗要件を備えた賃借人との関係を規定する趣旨であることを明らかにした。賃借人が買戻しの特約の登記の前に対抗要件を備えていれば，賃借人はその対抗力に基づいて売主にも対抗することができるのは一般原則の適用にほかならず，新581条2項の期間制限を受けることはない。

II　目的物及び権利の契約不適合

1　はじめに

売主の担保責任に関する改正は，債権法改正における最も重要な改正事項の1つといえる。

旧法の下で，権利の瑕疵担保責任，物の瑕疵担保責任の規定に関しては，その法的性質についても，また，具体的な効果についても学説上の議論が対立し，その対立が容易に解消されないままの状態が続いてきた。

伝統的な通説は，瑕疵担保責任は，売主の債務不履行ではなく，売主が債務を履行したにもかかわらず，権利や物の瑕疵によって生ずる対価的不均衡を是正するために法律がとくに認めた無過失責任であると解していた（法定責任説）。これに対して，旧法下における近時の多数説は，瑕疵担保責任も売主の債務不履行責任にほかならないと解してきた（契約責任説）。法定責任説では，不特定物売買の場合には債務不履行の一般原則が適用され，瑕疵担保責任は特定物売買にのみ適用されると解されていたが，不特定物売買と特定物売買でルールがまったく異なることへの疑問や，とりわけ，瑕疵ある特定物を引き渡した売主が本旨に従った債務の履行をしたと解することへの疑問が提起されていた。他方，契約責任説による場合，不特定物売買・特定物売買を問わず，瑕疵担保責任の規定が適用されることになるが，瑕疵担保責任は無過失責任であるとする考え方をとる場合，債務不履行責任の一般原則のほかに瑕疵担保責任を規定することの意味は何か，両者の責任がどのような点で異なり，また，その相違が正当化できるのか等の問題点が存在した。

判例は，個別のケースについて判断を示すものの，法的性質についての判断を回避してきた。

こうした状況を解消するためには，売主の担保責任の規定を再編成し，透明性の高いルールを策定する必要があった。

新562条～564条は，売買の目的物が契約の内容に適合しない場合（以下，目的物の契約不適合）について，売主が債務不履行責任を負うことを当然の前提として，①履行の追完請求（562条），②代金減額請求（563条），及び③債務不履行の一般原則に基づく損害賠償請求・解除（564条及びその準用規定）という効果を定めている。

また，売主の移転した権利が契約の内容に適合しない場合（以下，権利の契約不適合）について，新565条は562条～564条を準用し，この場合にも，売主が債務不履行責任を負い，買主が行使できる権利が目的物の契約不適合の場合と同一であることを明らかにしている。

2　目的物の契約不適合

[事例 1]

(1)　Aは，2021年7月4日，新車甲を200万円でBに売却した。履行期日は同月末日とされたが，Bが同月15日に甲に試乗した際，甲のブレーキに不具合があることに気づいた。Bは，この場合，Aに対して，どのような根拠に基づいてどのような権利を行使することができるか。

(2)　(1)とは異なり，履行期日が到来し，Aが甲をBに引き渡した後に，Bが甲のブレーキの不具合に気づいたときにはどうなるか。

(3)　(1)，(2)において，A・B間の売買の目的物が新車ではなく，中古車乙であったときに相違が生ずるか。

(4)　(2)において，BがAに対して甲の修補を請求したが，Aがこれに応じなかったため，Bは第三者Cに依頼して，甲の修補を行わせ，その対価として20万円をCに支払った。Bは，この費用の支払をAに求めることができるか。

(5)　(2)において，甲のブレーキに不具合はなかったが，Aは甲のマニュアル車を引き渡す債務を負っていたところ，Bが引渡しを受けたのは甲のオートマ車であったときにはどうなるか。

(6)　ワインの販売業者Dは，Eとの間でワイン丙2ダースの売買契約を締結した。Dは履行期日に丙を箱に詰めた状態で引き渡したが，Eが開封してみると，20本のワインが詰められていた。EはDに対してどのような権利を行使することができるか。

(7)　Fは，自己の所有する丁土地をGに売却した。売買契約に際して，丁土地の面積は200㎡であることを前提とし，1㎡当たりの単価を20万円と定めて，売買代金を4000万円とすることが合意された。Gが丁土地の引渡しを受けた後，丁土地の面積を実測すると，その面積は150㎡にすぎないことが判明した。GはFに対してどのような権利を行使することができるか。また，この場合において，丁土地の市場価格が1㎡当たり25万円であったときにはどうなるか。
(8)　(7)の事例とは反対に，丁土地の実測面積が250㎡であることが判明したときにはどうなるか。

(1)　目的物の契約不適合の意味

目的物が契約不適合であるとは，目的物が，当事者の合意や契約の趣旨に従って本来備えるべき状態を備えていないことを指す。562条は，引き渡された「目的物が種類，品質又は数量に関して契約の内容に適合しないものであるとき」と定めているが，「種類，品質又は数量」を限定的に解するべきではなく，旧法の下で物の「瑕疵」に当たると解されてきた場合と同様に，物のあるべき状態が備わっていない場合を広く包含すると解釈されるべきである。

たとえば，旧法の下で，建物の売買について，その建物でかつて自殺者が出ていたり，忌まわしい犯罪行為が行われていたときには，そのような事情があることも物の瑕疵に当たる（心理的瑕疵）とするのが下級審裁判例であり，多数学説もこれを支持してきたが，新法の下でも目的物の契約不適合に当たると解される。条文の解釈としては「品質」を物理的な品質に限ることなく，あるべき物の状態という程度の広い意味で理解することになろう。

［事例1］のうち，小問(1)～(4)は，目的物の品質に関する契約不適合の事例，小問(5)は，目的物の種類に関する契約不適合の事例，小問(6)，(7)は目的物の数量に関する契約不適合の事例である。なお，小問(8)は数量超過の事例であり，売主の契約不適合責任の問題ではないが，旧法下において，数量不足の場合と対比して議論されてきたことから，ここでも，数量不足の契約不適合責任とあわせて取り上げる。

旧法下では，目的物の瑕疵に当たるかどうかについて，主観的瑕疵（当事者の意思に従って備えるべき品質・性能が備わっていない場合）と客観的瑕疵（目的物の一般的性質に従って備えるべき品質・性能が備わっていない場合）を区別していたが，客観的瑕疵の場合のみならず，主観的瑕疵の場合も目的物の瑕疵に当たると解されていた。この点については，瑕疵の概念が契約不適合に置き換えられても解釈に変わりがない。最も重要であるのは，当事者がどのような品質・性能等を前提としていたかである。

たとえば，中古品の電化製品の売買において，買主がその製品を使用する目的で購入する場合には，通常の使用に耐える状態にある製品であることが前提とされているが，買主が部品等の再利用を目的とする場合や，自分で修理をして他に転売をすることを予定している場合には，故障品であっても契約内容に適合した物といえる。また，それに応じて，売買代金額も異なってくる。

旧570条の解釈として，もう一点問題とされたのが「隠れた瑕疵」という要件であった。「隠れた」とは，契約締結時に買主がその瑕疵を知らず，かつ知ることができない場合を指すというのが通説の解釈であり，これによれば，買主が契約締結時に知り得た瑕疵については買主の保護は不要であるとされた。

しかし，新法は，契約の不適合について契約時に買主が知り得たかどうかを考慮せず，たとえ悪意であっても買主の保護は否定されない。この場合にも，重要であるのは，売主がどのような状態で目的物を引き渡す債務を負っているかである。

たとえば，契約締結の時点で建物の外壁に亀裂があった場合に，売主が履行期までに亀裂を修補する義務を負っていたとすれば，買主が亀裂について悪意であったとしても売主がその責任を免れるべき理由はない。他方，その亀裂がある状態で引き渡せば足りる旨を合意していれば，売主は亀裂の生じている建物の引渡しによって債務を履行したことになる。

(2) 引渡しの前後による区別

目的物に契約不適合がある場合に，まずとくに留意を要するのは，562条以下の規定は，目的物が引き渡された場合にはじめて適用されるという点である。したがって，小問(1)や，小問(3)において甲ないし乙の引渡しがなされる前に目的物の契約不適合が発見された場合，買主は562条以下の権利を行使することはできない。

小問(1)については，履行期に債務の本旨に従った履行がない場合にはじめて債務不履行責任の問題が生じ，たとえば，新車甲のブレーキに不具合が残ったままAが履行の提供をしても，この提供は債務の本旨に従ったものではないから，Bはその受領を拒絶して，本来の履行請求権を行使することができる。Aがこれに応じないときは，一般原則に従って損害賠償請求や解除権の行使が可能となる。また，A が履行期到来前に，ブレーキ部分の欠陥の存否を争い，修補に応じない意思を明確に表示したときは，B は，542 条 1 項 3 号の要件を充たす限り，ただちに契約を解除することができる。

同様に，小問(3)において，(1)と同じく，乙の引渡しの前にブレーキの不具合が判明した場合，B は，履行期に乙が契約不適合のない状態で引き渡すように求めることができるが，履行期の到来前に A が債務不履行に陥っているわけではない。履行期に乙に契約不適合が残っているときに，B が乙の受領を拒絶し，一般原則に従って A の債務不履行責任を問うことができるのは，小問(1)の場合と同様である。

このように，562 条以下の規定が適用されるのは，引き渡された目的物に契約不適合がある場合に限られる。

以下，引き渡された目的物に契約不適合がある場合の法律関係を検討するが，目的物の契約不適合のうち，数量に関する契約不適合については，権利行使の期間制限や競売における担保責任に関して，種類・品質に関する契約不適合とは異なる点があることから，まず，種類・品質に関する目的物の契約不適合を取り上げる。

(3)　目的物の種類・品質に関する契約不適合

(a)　目的物の品質に関する契約不適合

(ア)　履行の追完請求（562 条）　小問(2)において，引き渡された甲のブレーキに不具合があるときは，目的物の品質に関する契約不適合があるといえるから，B は，まず，562 条に従い，履行の追完を求めることができる。本来の履行請求の延長ともいえる権利であり，売主の帰責事由は不要である。また，履行の追完に要する費用は，債務の履行に要する費用にほかならないから，A がこれを負担する。

追完の方法として，甲の修補請求をする方法と，甲に代えて代替物を請求する方法がありうるが，その選択は原則として買主 B の意思に従う。しかし，売主 A は，「買主に不相当な負担を課するものでないとき」（562 条 1 項ただし書参照）は，B の請求した方法とは異なる方法によって履行の追完をすることができる。したがって，たとえば，Bが甲の代替物の引渡しを求めた場合でも，甲の修補による追完が可能であり，かつ，修補によってBに不相当な負担が生じないときは，Aは修補による追完が可能である。

小問⑶において⑵と同じく，乙の引渡しの後にブレーキの不具合が判明したときは，目的物が特定物であった場合でも履行の追完請求として修補請求が認められるが，履行の追完方法として，代替物の引渡請求が認められるかどうかについては議論が分かれうる。

旧法における契約責任説の間でも考え方が分かれていた。私見は，特定物売買について代替物の引渡請求は認められないと解していたが，[→1]特定物であっても代替性が認められる場合には代替物の引渡請求が認められるとする見解も主張されていた。[→2]これは，特定物売買をどのように理解するかという問題に関わっている。

私見によれば，特定物売買とは，契約当事者がその物の個性に着目した売買であり，当事者にとってはそれ以外の物を代替物として考えることができない場合（＝主観的な代替性がない場合）を指すものである。したがって，たとえ客観的に見れば代替性があると考えられる同等品が存在する場合でも，他の物を履行することによって債務の本旨に従った弁済がなされるとはいえないと解される。この場合，買主が代替物の引渡請求権を有しないだけでなく，売主も，乙車に代えて乙車と同等の丙車を提供することによって債務を履行したことにはならないと解される。客観的な代替性があれば足りると解すると，買主Bは自己の欲していない代替物を押しつけられる結果となる。逆にいえば，当事者にとって乙車ではなく丙車でも本旨に従った履行に当たるという場合には，特定物売買ではなく不特定物売買に当たる。中古車は中古車であるがゆえに特定物であるのではなく，当事者がその車の特定の状態を重視し，他の中古車によって代えることのできない個性を有するものとして売買の対象とした場合に，

1｜　磯村保他著『民法トライアル教室』（有斐閣，1999年）316頁（磯村保執筆）。同旨を述べるものとして，山本敬三『民法講義Ⅳ-1』（有斐閣，2005年）276頁。
2｜　内田貴『民法Ⅱ』127頁。中田裕康『契約法』306頁も同趣旨と思われる。

特定物売買に当たるといえる。

> 新刊後間もない文庫本が中古書店に多数買い取られ，販売されることが多いが，このような中古書の売買においては，販売される中古書には代替性があるだけでなく，当事者がその個性に着目しているとはいえず，不特定物売買に当たると解される。

したがって，私見の理解によれば，小問(3)の場合のみならず，小問(2)の場合にも，特定物売買であると解される限り，代替物の引渡請求は認められないことになるが，代替性を重視する見解によれば，同等の中古車を代替物として引渡請求をする可能性がある。

（イ）　修補費用の支払請求　　小問(2)の場合，及び，(3)において甲ないし乙の引渡し後に目的物の契約不適合が発見された場合，上述したとおり，Bは履行の追完請求として修補請求ができるが，Aがこれに応じた場合，修補に要する費用を負担するのは債務者Aである。修補は履行に要する費用であり（485条本文参照），Aに帰責事由があるかどうかを問わない。

では，AがBの修補請求に応じない場合に，Bが自ら第三者に修補をさせてその費用の支払をAに求めることができるか。また，できるとすれば，その根拠は何か。小問(4)はこれを問う問題である。

旧法下において，契約責任説は売主が修補義務を負うことを認め，修補に要する費用を買主が自ら負担したときは，修補義務の不履行による損害賠償請求としてその費用の支払を求めることができると解していた。

しかし，新法の下で，これと同一の解釈をすることには疑問がないとはいえない。本講271頁にも述べたとおり，旧法においては，瑕疵担保責任に基づく損害賠償義務は無過失責任であると解されていたが，新法の下では，564条によって準用される415条は，売主の帰責事由を要件とするから，売主に帰責事由がない場合には，修補費用の賠償請求もできない可能性がある。

この点に関して，先述したとおり，修補による履行の追完は売主Aが自己の負担で行うべきものであることの意味を考える必要がある。小問(4)においても，Bは，本来，Aが負担するべき費用をAに代わって支払ったのであるから，履行費用の立替えをしたのであり，したがって，私見によれば，Bは，Aに帰責事由があるかどうかを問わず，その費用の償還請求をすることができると見るべきである。[→3]

> この問題に関して，まだ十分な議論の蓄積がなく，新法にはこれを正面から認める規定はないが，このような処理を認める手がかりとなるのが，607条の2である。すなわち，賃貸借契約において，賃貸人が，賃借人の修繕請求を受けてこれに応じない場合，賃借人は他人の所有物である目的物を自ら修繕をすることができ，これに要した費用を608条1項に従って償還請求することができる。これと同様に，買主は，売主が修補の催告に応じない場合，修補を自ら行った上，それに要した費用を売主に請求できると考えることができる。買主は，自己の買い受けた目的物を修補するのであるから，賃借人が自ら修繕することができる以上，自ら修補を行うことを妨げる理由はないといえる。
>
> 法律構成としては，607条の2，608条の類推適用という考え方のほか，Aが負担するべき費用を立て替えたのであり，これによってAが修補に要する費用の負担を免れる理由はなく，703条，704条の不当利得（費用償還利得）として返還請求ができるとする説明も可能であると考えられる。

小問(4)において，BがCに支払った修補費用については，Aに帰責事由がある場合には，修補義務の履行に代わる損害賠償請求として修補費用の支払を請求することができる。これに対して，私見によれば，履行費用の立替え分については，Aの帰責事由の有無を問わず，費用償還請求が認められることになる。

（ウ）　代金減額請求（563条）　　Bが相当の期間を定めて履行の催告をしたが，Aがこれに応じないときは，Bは563条1項に従い，代金減額請求権を行使することができる。また，563条2項各号に該当する場合（とくに，履行の追完不能〔1号〕，追完拒絶の意思の明確な表示〔2号〕が重要）には，催告は不要であ

3｜　修補費用が売主の負担すべき履行費用であることについて，磯村保「売買契約法の改正――『担保責任』規定を中心として」Law&Practice 10号（2016年）72頁以下参照。

る。種類物売買の場合には，履行の追完は可能であるから，明確な履行拒絶等の例外的な場合を除いて，まず履行の追完の催告をすることが必要である。

代金減額請求権は，売主の債務の一部不履行がある場合に，その不履行部分に対応する代金の減額を請求できる権利（形成権）であり，相手方の意思如何に関わらず，買主の一方的な意思表示の効果として代金減額の効果が生じる。たとえば，小問⑵において，甲のブレーキの不具合により，甲の価額が160万円となるときは，40万円の代金減額請求が認められる。Bがすでに代金全額を支払っていたときは，Aに対して40万円の返還を請求することができる。

過払分の返還請求は，存在しない債務を履行したことから，法律上の原因のない利得として不当利得規定の適用があるとも考えられるが，代金減額請求が実質的には契約の一部解除であると見ると，545条の原状回復の効果が生じると解すべきものと思われる。545条の適用がある場合には，売主はつねに受領した過払分について利息を付して返還することが必要である（545条2項）。この点をどのように考えるかは，今後の検討課題といえる。

代金減額請求権は上述したとおり，履行に代わる損害賠償を請求するものではなく，客観的に，一部の不履行があった場合に，その不履行部分に対応する代金の減額を認めるものであり，売主の帰責事由は不要である。

（エ）　損害賠償　　（ア）〜（ウ）の権利行使とは別に，Bは債務不履行の一般原則に従って，損害賠償請求ができる（564条，415条）。

小問⑵において，目的物の契約不適合についてAに帰責事由があったときは，履行の追完を求めつつ，たとえば履行の遅延によって生じた損害の賠償を請求することができる。また，契約に適合した目的物が引き渡されていればあったであろう状態と契約に適合しない目的物が引き渡された状態を比較して，買主Bに生じた不利益が損害に当たり，416条の範囲に含まれる限り，その損害の賠償を請求することができる。

この2つの状態を比較する場合に，金銭的な差額を損害と見る考え方（差額説）と，買主が被る不利益な事実自体を損害と見て（損害事実説），具体的にどれだけの金銭的な損害が生じるかは損害の金銭的評価の問題であるとする考え方の対立が存在するが，この点については旧法と新法の間で異なるところはない。

この問題について，潮見佳男『債権総論』106 頁以下，中田裕康『債権総論』172 頁以下等参照。

このように，損害賠償請求は，本来の履行がなされていればどうであったかを基準として買主が被った損害の賠償を求めるものであるのに対して，代金減額請求は，一部不履行を前提として，その不完全な履行を保持しつつ，履行がなされなかった部分に対応する代金の減額を請求する権利であり，両者の機能は異なるものである。両者が具体的にどのような相違をもたらすかについては，小問(7)の例に即してあらためて検討する。

（オ） 解除　B が目的物の契約不適合を理由として契約を解除しようとする場合，564 条を通じて 541 条，542 条の適用があり，これらの要件を充たすときは，B は契約を解除することができる。

たとえば，小問(2)や(3)において，引渡しを受けた B が A に対して「相当の期間を定めて」[→4] 修補請求をした場合に，A がその期間内に修補をしないときは，B は原則として，541 条本文の規定に従って契約を解除することができる。もっとも，A の修補義務の不履行が契約及び取引上の社会通念に照らして軽微であるときは，解除権の行使は認められない（同条ただし書）。ブレーキの不具合の場合，ただし書の要件を充たすことは考えにくいが，契約不適合の部分が車の安全性等に関わるものでなく，その修補がなされない場合でも車の走行にそれほど支障がないときは，解除が認められないことがありうる。

また，小問(3)において，修補による履行の追完が不可能である場合には，B は，催告を要することなく，542 条 1 項 3 号の規定に従って契約を解除することができる。もっとも，3 号に基づく解除については，「残存する部分のみでは契約をした目的を達することができない」という要件を充たす必要があることに注意が必要である。

4｜ ただし，旧法以来の確立した判例・学説によれば，B が催告期間を定めず，あるいは定めた期間が不相当であっても，客観的に相当な期間が経過すれば解除権が発生する。したがって，より正確には，「催告をし，その後相当の期間が経過したときは」原則として解除権が発生する。

解除は，相手方の債務を消滅させるものであるから，相手方の不十分な履行を認めつつ代金減額請求をする救済手段とは相容れない。これに対して，損害賠償請求は，解除をした場合でも可能であるが（545条4項，415条），具体的な損害額については，買主が売買代金債務を免れることから，その分を控除する必要がある。

なお，解除の場合に損害賠償請求が認められる根拠規定として，545条4項のみをあげる学生諸君が少なくない。しかし，同項は，損害賠償請求権の行使が解除の場合でも可能であるという趣旨を述べるにとどまるものであり，損害賠償請求権の根拠規定は415条である。

(b)　種類に関する契約不適合

品質に関する契約不適合の場合に比して，種類に関する契約不適合が問題となる事例は多くないが，小問(5)はこれに当たる一例である。この場合，修補による追完の余地はないから，Bは契約に適合する種類物を引き渡すように求めることができ，他方，Bは引渡しを受けた甲のオートマ車をAに返還する義務を負う。

(c)　期間制限及び競売における担保責任

(ア)　契約不適合の通知に関する短期の期間制限　　目的物の契約不適合のうち，種類・品質に関する契約不適合については，566条の期間制限が及ぶことがとくに重要である。すなわち，買主Bが目的物の引渡しを受けた後，Bが目的物の種類・品質に関する契約不適合を知ったときは，その時点から1年以内に売主Aにその旨を通知する必要がある。これを怠ったときは，562条～564条の規定による権利を行使することができなくなる。564条の準用する損害賠償や解除に関する規定は，債務不履行責任の一般的効果にほかならないが，564条による債務不履行責任についても，566条の期間制限が及ぶ点で，一般原則との間に大きな相違が存在する。

引渡し前であれば売主は債務不履行責任の一般原則に従って責任を負うことの意味は，とくにこの期間制限に関わっている。引渡しがない間は，売主の責任の存続期間は消滅時効の一般原則（166条参照）に従うが，引渡しがなされた後は，目的物の契約不適合について566条の期間内に通知する必要がある。もっとも，期間内に通知をすれば，契約不適合責任に基づいて行使できる権利の行使期間については，一般原則が適用される。旧法の下では，瑕疵担保責任に基づく権利行使自体が短期の期間制限に服していたが（旧564条，566条3項参照），新法では，権利行使そのものの期間制限ではないことに留意が必要である。

もっとも，566条の短期期間制限は，目的物を引き渡したことにより履行を終えたと信じた売主の利益を考慮するものであるから，その利益を保護する必要がない場合には，例外が認められる。同条ただし書は，売主が引渡しの時点で[→5]契約の不適合を知り，又は重大な過失によって知らなかったときは，買主は短期の期間制限を受けないとし，この場合には，買主は消滅時効の一般原則に従って権利行使ができることになる。

また，目的物の契約不適合のうち数量に関する契約不適合及び，権利の契約不適合については566条の適用がなく，買主は消滅時効の一般原則に従って権利を行使することができる。

（イ）　競売における担保責任　　民事執行法その他の法律の規定に基づく競売（強制執行に基づく強制競売や，担保権実行としての競売等）において，数量に関する目的物の契約不適合や権利の契約不適合があったときは，買受人は，568条1項〜3項の規定に従って，担保責任を問うことができるが，同条4項は，種類・品質に関する目的物の契約不適合については，担保責任を問うことができないと規定する。旧570条においても，そのただし書において，競売の場合には，物の瑕疵担保責任を問うことができないとされていたが，実質的にはこれを引き継ぐものといえる。

競売は通常の売買とは異なり，所有者が自己の意思に基づいて目的物を売却するわけではなく，したがってまた，買主との間で目的物が一定の品質等を備えるべきことを合意しているわけではない。568条の定める売主の責任は，その意味

5｜　規定の趣旨からすると，引渡し時を基準とするのではなく，「引渡し後1年が経過するまでの間に」とする方が合理的であったと思われるが，規定の文言からすると，そのような解釈をすることは困難である。

では一種の法定責任としての担保責任であり，通常の売買における売主の契約不適合責任という意味での担保責任とは趣旨を異にする。規定の性質からすると，568 条は，本来，競売手続を定める民事執行法等に置かれるべきものではないかと考えられるが，新法は旧法の体裁に倣って売買の節に規定を置いている。

(4)　目的物の数量に関する契約不適合

(a)　数量に関する契約不適合が認められるのはどのような場合か

数量に関する目的物の契約不適合については，小問(6)のように，種類物売買における数量不足の場合と，小問(7)のように，特定物売買，とくに土地の面積不足の場合等が問題となるが，小問(6)の場合には，合意された個数と実際に引き渡された目的物の個数を比較し，後者が下回るときには，数量の契約不適合があったといえる。

これに対して，小問(7)の土地の数量不足の場合には，旧 565 条の解釈として，数量指示売買といえるためにはどのような要件を充たしている必要があるかが議論されてきた。その判断枠組みは新法の下で，数量の契約不適合があるといえるかどうかの判断についても同様に当てはまる。

最判昭和 43 年 8 月 20 日民集 22 巻 8 号 1692 頁は，旧 565 条にいう「数量を指示して売買」したといえるかどうかについて，以下のように判示していた。

> 「民法 565 条にいう『数量ヲ指示シテ売買』とは，①当事者において目的物の実際に有する数量を確保するため，②その一定の面積，容積，重量，員数または尺度あることを売主が契約において表示し，かつ，③この数量を基礎として代金額が定められた売買を指称するものである。ところで，土地の売買において目的物を特定表示するのに，登記簿に記載してある字地番地目および坪数をもつてすることが通例であるが，④登記簿記載の坪数は必ずしも実測の坪数と一致するものではないから，売買契約において目的たる土地を登記簿記載の坪数をもつて表示したとしても，これでもつて直ちに売主がその坪数のあることを表示したものというべきではない。」（丸数字は筆者が挿入）

数量指示売買に当たるといえるためには，①〜③の要件を充たしている必要があり，登記に表示された面積（公簿面積）を基礎として売買代金が決定された場合にも，契約当事者が単に代金算定のために公簿面積を利用したにすぎず，その公簿面積に対応する広さがあることを約束していなかったときには，①の要件を充たしているとはいえないとされた。とくに，④にも述べられているとおり，公簿面積（現在は，坪ではなく m^2 で表記）は，実測面積と一致しないことが少なくなく，公簿面積を表示しても，その面積が実際にも備わっているという趣旨を含むかどうかは事情によって異なるといえる。

562 条においても，土地の売買において数量不足があり，数量に関する契約不適合があったといえるかどうかは，旧法におけると同様に判断され，単に表示された面積と比較して実際の面積が不足していたとしても，それだけでは数量の契約不適合として売主の責任を問うことはできない。ここでも，当事者の合意や契約の趣旨から，目的物が表示された数量を備えるべきであったかどうかが決定的に重要である。

小問(7)では，丁土地の 1 m^2 当たりの単価を基礎として代金が算出されており，200 m^2 の面積を備えていることが契約上必要であると解されるから，実測面積がこれに満たない場合には，数量の契約不適合があったといえる。

なお，土地の場合には，単位面積当たりの価格 × 面積＝売買代金という算式が成り立つが，このような算式が成り立たない場合であっても，数量の不適合に当たる場合がありうる。たとえば，建物売買契約において，延べ床面積が 150 m^2 であるという前提で売買代金が決定されたが，実際の延べ床面積が 140 m^2 であるという場合に，建物の売買においては，1 m^2 当たりの価格に延べ床面積を乗じて売買代金額が算出されるわけではないが，「数量を基礎として」代金額が決定されていることに変わりがなく，数量の不適合の場合に当たる。

(b) 買主が行使できる権利

小問(6)の場合，E は不足する 4 本のワインの履行の追完請求ができる。D がこれに応じない場合には，563 条の代金減額請求や，564 条に従い，損害賠償請求・解除が可能である。

小問(7)の場合，履行の追完は不能であるから，代金減額請求，損害賠償請求や解除が問題となる。解除ができるためには，542 条 1 項 3 号の要件を充たしていることが必要である。

以下，小問(7)の後半の事例のように，G が有利な売買契約を締結しており，丁土地の1 m^2当たりの市場価格は25万円であるが，交渉により1 m^2当たり20万円で契約が締結されたという場合を想定して，代金減額請求と損害賠償請求の違いを具体的に説明する。

この場合に，Gが代金減額請求権を選択すると，50 m^2の不足に対応して，代金は1000万円減額され，Gは3750万円（＝25万円×150 m^2）の価値のある丁土地を取得するのと引換えに，代金3000万円をFに支払うことになる。この場合，Gは750万円の差額利益を取得する。

これに対し，Gが契約を解除せずに損害賠償請求権を行使すると，Gは，Fが契約内容どおりに債務を履行していれば，5000万円の価値のある丁土地を取得していたはずであるが，実際には丁土地の価値は3750万円にすぎないから，これに加えて，損害賠償として1250万円の支払を求めることができる。Gはその代わりに，合意されていた代金4000万円を支払う必要があるから，結局，Gは2750万円（＝4000万円－1250万円）の支払と引換えに，3750万円の丁土地を取得することになる。この場合，Gは差額利益として1000万円を取得する。

また，Gが契約を解除する場合も，Gは丁土地の取得に代えて5000万円の金銭賠償を求めることができるが，その場合，代金債務4000万円の支払義務を免れるから，これを控除する必要があり，その差額である1000万円の損害賠償請求ができる。この場合も，Gは差額利益として1000万円を取得する。したがって，小問(7)の後半の事例では，Gは解除するかどうかに関わらず，代金減額請求権を行使するよりも，損害賠償請求をする方が有利な結果を得ることができる。

上述したとおり，代金減額請求が，一部の履行がなされないことを前提に，その不履行に相当する部分の代金減額を請求するものであるのに対して，損害賠償請求においては，数量に適合する目的物を取得していればあったであろう状態と，目的物を取得しなかったことによって生じている実際の状態を比較して，その差を損害賠償請求によって補塡するものであるといえる。→6

小問(7)後半の事例とは異なり，F・G間で合意された1 m^2当たりの単価20

万円が市場価格に相当するものであるときは，代金減額請求権の行使と損害賠償請求とは原則として同一の結果をもたらすといえる。すなわち，Gが代金減額請求権を行使すると，Gは3000万円の丁土地を保持し，3000万円の売買代金を支払うことになる。また，Gが契約を解除せずに，履行に代わる損害賠償請求権を行使すると，4000万円の価値のある丁土地の履行請求ができたはずであるところ，3000万円の丁土地を取得しているにすぎないから，1000万円の損害賠償請求ができる。しかし，Gはその代金として4000万円を支払う義務を負っているから，結局，この場合も，Gは3000万円を支払って3000万円の価値のある丁土地を取得することになる。もっとも，Gが目的物の価額以外の損害を被っている場合には，416条の範囲内でFの不履行を理由とする損害賠償請求が認められる点で，代金減額請求よりも有利な結果となりうる。

また，小問(7)において，Gが150 m^2 の広さの土地では契約の目的を達することができないときは，564条，542条1項3号の規定に従い，契約を解除することもできる。

(c)　数量超過の場合

小問(8)は，旧565条の規定に関連して，数量超過の場合に売主が何らかの救済を受けることができるか，また，これが認められる場合に，その根拠が何かが争われてきた事例である。債権法改正に際しても，この点に関する条文は設けられず，この問題は新法の下でも解釈論に委ねられることになる。

旧法の下で，最判平成13年11月27日民集55巻6号1380頁は，売主側に測量ミスがあったために，実際の面積が表示された面積より広かったという事案で，売主の増額請求権を否定して，以下のように判示していた。

「民法565条にいういわゆる数量指示売買において数量が超過する場合，買主において超過部分の代金を追加して支払うとの趣旨の合意を認め得るときに売

6｜　筒井健夫他編著『一問一答』279頁は，代金減額請求権が行使されると，売主の債務不履行がなかったことになると述べているが，これは誤解を招く表現である。代金減額請求権は，一部不履行が残ることを前提として，代金の減額をもたらす権利を認めるにすぎず，これによって不履行がなかったことになるわけではない。

> 主が追加代金を請求し得ることはいうまでもない。しかしながら，同条は数量指示売買において数量が不足する場合又は物の一部が滅失していた場合における売主の担保責任を定めた規定にすぎないから，数量指示売買において数量が超過する場合に，同条の類推適用を根拠として売主が代金の増額を請求することはできないと解するのが相当である。」

学説には，数量指示売買に当たるといえる場合には，売主の救済も認められるべきであるとする見解も有力であったが，単純に売主の増額請求権を認めると，買主の利益を侵害することになる。なぜなら，買主は合意された代金であるからこそ売買契約を締結した可能性があるが，小問(8)において，売主の代金増額請求権を無条件に認めて，Fが代金5000万円の支払を求めることができるとすると，買主Gは合意した売買代金4000万円よりも高い代金の支払義務を自己の意思に反して押しつけられることになるからである。

売主は売買の目的物について自ら責任を負うべきであるとして，売主の保護を認める必要がないとする立場も主張されるが，数量に関する当事者の合意の趣旨からすると，買主Gが4000万円を支払って5000万円の価値のある丁土地を当然に保持できると解することにも疑問が残り，売主の救済の必要性を肯定する考え方も有力である。もっとも，売主の救済を認める場合にも，それをどのように根拠づけることができるかについては，議論が一致していない。

その1つの可能性として，売主は数量に関する錯誤を理由として，95条により契約を取り消すことができると解する余地がある。当事者が合意していた数量が実際には不足していた場合，売主の錯誤は95条1項2号の錯誤に当たるが，この錯誤は1項の柱書の要件を充たしていると解される。また，2号の錯誤については，さらに同条2項の要件を充たす必要があるが，両当事者が目的物のあるべき数量について合意していたのであるから，「その事情が法律行為の基礎とされていることが表示されていたとき」に当たり，したがって，錯誤取消しの要件を充たしていると解される。

もっとも，売主が錯誤取消しを主張する場合に，買主は超過分に対応する追加代金の支払に応ずることによって売主の錯誤主張を排除することができると解すべきである。なぜなら，買主がこの支払に応ずる場合には，売主は実際の数量に見合う対価を得ることができるのであるから，その場合，数量超過について錯誤を理由とする取消しを認める必要がないと考えられるからである。

3　権利の契約不適合

[事例 2]

(1)　Aは，A名義の甲土地をBに売却し，代金2000万円の受領と引換えに，甲土地を引き渡し，登記名義を移転した。しかし，その後，甲土地の真実の所有者はAではなくCであることが判明した。CのBに対する甲土地の返還請求と登記名義の回復請求が認められる場合，BはAに対してどのような根拠に基づいて，どのような権利を行使することができるか。
(2)　Aは，A名義の甲土地及び甲土地上の乙建物をBに売却し，代金3000万円の受領と引換えに甲土地・乙建物をBに引き渡し，それぞれ登記名義を移転した。しかし，乙建物の真実の所有者はAではなく，Cであることが判明した。BとAの法律関係はどうなるか。
(3)　Aは，A名義の甲土地をBに売却した。売買契約締結の時点で，甲土地上にはCの所有する乙建物が存在したが，Aは，Bに対して，Cとの甲土地の賃貸借は合意解除によって終了しており，履行期が到来するまでに乙建物は収去されると説明していた。しかし，A・C間の合意解除は無効であり，CはBに対抗することができる借地権を有していた。この場合，A・B間の法律関係はどうなるか。
(4)　Aは，A名義の甲土地をBに売却した。その際，AはBに対して，甲土地の隣地である乙土地の所有者Cとの合意に基づき，甲土地の利用に供するため，甲土地を要役地，乙土地を承役地とする通行地役権が設定されていると説明した。しかし，実際には，通行地役権は設定されておらず，CはBに対して乙土地の通行を禁止した。この場合，A・B間の法律関係はどうなるか。
(5)　甲土地（市場価格2000万円）の所有者Aは，Bに対する1200万円の債務を担保するため，Bのために甲土地に抵当権を設定し，その登記を行った。その後，Aは甲土地を800万円でCに売却し，移転登記を行った。Aの債務の履行期が到来し，Bが抵当権を実行しようとしたことから，Cは，AのBに対する債務を弁済した。この場合，Cはこれに要した費用の償還をAに請求することができるか。
(6)　(5)において，Bが抵当権を実行して，Cが甲土地の所有権を喪失し，競売代金のうちBへの弁済に充てられた額を控除した残額800万円を受領した場合，CはAに対してどのような権利を行使することができるか。
(7)　(5)，(6)において，甲土地の売買代金が2000万円とされていた場合に相違が生じるか。

(1)　はじめに

旧560条以下の諸規定は，権利の瑕疵担保責任について，権利の瑕疵の態様に応じて区別し，それぞれ，瑕疵担保責任の効果を規定していた。

新565条は，これらを統合し，一般的に権利の契約不適合に関する規定を置き，かつ，その効果については，目的物の契約不適合に関する562条～564条を準用している。

> 562条が物の引渡しを前提とするの同様，565条は権利の移転が生じている場合に適用される。したがって，たとえば，代金の支払と引換えに権利移転が生じる場合には，代金の支払がなされるまで権利移転は生じておらず，その場合，売主は債務不履行の一般原則に従って責任を負うことになる。しかし，判例（最判昭和33年6月20日民集12巻10号1585頁）・通説の考え方を前提とすると，特定物売買の場合，特約がある場合を除いて，契約締結時に所有権が移転するから，権利の契約不適合の場合にも契約時に権利が移転している。また，特約があることにより権利移転が生じない場合，562条，563条の適用はないが，その他の効果については，債務不履行の一般原則によるか，権利の契約不適合責任によるかによって，実質的な差は生じない。

以下，理解の便宜のために，旧法における権利の瑕疵担保責任の例と対比しながら，具体的にどのような場合に565条が適用され，どのような権利を行使することができるかを検討する。

(2)　他人物売買（他人の権利の売買）

[事例2]（1）は，いわゆる他人物売買に関する事例である。旧560条と同様に，新561条は他人物売買（正確には，他人の権利に関する売買）に関する規定を置いているが，これは一種の確認規定にすぎず，555条の規定からも売主の権利取得・移転義務を導くことができる。

旧規定との大きな違いは，他人物売買は565条の適用を受けず，小問(1)における売主Aは，もっぱら債務不履行の一般原則に従って責任を負うという点にある。565条の文言を注意深く読むと分かるように，同条は「移転した権利」が契約不適合である場合に関する規定であるが，他人物売買では，そもそも権利の移転が生じず，565条の適用の前提を欠くことになる。

したがって，小問(1)において，Bは，Aに対して，Cから甲土地の権利を取得してBに移転するように求めることができるが，CがBに対して甲土地の返還を請求する場合には，CはAに甲土地を移転することを拒絶していると解され，Aの債務は履行不能となる。Bは，Aに帰責事由があれば415条2項に従い，履行に代わる損害賠償請求をすることができ，また，帰責事由の有無に関わらず，履行不能を理由として542条1項1号に従い契約を解除することができる。

(3) 権利の一部が他人に属する場合

小問(2)において，売買の目的とされているのは甲土地及び地上の乙建物であるが，このうち，Aは乙建物については無権利者であるから，Aは乙建物をCから取得してBに移転する債務を負っている（561条括弧書参照）。

また，Aは契約に適合する権利を一部移転していないから，Bは565条及び562条～564条の規定に従い，①履行の追完請求，②代金減額請求，③損害賠償請求と解除をすることができる。①の追完請求は，561条と実質的に同一であるが，Cが権利移転を拒絶する場合には，追完請求は履行不能となる。

> 目的物の契約不適合の場合とは異なり，権利の契約不適合の場合には，第三者が権利移転や権利の消滅等に応じてはじめて履行の追完が可能となるから，履行の追完請求によって追完がなされる場合は限られている。小問(2)においても，乙建物の真実の所有者Cが承諾しない限り，Aは権利移転義務を履行することができない。

追完請求の履行不能の場合，買主Bは，代金減額請求権を行使して，乙建物に対応する売買代金分の減額を主張することができる。また，Aに帰責事由があれば，乙建物が移転できなかったことによってBが被った損害の賠償を，416条の範囲で請求することができる。さらに，甲土地を取得するだけではBの契約目的が達成されないときは，542条1項3号に従い，契約を解除することができる。

(4)　契約に適合しない権利の負担が存在する場合

小問(3)において，A・B間の合意によれば，AはBに対してCの借地権の負担のない甲土地所有権を移転すべきであったところ，Cの借地権の対抗を受け，借地権の負担を伴う所有権を取得することになる。旧566条1項に類似する場合である。

新565条によれば，この場合，Bは，①履行の追完請求，②代金減額請求，③損害賠償請求及び解除が可能であるが，Cが任意に借地権の消滅に応ずるとは考えられず，履行の追完は通常の場合履行不能である。代金減額請求が可能であることは明らかであるが，小問(3)の場合，Bが甲土地を自己利用できないことから，通常の場合，Bは542条1項3号により契約目的達成不能として，契約を解除することになろう。

(5)　権利の不存在により契約不適合が生じている場合

小問(4)においては，A・B間の合意によれば，Aは甲土地の所有権に加えて，乙土地の通行地役権をBに取得させるべきであったところ，BはCに対して乙土地の通行地役権を主張することができず，契約内容に適合した権利の移転がなされていない状態にある。旧566条2項が規定していたケースであるが，この場合，Cが通行地役権の設定に応じない限り，履行の追完は不可能であり，代金減額請求と損害賠償請求・解除が問題となる。もっとも，解除の可否については，乙土地の通行地役権が甲土地の利用にとってどの程度の重要性を持つかが重要な意味を持つ。通行地役権がないことにより甲土地の利用に一定の不便が生じても，契約目的を達成することができないとまではいえないときは，解除は認められず，Bは代金減額請求又は損害賠償請求による救済を求めることになる。

(6)　抵当権登記と権利の契約不適合

抵当権の負担のある不動産の売買については，とりわけ，売買契約当事者の意思がどのようなものであったか，抵当権の負担を引き受けているのは誰であるかを判断することがとくに重要である。

570条は，この点に関して，「買い受けた不動産について契約の内容に適合しない……抵当権が存していた場合」と規定し，抵当権の存在が契約不適合であるかどうかが前提問題となる趣旨を明らかにしている。→7

これによれば，小問(5)においては，A・C間の売買において，Bに対する債務額を控除した売買代金が合意されており，Cは抵当権の負担を引き受ける代わりに，低廉な売買価格で甲土地を取得したのであるから，Bの抵当権登記が存続していても，契約の内容に適合しない抵当権が存在しているとはいえない。

したがって，小問(5)において，Bの抵当権実行を阻止するためにCが第三者弁済をして，その費用を支出しても，この費用の償還請求をすることはできない（570条参照）。また，小問(6)において，Bの抵当権の実行により甲土地の所有権を喪失しても，これは，Cが抵当権の負担を引き受けたことの結果にすぎず，Aに対して責任を問うことはできない。

これらと異なり，小問(7)の場合には，Cは，抵当権の負担のない状態での甲土地の価格に対応する売買代金の合意をしており，この場合，抵当権の負担を引き受けているとはいえない。この意味で，抵当権登記の存在は契約に適合しないものであり，まず，577条により，抵当権消滅請求（379条，383条）の手続が終わるまで代金の支払を拒絶することができる。

もっとも，被担保債権額を考慮することなく，2000万円を支払う合意をすること自体がきわめてまれであるが，かりにそのような合意をする場合にも，代金債務の履行は，AがBに対する債務を履行してはじめて可能となるのが通常である（履行期の合意ないし，Aの債務弁済を停止条件とする履行義務の発生）。

この場合において，Aの債務の履行期が到来し，Bが抵当権を実行しようとした場合に，Cがこれを阻止するため費用を支出したときは，570条によりそ

7｜ 旧567条は，抵当権付の不動産を買い受けた者（買主）が抵当権の行使により所有権を失った場合に，買主の解除権を認めていたが，買主が抵当権の負担を考慮した上で売買契約を締結していたかどうかを考慮していなかった。学説は一致して，抵当権の負担を考慮して売買代金が定められていたときは，抵当権が実行され，買主が不動産所有権を失っても，買主は解除することができないと解していた。取引実務においては，抵当権付の不動産を買い受ける場合，その負担を考慮して売買代金が定められるのが一般的であり，旧567条による解除が認められるのは例外的な場合に限られていた。

の費用の償還請求ができる。Cが代金未払いの場合には，代金債務と費用償還請求権を相殺することになる。

すでに，Cが代金全額をAに支払っており，Bの抵当権実行により，甲土地の所有権を失うことになる場合，Aは甲土地の所有権をCに移転することができなかったことになるから，Cは履行不能を理由として契約を解除し，原状回復請求に基づいて代金の返還を求めることができる。もっとも，この場合，Aに代金を返還するに足る財産がないときは，Cがその取立不能のリスクを負担することになる。

小問(7)において，Cが代金全額を支払うことは，このリスクを引き受けることを意味するから，Cが合理的に行動する限り，代金全額を支払うことは考えにくいといえる。

Ⅲ　代金支払拒絶権

上述した577条も代金支払拒絶権を認めるものであるが，576条の代金支払拒絶権はこれとはやや性質を異にする。

たとえば，[事例2]（1）において，Cは実際には甲土地の真実の所有者ではないにもかかわらず，所有者であると主張する場合，あるいは，小問(3)において，Cの借地権は実際には合意解除によって消滅しているが，Cが借地権の存在を主張する場合，買主Bとしては，Cの主張の真否を判断することができないことも考えられる。新576条は，旧576条の文言を一部修正して，「売買の目的について権利を主張する者があることその他の事由により」，買主が買い受けた権利の全部若しくは一部を取得することができず，又は失うおそれがあるときは，その危険の程度に応じて，代金の全部又は一部の支払拒絶権を認めている。

Ⅳ　目的物の滅失・損傷の危険

[事例 3]

(1)　2021 年 6 月 20 日，自動車の販売業者 A は B との間で新車甲の売買契約を締結した。売買代金は 200 万円とされ，甲の代金は毎月の分割払で支払われ，甲の所有権は B の代金完済時に B に移転し，それと同時に車の登録名義を B に移転することが合意された。2021 年 6 月末日，A は甲を B の自宅で B に引き渡したが，その 1 週間後，甲は第三者によって盗取された。B は売買代金の支払債務を免れることができるか。
(2)　(1) において，A は，2021 年 6 月末日に甲を B の自宅に持参したが，B が不在であったため，いったん甲を A の営業店舗に持ち帰った。その後，B から A に連絡があり，仕事の都合で履行期日に自宅にいることができなかったという事情が告げられた。A は後日，甲を B に引き渡すこととしていたが，引渡しの前に甲が第三者によって盗取された。この場合，A は B に対して代金の支払を求めることができるか。
(3)　(1)，(2) において，A が B の自宅に持参した甲にブレーキの故障があった場合，それぞれどうなるか。

567 条は，売買契約の目的物の滅失・損傷が生じた場合に，買主が契約不適合責任を問うことができるかどうかに関する特別の規定を置いている。同条 1 項は，売主が目的物を引き渡した後に生じた目的物の滅失・損傷に関する規定であり，2 項は，買主が受領遅滞に陥った後に生じた目的物の滅失・損傷に関する規定である。

[事例 3] (1)，(2)において，A は種類物について持参債務を負っており，A が現実に提供をしてはじめて種類物の特定が生じる（401 条 2 項）が，小問(1)，(2)においては特定が生じており，以後，甲が滅失・損傷した場合に，他の甲を引き渡す義務を負わない。

これを前提として，小問(1)の場合，A は実際に甲の引渡しを終えており，

Aの債務はすでに履行され，もはやAの債務の履行不能を考える余地はないように見える。しかし，小問(1)のように，代金の完済を停止条件とする所有権移転義務（＝所有権留保売買）と登録名義の移転義務が未履行である場合，Bの下で両当事者の帰責事由なくして甲が第三者に盗まれたときは，Aのこれらの債務が履行不能となる。この場合，Bは542条1項1号の解除が可能であるかに見える。しかし，567条1項は，売主が引渡しをすれば，目的物の実質的支配がBに移転し，その後に両当事者の帰責事由なくして目的物の滅失・損傷が生じたときは（盗取は滅失と同視される），Bがその危険を負担し，Aに対して解除やその他の契約不適合責任を問うことはできず，また，代金支払義務を免れないと規定している。したがって，小問(1)とは異なり，たとえば，第三者の行為によって甲の車両に損傷が生じた場合にも，その損傷について修補請求や代金減額請求等をすることもできない。

また，小問(2)の場合，Bに受領遅滞が生じているが，Bの受領遅滞の結果，Aは甲の引渡しまで自己の財産に対するのと同一の注意義務を負う（413条1項）。甲がAの下で盗取された場合にも，この義務違反がなければ，Aに帰責事由のない履行不能となる。これによれば，567条2項に従い，Aの下で甲が盗取され，Aの債務が履行不能となったことについて両当事者に帰責事由がなかったことになるが，その場合，567条1項が準用される結果，すでに引渡しがなされた場合と同じく，受領遅滞以後の滅失・損傷の危険を負担するのはBであり，Bは契約の解除やその他の契約不適合責任を問うことができず，また，売買代金債務を免れない。

なお，解除と代金債務の存続については，413条の2第2項を介して，543条，536条2項前段の規定によっても同一の結論が導かれるが，567条2項は，目的物の損傷についても，契約不適合責任を問うことができないとする趣旨を含んでいる。この点につき，**第7講**157頁以下参照。

もっとも，小問(3)については例外が認められることに，とくに留意する必要がある。すなわち，567条1項には，「売買の目的として特定したものに限る」という括弧書があり，これによれば，小問(3)のように，Aが持参した甲のブレーキに故障があるときは，小問(1)においてAが甲を引き渡していても，Aは物の給付をするのに必要な行為を完了したとはいえず，契約に適合しない甲をBに引き渡しても567条1項の適用がない。

同様に，小問(2)の場合にも，567条2項は「契約の内容に適合する目的物をもって」債務の履行の提供をしたことが必要であるから，提供した甲にブレーキの故障があった場合には，同項の要件を充たしておらず，567条1項の準用は認められない。

小問(3)に関連して，567条の解釈には多くの問題が残されている。567条1項が適用されない場合に，事後の法律関係はどうなるのか。たとえば，契約に適合しない目的物を引き渡しても特定が生じていないとすると，Aは引き続き調達義務を負っており，Bはあらためて甲の引渡請求ができると解され，Aも代金支払請求権を有しているといえる。また，Bは本来，契約に適合しない甲をAに返還すべきであったところ，第三者によって盗取された場合に，その責任を単に免れることができるのか，あるいは，価額返還義務を負うことになるのか。

さらに，法政策的に見ると，Bが目的物の引渡しを受けた後は，Bは自分が占有する車の滅失・損傷について車両保険契約を締結するなど，自己の責任でそのリスクを回避する手段を採るべきであると解する余地があるが，たまたま目的物に契約不適合があったことによってそのリスクを売主に転嫁することが認められるべきかどうかは疑問の余地がある。

これらを含めて，567条の意義についてはさらに検討の必要があると解される。

第15講

賃貸借契約

I　賃貸借契約に関する改正事項の概要

1　はじめに

賃貸借一般に関する主要な改正事項として，①賃貸借の定義（601条），②賃貸借の期間（602条，604条），③修繕義務及び賃借人による修繕（606条，607条の2），④賃料減額（609条，611条），⑤賃借物の滅失等による契約解除（616条の2），⑥転貸借の効果（613条），⑦賃借人の原状回復義務（621条）等をあげることができる。

また，不動産賃貸借に関する改正事項として，⑧賃借権の対抗力及び妨害排除請求（605条，605条の2，605条の4），⑨賃貸人の地位の移転（605条の2，605条の3），⑩敷金の定義及び返還義務の承継（622条の2，→1 605条の2第4項，605条の3）等をあげることができる。

本講では，主として，③，④，⑧〜⑩を取り上げ，その他の改正事項については，その概要を以下に略述する。

2　貸借の定義の文言修正（601条）

新601条は，旧601条に「引渡しを受けた物を契約が終了したときに返還

1｜　厳密にいえば，敷金に関する定義規定は不動産賃貸借に限られるわけではないが，実際上敷金の交付が重要な意味を持つのは不動産賃貸借の場合であり，また賃借人の地位の移転に伴う敷金返還債務の承継に関する改正は不動産賃貸借に特有の事項である。

すること」という文言を追加している。これは，消費貸借に関する587条や，使用貸借に関する593条の定義と体裁を合わせたものである。もっとも，目的物の返還は，契約終了の効果として認められるものであり，賃貸借契約の双務性・有償性は，一定の期間使用収益をさせる賃貸人の債務と賃借人の賃料支払債務の間で認められることに注意が必要である。

> 使用貸借においては，賃貸人の場合とは異なり修繕義務を負わないが，貸主は，約定に従って借主に無償で使用収益をさせる債務を負っており，借主の使用収益を妨げる行為を行い，あるいは目的物を第三者に譲渡することによって，借主の使用収益を不能とする場合には，債務不履行責任を負うと解される。新593条の定義は，貸主がこの意味で使用収益させる義務を負っていることを適切に表現するものとはなっていない。

3　賃貸借の存続期間

賃貸借の存続期間について，旧604条1項は最長期間を20年と定めていた。しかし，たとえば，ゴルフ場の利用目的で土地を賃借する場合，太陽光パネル等の設備を利用するために土地を賃借する場合等を考慮すると，20年の最長期間は実務の必要に十分対応できないと考えられ，最長期間は50年に延長された（新604条1項）。なお，借地借家法の適用がある場合，借地についても（同法3条），建物賃貸借についても（同法29条2項），604条は適用されず，50年を超える期間の合意も有効である。

また，短期賃貸借については2点について改正が行われた。第1に，旧602条1項の「処分につき行為能力の制限を受けた者」という文言が削除された。制限行為能力者が単独で短期賃貸借契約を締結することができるかどうかは，行為能力に関する規定によって定まるものであり，被保佐人は13条1項9号に従い，保佐人の同意を要することなく短期賃貸借契約を締結することができるが，未成年者や被後見人は，たとえ短期賃貸借であっても法定代理人の同意なしに行った契約を取り消すことができる（5条1項，9条本文参照）。旧規定の文言は，この点について誤解を招きかねないことから，削除されたものである。

第2に，処分の権限を有しない者が旧602条の規定に反して，期間を超える賃貸借契約を締結した場合，契約全部が無効となるのか，期間を超える部分のみが無効となるのかが，旧規定の文言上明らかではなかった。新602条は後段を新たに設けて，旧法の解釈として有力であった後者の考え方を明文で採り入れている。

4　賃借物の全部滅失等による契約の終了

旧法下において，最判昭和32年12月3日民集11巻13号2018頁は，建物賃貸借において建物が朽廃して効用を失った場合，滅失の場合と同様に賃貸借契約は当然に終了すると解していた。新616条の2はこの趣旨を条文化したものである。建物の朽廃や滅失等の場合，目的物の使用収益ができなくなるが，一般原則によれば，当事者が履行不能を理由として契約を解除することによって契約は消滅することになるのに対して，新616条の2は，その例外を定めるものである。

5　転借人が賃貸人に対して義務を負う範囲

賃貸人の承諾を得た適法な転貸借（612条1項参照）について，旧613条は，転借人が賃貸人に対して直接義務を負うとする規定を置いていたが，賃借料と転借料の額が異なる場合に，転借人がどの範囲で義務を負うかについては，文言上，必ずしも明らかではなかった。

新613条1項は，旧法の解釈として一般的であった考え方を採り入れ，「賃貸人と賃借人との間の賃貸借に基づく賃借人の債務の範囲を限度として」という限定を付している。

6　賃借人の原状回復義務等

旧616条は，使用貸借に関する旧598条を準用し，賃借人は「借用物を原状に復して，これに附属させた物を収去することができる」としていた。これは，賃借人の収去権を定めたものであるが，同条の解釈として，賃借人は単に権利を有するだけでなく，附属させた物を収去して借用物を原状に復する[→2]義務を負うと解されてきた。新621条は，賃借人が原状回復義務を負うことを直接規定するとともに，括弧書を挿入して，「通常の使用及び収益によって生じた賃借物の損耗並びに賃借物の経年変化」については，原状回復義務の対象に含まれないとする趣旨を定めている。

これによれば，通常の損耗や経年変化による目的物の価値減少分については，敷金から控除されないのが原則となる。もっとも，当事者が明確な特約をすれば（最判平成17年12月16日判時1921号61頁参照），敷金からの控除は可能である。

II 賃貸人の修繕義務

[事例1]

(1) Aは，2021年5月15日，自己の所有する甲建物をBに賃貸し，同月20日，Bは甲建物に入居した。同年7月10日，大雨の影響で甲建物の一部に雨漏りが生じたため，Bがその翌日，Aに雨漏りの修繕を求めたが，Aは，これに応じようとしない。Bは，どのような対応方法を採ることができるか。
(2) (1)において，Aが甲建物の屋根に設置していたテレビアンテナ乙が大雨の影響で動作不良となり，テレビの受信ができなくなったため，Bが，Aに乙の修繕ないし取替えを求めたが，Aがこれに応じようとしない場合にはどうなるか。

2｜ この意味の原状回復と，545条1項の原状回復とは意味を異にする。使用貸借や賃貸借における原状回復義務は，目的物の状態を元の状態に戻す義務を指すのに対して，545条1項の原状回復は，当事者の財産状態を契約がなかった状態に戻すことを意味する。賃貸借の解除は，将来に向かってのみ契約関係消滅の効果を生じるものであり（620条），契約当事者は545条1項の原状回復義務を負わない。

1　賃貸人の修繕義務

賃貸人は，賃貸目的物に修繕の必要が生じたときは，原則として，修繕義務を負う。その例外は，修繕義務の負担について特約がある場合，及び，修繕の必要が賃借人の帰責事由に基づくものである場合である（606条1項ただし書参照）。後者の例外については，改正に際して条文に取り込まれたが，賃貸人が修繕義務を負うとするルールは，基本的には旧法と同様である。

2　賃借人による修繕

しかし，賃貸人が修繕義務を履行しない場合に，賃借人が，他人の所有物である賃借物を賃貸人の承諾なしに修繕できるかどうかは，疑問もないではなかった。608条1項は賃借人の必要費償還請求権を規定しているが，これは間接的に，旧法の下でも賃借人が自ら修繕を行うことを認めるものと解することができたが，より積極的に，賃借人が修繕を行いうるのはどのような場合かを定める必要があった。

新607条の2は，この点についてのルールを明らかにするものである。すなわち，賃借人は，①賃借人が修繕の必要性を通知するか，賃貸人がその必要性を認識した場合に（615条参照），賃貸人が相当の期間内に修繕を行わないとき（607条の2第1号），あるいは，②急迫の事情があるときはただちに（同条2号），自ら修繕を行うことができる。これらの場合，修繕を行った賃借人は，正当な権利を行使したのであるから，賃貸人に対して債務不履行責任や不法行為責任を負うことはない。

これによれば，［事例1］において，雨漏りや乙の修繕について，Bは，まず，615条の規定に従い，Aに対して修繕の必要があることを通知する必要があるが，その通知を受けたAが相当の期間内に修繕義務を履行しない場合，あるいは，急迫の事情があるときは通知を要することなくただちに，607条の2の規定に従い，自ら修繕を行うことができる。

小問(1)の雨漏りの場合には，急迫の事情があると考えられる可能性が高いが，小問(2)の場合には，テレビを見ることができない状態をただちに解消する必要性があるとはいえないから，相当の期間が経過してはじめて自ら修繕を行うことができる。

これらの場合に，B が修繕のために支出した費用については，608 条 1 項の規定に従い，ただちに賃貸人に対して償還請求をすることができる。

では，B が 607 条の 2 の要件を充たさずに修繕を行ったときにはどうなるか。規定の文言からは必ずしも明らかではないが，私見によれば，その場合であっても，本来，賃貸人は修繕義務を負っており，修繕に要する費用は賃貸人が負担すべきものであることに変わりがないから，B は A に対して必要費の償還請求権を行使することができると解するべきである。もっとも，B が 607 条の 2 の規定に違反して行った修繕行為により，A に不利益が生じることがありうる。たとえば，A が B から通知を受けて修繕義務を履行していれば，B が支出した費用よりも低廉な費用にとどまっていた場合には，A はその限度で費用償還義務を負うと考えるべきである。

しかし，607 条の 2 の要件を充たさない修繕の効果については十分な議論がなされておらず，上述の私見は 1 つの試論にとどまるものである。

Ⅲ　賃借物の一部の使用収益ができない場合の法律関係

[事例 2]

(1)　A は，2021 年 5 月 15 日，自己の所有する甲建物を B に賃貸し，同月 20 日，B は甲建物に入居した。甲建物は 3 階建てであり，B は 1 階部分で雑貨を販売し，2 階・3 階で家族とともに居住している。同年 7 月 10 日，大雨の影響で甲建物の 1 階部分の一部（乙部分）が土砂で押しつぶされ，修繕不能となった。甲建物の残部には損傷がなく，通常の居住を継続することができる状態にある。この場合，A と B の賃貸借関係はどうなるか。

(2)　(1) において，乙部分の修繕は可能であったが，A は大雨による被害について A に責任がないと主張して，修繕に応じない。B は乙部分の利用ができないことにより，営業上の損失を被っている。この場合，B は A に対してどのような権利を行使することができるか。

1　賃借物の一部の使用収益不能

旧611条は，賃借物の一部が賃借人の過失によらずに滅失したときは，賃借人は，その滅失部分の割合に応じて賃料減額請求権を行使することができると規定していた。これは，賃借人が賃料減額請求権を行使するまでは，賃料債務は縮減しないことを前提とするものであった。[→3]

しかし，旧法においても，賃料が使用収益の対価であり，賃料債務と使用収益させる債務の間に牽連性があることを考慮すると，使用収益ができない場合，その不能の程度に応じて賃料債務も自動的に縮減すると考えるべきであるとする立場が有力であった。これによれば，賃借物の一部滅失以外の原因で一時的に使用収益ができなくなったときは，その期間に対応する賃料債務も自動的に縮減ないし消滅し，賃料減額請求権を行使する旨の意思表示は不要であると解されてきた。

新611条は，この考え方を採り入れ，一部滅失の場合を含めて，使用収益不能が生じる場合には，賃借人に帰責事由があるときを除いて，賃料は使用収益不能の割合に応じて当然に減額されるとする。したがって，双方当事者に帰責事由がない場合だけでなく，賃貸人に帰責事由がある場合にも，賃料の減額が自動的に生ずる。

これによれば，［事例2］においては，小問(1)の場合も，小問(2)の場合も，Bは甲建物の使用収益ができなくなった割合に応じて減額された賃料を支払えば足りる。

2　賃貸人の帰責事由による損害賠償請求

賃料の減額については，賃貸人に帰責事由があったかどうかは相違を生じないが，小問(2)のように，修繕義務の履行の遅延があった場合，この遅延はA

3｜　もっとも，旧法の解釈として，実際に賃料減額請求権が行使された場合には，その行使の時点ではなく，一部滅失が生じた時点に遡って賃料減額の効果が生じると解されていた。

の帰責事由に基づくものであるから，修繕義務の履行が遅れたことによって営業損失が生じたときは，Bは415条，416条の規定に従って損害賠償請求をすることができる。Aは，Bが甲建物の1階部分で営業を行っていることを認識していると考えられるから，Bの通常の営業損失は，416条1項の通常損害に当たると解される。

> 念のために付言すると，修繕を必要とする事情の発生自体について賃貸人に帰責事由がない場合であっても，賃貸人が修繕義務を負うことに変わりがないから，修繕義務の履行を遅延したときは，その遅延による不履行については賃貸人に帰責事由があることになる。

3　解除の可能性

賃借物が全部滅失をした場合には，上述したとおり，解除権を行使するまでもなく，616条の2の規定に従って，賃貸借契約は当然に終了する。

これに対し，全部滅失が生じていない場合であっても，一部の使用収益が不能となり，残存する部分のみでは契約目的を達成することができないときは，Bは，611条2項の規定に従って解除することができる。旧611条2項は，一部滅失の場合について解除が可能であるとしていたが，新規定は一部滅失の場合に限らず，一部の使用収益が不能である場合にも適用される。もっとも，小問(2)のように，一時的な使用収益の不能にとどまり，修繕によって使用収益が可能となるときは，賃借人は修繕義務の履行を求めることができる。その場合，Bは，611条2項ではなく，541条，542条の要件を充たす場合に，解除することができる。

したがって，BがAに修繕を求めたが，相当の期間内にAが修繕義務を履行しない場合には，その不履行が軽微なものである場合を除いて，Bは賃貸借契約を解除することができる。また，Aが修繕義務の履行を拒絶する意思を明確に表示した場合，Bは542条1項3号の規定に従い，修繕義務の履行がなければ契約の目的を達することができないときは，契約を解除することができる。

Ⅳ　賃借権の対抗力と賃借権に基づく妨害排除請求

[事例 3]

(1)　Aは，2021 年 5 月 15 日，自己の所有する甲建物を B に賃貸した。その後，A は，甲建物を第三者 C に譲渡した。C は，B に対して，B は使用貸借上の借主であって，賃借人ではないという説明を A から受けていたとして，B に甲建物からの退去を求めた。B はこの請求に応じる必要があるか。
(2)　(1) において，A と C の間で，甲建物の登記名義の移転は，C が売買代金を支払うのと引換えに行うものとされていた。C は，移転登記を得る前に，B に対して甲建物の賃料支払を求めることができるか。
(3)　D は，2021 年 5 月 15 日，自己の所有する乙土地を建物所有目的で E に賃貸した。同年 6 月になって，E が乙土地上に建物を新築しようとしたところ，第三者 F が，乙土地を不法に占拠し，E は工事を開始することができなかった。この場合，E は，どのような方法によって，乙土地の占有を回復し，建物の工事を完成させることができるか。
(4)　(3) とは異なり，F が D から賃借権の設定を受けていた場合に相違が生じるか。

1　賃借権の対抗力

旧 605 条は，登記を備えた不動産賃貸借について，それ以後の物権取得者に対して賃借権を対抗することができるとしていた。しかし，たとえば，当該不動産について二重に賃借権の設定を受けた第三者のように，物権取得者ではない者であっても，対抗関係に立つ場合には先に対抗力を備えた賃借人が優先すると解されることから，新 605 条は，その趣旨に従って，「物権を取得した者その他の第三者に対抗することができる」に改められている。

また，とくに賃貸不動産の譲受人との関係においては，賃借権が対抗力を有するということの具体的意味は，新しい所有者に対して，賃借人としての地位を主張することができることにあると解されてきたが，新 605 条の 2 第 1 項は，賃貸人の地位が当然に移転する旨を規定している。これは，契約上の地位の移転に関する一般原則とは異なり（539条の2参照），賃借人の同意なしに賃貸人の地位の移転が生じるとする趣旨を含むものである。

[事例3]（1）において，Bは借地借家法31条の規定に従い，建物賃借権について対抗力を備えており，その結果，605条の2第1項により，建物賃借権をCに対抗することができるから，Cの請求に応じる必要はない。この場合，CがAとの間で賃借権の負担のない甲建物の売買契約を締結していたとすれば，AがCに対して移転した権利は契約に適合しないものであるから，CはAに対して，565条の規定に従い，権利の契約不適合に対する責任を追及することになる（**第14講**291頁参照）。

2　賃貸人の地位の主張

旧法において，賃貸人が，賃借権の存在を争うことなく，むしろこれを前提として賃料請求をする場合に，賃貸人が目的不動産について登記を備えていることが必要かどうかについて，177条の対抗問題の位置づけとも関連して，争いがあった。

対抗関係が生じるのは，同一の目的物について相容れない権利の優劣を争う関係（比喩的に，「食うか食われるかの関係」ということがある）にある場合に限られると解する立場（対抗問題限定説）によれば，賃貸人が賃借権の存在を認めて賃料を請求する場合には，目的不動産の譲受人と賃借人は対抗関係には立たず，登記を備えていることは不要であるとも考えられる。しかし，判例（最判昭和49年3月19日民集28巻2号325頁）は，賃借人は目的物の譲受人に対して，その登記の欠缺を主張する正当な利益を有するとして，登記の具備が必要であると解してきた。学説上も，これを支持する者が多数であった。

新605条の2第3項は，判例・多数説の考え方を採り入れ，賃貸不動産の譲受人は所有権の移転登記を得なければ賃貸人の地位を主張することができないとする旨を明文で定めている。

したがって，小問(2)において，Cが甲建物の移転登記を得ていない時点では，Bに対する賃料請求は認められない。

3　賃借権に基づく妨害排除請求の可否

旧法の下で，賃借権の行使が第三者によって妨害された場合に，賃借人が賃借権に基づいて妨害排除請求ができるかどうかについては見解が対立し，これを肯定する見解も一部で有力であったが，判例（最判昭和 28 年 12 月 18 日民集 7 巻 12 号 1515 頁）・通説は，対抗力を備えた賃借権についてのみ直接の妨害排除請求が認められると解してきた。

新 605 条の 4 は，判例・通説の考え方を条文として採用した。この規定を反対解釈すると，新法の下では，対抗力を備えていない賃借権に基づく妨害排除請求を認めるとする解釈論を採ることは困難である。

もっとも，旧法の下で，賃借人は賃借権を保全するため，債務者である賃貸人（＝所有者）が不法占拠者に対して有する所有権に基づく妨害排除請求権を代位行使することができると解されてきた。債権法改正により，特定債権を被保全債権とする債権者代位権に関して，423 条の 7 は，登記請求権の代位行使について明文の規定を新設したのに対して，賃借権保全のための債権者代位権行使については，とくに規定が設けられていない。しかし，改正の経緯から，賃借権に基づく債権者代位権行使を否定する趣旨でないことは明らかであり，新法の下でも，賃借人は「自己の債権を保全するため」賃貸人が有する妨害排除請求権を代位行使することができる（この点につき，**第 8 講** 177 頁以下参照）。

小問(3)において，E はいまだ土地賃借権について対抗力を備えておらず，E は直接，賃借権に基づいて F に対して妨害排除請求をすることができない。しかし，F が無権原占有者であれば，D が妨害排除請求権を行使しない場合，E は D に代位して妨害排除請求権を行使することができる。

では，小問(4)のように，F が無権原占有者ではなく，二重賃借人の場合にはどうなるか。この場合，D は F に対して賃貸人として使用収益させる義務を負っており，妨害排除請求権を行使することができないから，E も D が行使できない妨害排除請求権を代位行使することはできない。しかし，E が先に乙土地の引渡しを受けており，F が E の占有を妨害したときは，E は占有訴権（197 条以下参照）に基づいて F の占有を排除して，自己の占有を回復することができる。占有を回復した後，工事を開始して建物を完成させれば，Eは，建物の保存登記を行うことにより，借地借家法10条1項の規定に従い，対抗力を備えることができる。

V　賃貸人の地位の移転と敷金返還債務

[事例4]

(1)　Aは，2021年5月15日，自己の所有する甲土地をBに賃貸した。Bは，甲土地上に乙建物を建築して乙建物の保存登記を行い，その後，Aは，甲土地を第三者Cに譲渡し，甲土地の登記名義をCに移転した。この場合，CとBの法律関係はどうなるか。
(2)　(1)において，Cが甲土地の登記名義を取得した時点で，乙建物は未完成であったが，AとCの売買契約締結に際して，AとCの間で，Cが賃貸人の地位を承継することを前提として，甲土地の売買代金は借地権付の甲土地の市場価格に相当する額とされた。この場合，Cは，Bに対抗要件が備わっていないことを理由として，甲土地の明渡しと未完成建物の収去を求めることができるか。
(3)　(1)において，AとCの間で，A・B間の賃貸借契約における賃貸人の地位をAに留保する旨の特約があった場合に，各当事者の法律関係はどうなるか。
(4)　(1)の賃貸借契約の時点で，BはAに対して敷金50万円を交付していた。甲土地が第三者Cに譲渡された場合，Bは誰に対して，どの時点で，敷金の返還を求めることができるか。
(5)　(1)において，Bは，Cからの賃料支払請求を受けたが，3ヶ月間，土地賃料の支払を遅滞した。CがBの賃料債務不履行を理由として契約を解除しようとしたところ，Bは，Aに交付した敷金額は，賃料3ヶ月分を優に超える額であり，敷金からの充当が可能である以上，信頼関係が破壊されているとはいえないと反論した。Bの反論は正当か。

1　不動産賃貸人の地位の移転

新法は，不動産賃貸人の地位の移転が生ずる場合として，①賃借権の対抗力が認められる結果として，当事者の意思如何に関わらず地位の移転が生ずる場合（605 条の 2 第 1 項）（[事例 3]（1）も参照）と，②旧賃貸人と新賃貸人の合意に基づいて地位の移転が生ずる場合（605 条の 3）があることを明示している。いずれの場合についても，賃借人の承諾は不要であるとされる。[→4]

①の場合，賃借人は対抗力を備えていることが必要であるが，②の場合には，旧賃貸人と新賃貸人の合意の効果によって賃貸借関係が新賃貸人に移転するのであり，賃借人は対抗力を備えている必要はない。

したがって，[事例 4] において，まず，小問(1)の場合，B は 605 条の 2 第 1 項により，C に対して賃借権を対抗することができる。

これに対して，小問(2)においては，B は賃借権の対抗力を備えていないが，この場合にはどうなるか。

旧法下において，判例（最判昭和 43 年 9 月 3 日民集 22 巻 9 号 1817 頁）は，小問(2)と同じく，不動産の譲受人が「時価よりも著しく低廉な，しかも賃借権付評価で取得した土地につき，たまたま Y（＝賃借人）の賃借権が対抗力を欠如していることを発見し」たという事案について，権利濫用法理により不動産譲受人の建物収去・土地明渡請求を否定した原審判決をそのまま維持した。しかし，この法理による場合，賃貸借関係がどうなるのか，不動産の譲受人は賃貸人としての義務を負うのか，敷金返還債務は譲受人に移転するのかどうか等の点が不明のままである。

賃借権が設定されている不動産の売買において，売買代金が賃借権付の価格評価に基づいて定められている場合，契約当事者間において賃借権の負担を伴う不動産の売買契約が締結されたと解釈するのが自然である。旧法の下でも，当事者の合意による賃貸人の地位の承継は可能であり，そのような解釈に従うべきであったと思われるが，新 605 条の 3 の規定は，このような合意の効果として賃貸借関係が移転することを正面から定めるものであり，小問(2)にお

4｜　立法論としては疑問の余地もないとはいえない。たとえば，資金繰りが困難になった賃貸人が賃貸不動産を反社会的勢力に属する不動産業者に売却した場合に，賃借人に契約解除権を認める必要があるように思われる。

いて，Bは対抗力を備えていなくても，A・Cの合意の効果として，Cに賃借人の地位を対抗することができる。

> かりに，このような合意の成立を認めないとどうなるか。CがBの賃借権の対抗を受けないとすれば，Bは旧賃貸人Aに対して，債務不履行責任を問うことができる。なぜなら，AはBに対して使用収益をさせる債務を負っているにもかかわらず，賃借不動産をCに譲渡することにより，その債務の履行不能を生じさせたからである。しかし，AがCとの間で賃借権付の評価価格で目的不動産を売却するのは，このような責任を回避するためであり，その趣旨からすると，上述した賃貸人の地位を譲渡する合意があったと解する必要がある。

2　賃貸人の地位の留保

(1)　賃貸人の地位の留保の意義

この原則の例外となるのが，AとCの間で，賃貸人の地位をAに留保する旨の特約が結ばれた場合である。小問(3)はこの場合に関わる。

605条の2第2項は，①賃貸人の地位を譲渡人に留保する合意をし，かつ，②譲受人と譲渡人との間で賃貸借契約が結ばれたときは，譲渡人Aが引き続き賃貸人となると規定する。もっとも，この場合，CとBの関係を見れば，CとAの賃貸借契約を前提としてAとBの賃貸借契約が存続することになるから，Bはあたかも転借人と同様の地位に立つように見える。

(2)　転貸借関係との相違

しかし，通常の転貸借関係と賃貸人の地位の留保の間では大きな相違がある。これを理解するために，まず，CとAの間で賃貸借契約が成立し，その後，賃借人AがCの承諾を得て，Bとの間で転貸借契約を締結した場合の法律関係を検討する。

転貸借契約は，賃貸借契約の存在を前提とするものであり，賃貸借契約が終了した場合には，転貸借契約の履行も不可能となるから，転貸借契約も履行不能によって消滅すると解されてきた。もっとも，旧法下の判例（大判昭和9年3月7日民集13巻278頁）・通説は，これに例外を認め，A・C間で賃貸借契約を合意解除した場合には，その効果を転借人Bに対抗することができないと解してきた。賃借人Aが自己の意思に基づいて転貸借契約を締結し，賃貸人Cもこれに承諾を与えていたにもかかわらず，適法に成立した転借権を事後的にC・Aの合意によって消滅させることは許されないと解されたからである。もっとも，合意解除の形式を採る場合でも，CがAに対して債務不履行解除が可能であったときには，合意解除による賃借権の消滅をBに対抗することができるとされた（最判昭和62年3月24日判時1258号61頁）。この場合には，債務不履行に基づいて解除権が行使されていればBは転貸借関係を主張できなかったのであるから，合意解除の形式が採られたとしても，Bをとくに保護すべき理由がないからである。

新613条3項は，旧法下のこれらのルールを条文に取り込むものである。すなわち，同項は，賃貸借関係が終了したときには，それを基礎として成立している転貸借関係も終了するという原則を前提として，合意解除の場合には，賃貸借関係の終了を対抗できないが，合意解除の形式を採る場合（たとえば，私法上の和解や裁判上の和解）であっても，債務不履行解除が可能であったときは原則どおりに賃貸借関係の終了を対抗することができるとしている。

では，賃貸人の地位の留保の場合に，不動産の譲受人Cと譲渡人Aの賃貸借関係が終了したときにはどうなるか。この場合には，605条の2第2項後段により，C・A間の賃貸借終了の原因を問わず，したがってまた，CがAの債務不履行に基づいて賃貸借契約を解除したときであっても，CはAの賃貸人の地位を承継し，Bは賃借人の地位をCに当然に対抗することができる。Bは，もともと，対抗力を備えており，605条の2第1項によりCに賃借権を対抗することができる関係にあったのであり，A・C間の内部関係において賃貸人の地位の留保が合意されたことによって，転借人と同等の弱い地位に格下げされる理由はないからである。

以上によれば，小問(3)における賃貸人の地位を留保する特約は有効であり，BはAに対して賃借権を行使することができるにとどまるが，A・C間の賃貸借関係が終了するときは，Cは法律上当然に賃貸人の地位を承継し，Bは賃借権をCに対抗することができる。

3　敷金

622条の2第1項は敷金の定義規定を置き，また，敷金の返還義務についていくつかの規定を整備している。

(1)　敷金返還義務の承継

まず，賃貸人の地位が第三者に移転した場合，旧法の解釈として，敷金返還債務は新賃貸人に承継されると解されてきたが，605条の2第4項は，賃借権の対抗力の結果，賃貸人の地位が移転する場合に，また，605条の3後段は，不動産の譲渡人・譲受人の合意によって賃貸人の地位が移転する場合に，それぞれ，新賃貸人が敷金返還債務を承継する旨を明文で規定している。したがって，小問(4)において，敷金返還義務を負うのは，AではなくCである。

> もっとも，旧賃貸人Aが敷金返還債務を免れるかどうかは議論の余地がありうる。賃貸人の地位の移転は，敷金返還請求権を有する賃借人の承諾なしに生じるものであり，新賃貸人が敷金返還義務を履行することができない場合，賃借人が不利益を受けるおそれがある。605条の2第4項や605条の3後段の趣旨は，賃貸人の地位と敷金返還債務者が同一であることを前提とし，したがって，旧賃貸人は敷金返還債務を免れると解することが自然ではあるが，その当否には疑問も残る。なぜなら，敷金返還請求権の債権者である賃借人の承諾なしに，敷金返還債務について免責的債務引受を認める（472条3項参照）ことに等しい結果となるからである。

(2)　敷金返還請求権の履行期

敷金は，賃借人が負担する可能性のある債務の担保として交付されるものであるから，賃貸借契約が終了する前に返還を請求できないことは，性質上明らかである。しかし，旧法の下で，敷金返還請求権がいつから行使できるかについては争いがあった。判例（最判昭和49年9月2日民集28巻6号1152頁）は，賃借人が目的不動産を明け渡した後に敷金返還請求ができるとしていたのに対して，多数の学説は，賃貸借契約の終了時に敷金返還請求権が発生し，目的物の返還と敷金の返還とは同時履行関係に立つと解してきた。

この点について，新 622 条の 2 第 1 項 1 号は，賃貸物の返還を受けたときに返還義務を履行する必要があるとして，判例の立場を採り入れている。したがって，小問(4)において，B は賃貸借契約が終了し，かつ，甲土地を C に返還してはじめて敷金返還請求権を行使することができる。

(3)　敷金への充当

賃貸人は，賃借人の債務不履行等の場合に，敷金を債務の弁済等に充てる権利を有するが（622 条の 2 第 2 項前段），賃借人の側からこの充当を主張することはできない。これは，賃借人からの相殺を認めることに等しいが，敷金返還請求権の履行期が賃貸物の返還後であることからすると，そのような主張が認められないことは当然といえる。622 条の 2 第 2 項後段は，この趣旨を確認的に規定している。したがって，小問(5)において，賃借人 B の反論は成り立たない。

第16講

請負契約

I　請負契約に関する改正事項の概要

請負契約に関する主要な改正事項として，①報酬請求権（634条），②目的物の契約不適合責任，及び，③破産手続の開始による解除（642条）をあげることができる。①・②については事例に即してII 2以下で詳しく検討し，ここでは，③について略説する。

③は，注文者が破産手続開始決定を受けた場合の請負人又は注文者の破産管財人による解除に関する改正である。旧642条1項では，請負人の解除に限定がなく，仕事が完成した後であっても解除することができることになっていた。しかし，642条1項で請負人の解除が必要とされる理由は，注文者の破産手続開始により，未完成の仕事を続行しても，それに対応する報酬が得られなくなる不利益を回避するためであるから，すでに請負人が仕事を完成した場合には，請負人の債務の履行は終わっており，契約の解除を認める必要がないと考えられる。このため，新642条1項はただし書を追加し，仕事を完成した後は，請負人の解除は認められないとしている。

II　請負人の報酬請求権——仕事の未完成の場合

[事例 1]

(1)　Aは，2021年5月15日，自己の所有する甲土地上の乙建物を取り壊して，新たに丙建物を建築することとし，これらの工事を請負人Bに依頼した。

工事の報酬額は2300万円とされ，その内訳は，乙建物の解体工事に対する報酬が300万円，丙建物の新築工事に対する報酬が2000万円とされた。Bは乙建物の解体工事を終えたが，その後丙建物の建築工事を続行するための資金を調達することができなくなった。このため，AはBとの請負契約を解除した。この場合，Bは乙建物の解体工事に対する報酬の支払を求めることができるか。
(2) (1)において，Bは乙建物の解体工事を終えた後，丙建物の工事を途中まで行っていた。Aが，Bが建築工事を行った未完成の建物（＝丁建前）を引き取って，別の請負人Cに建築工事を続行させて丙建物が完成した場合に，丙建物の所有権は誰に帰属するか。また，Bは丁建前の工事について報酬の支払を求めることができるか。

1　仕事の完成と報酬請求権

請負契約において，請負人は仕事を完成する債務を負っており，報酬は仕事の完成に対して支払われるものであるから，請負人が仕事の完成に向けて，債務の履行として一定の行為を行っていても，仕事が完成しなかったときは，報酬の支払を請求することができないのが原則である。

しかし，旧法下の判例（最判昭和56年2月17日判時996号61頁）は，この原則に対する例外が認められるとし，建築請負契約が建物未完成のまま終了した事案について，以下のとおり判示していた。

> 「建物その他土地の工作物の工事請負契約につき，工事全体が未完成の間に注文者が請負人の債務不履行を理由に右契約を解除する場合において，工事内容が可分であり，しかも当事者が既施工部分の給付に関し利益を有するときは，特段の事情のない限り，既施工部分については契約を解除することができず，ただ未施工部分について契約の一部解除をすることができるにすぎないものと解するのが相当であるところ（大審院昭和6年（オ）第1778号同7年4月30日判決・民集11巻8号780頁参照），原判決及び記録によれば，被上告人は，本件建築請負契約の解除時である昭和46年9月10日現在の訴外Aによる工事出来高が工事全体の49.4パーセント，金額にして691万0590円と主張しているばかりでなく，右既施工部分を引取って工事を続行し，これを完成させたとの事情も窺えるのであるから，かりにそのとおりであるとすれば，本件建築工事は，その内容において可分であり，被上告人は既施工部分の給付について

利益を有していたというべきである。[→1]」

新634条は，このルールを条文に取り込み，請負人が契約で合意された仕事を完成していない場合でも，請負人は一定の要件の下で，注文者が受ける利益の割合に応じた報酬請求権を行使することができるとしている。

2　新634条の定める要件

新634条によれば，仕事が未完成であっても，同条1号ないし2号に該当する場合には，①すでになされた仕事の結果のうち給付が可分であり，かつ，②注文者がその給付によって利益を受けるときには，すでになされた給付の限度で仕事が完成したとみなされ，その部分に対応する報酬請求権が認められる。

634条1号は，注文者の帰責事由なしに仕事の完成が不可能となった場合であり，請負人にも帰責事由がなかった場合及び請負人に帰責事由があった場合の双方を含んでいる。注文者に帰責事由のある完成不能の場合には同号の適用がなく，請負人は536条2項前段の規定に従い報酬全額を請求することができるが（最判昭和52年2月22日民集31巻1号79頁参照[→2]），その場合，同項後段の規定により，請負人が仕事完成債務を免れたことによって利益を得たときは，その利益を注文者に返還する義務を負う。

また，634条2号は，仕事完成前に解除された場合であり，［事例1］のように，注文者が請負人の債務不履行を理由として解除する場合等がその典型例である。

1｜　本判決が先例として引用する大判昭和7年4月30日民集11巻780頁は，注文者が641条の規定に基づいて仕事完成前に契約を解除した事案に係るものである。

2｜　潮見佳男『債権各論Ⅰ』245頁は，この場合，536条2項の直接適用ではなく，「法意に照らして」報酬全額の請求権が認められるとする。これは，請負契約においては，請負人が先履行義務を負い，仕事を完成してはじめて報酬請求権が発生するという有力な考え方を前提とし，注文者の帰責事由ある仕事完成不能の場合本来であれば報酬請求権が発生しないが，その場合にも536条2項の適用を認めるとするものである（山本敬三『民法講義Ⅳ-1』〔有斐閣，2005年〕670頁も参照）。しかし，報酬請求権の発生時期は当事者の合意によって変更することが可能であり，請負人がつねに先履行義務を負うと解する必然性は乏しいように思われる。

なお，注文者が641条の規定によって解除した場合，その効果は同条の規定に従うものであり，634条2号の適用はないと解すべきである。

以上によれば，[事例1]（1)のようなケースでは，請負人Bが引き受けた乙建物の解体工事と，丙建物の新築工事は，それぞれ独立した債務であり，新築工事を行うことができない場合であっても，すでになされた解体工事は可分の給付に当たり，かつ，注文者Aはこれによって乙建物の解体という利益を得ている。したがって，Aが請負契約を解除した場合にも，解体工事部分の仕事は完成したとみなされ，Bは乙建物の解体工事に対する報酬請求権を失うことはない。

これに対して，小問(2)においては，丙建物の工事が途中で中止された場合であり，完成すべき建物が未完成である場合に，給付が可分であるといえるかどうかについて，文言上は疑問も生じる。しかし，旧法の下で，上掲昭和56年最判が，建物工事未完成の事案で既施工部分の契約解除を否定し，既施工部分が可分であり，これを引き取った注文者が利益を得ているとした趣旨，及び，新634条がこの判例を考慮して新設されたことからすると，小問(2)の場合にも，634条前段の要件を充たすと解される。

したがって，634条による一部報酬請求が認められるかどうかの判断については，物理的に給付が可分かどうかではなく，部分的な給付によって注文者が利益を受けるかどうかという観点がより重要である。

小問(2)とは異なり，注文者AがBの行った既施工部分を引き取ることなく，Cに新たに建築工事を行わせた場合には，工事部分が物理的に可分であっても，Aが利益を受けているとはいえないから，Bは一部報酬請求権を行使することができない。

3　工事続行による建物完成

(1)　完成建物の所有権帰属

(a)　未完成建物（丁建前）の所有権帰属

小問(2)において，Aが丁建前を引き取って，Cに建築工事を続行させ，丙建物が完成した場合に，丙建物の所有者となるのは誰か。この問題は，すでに旧法の下でも議論されてきたものであるが，従来の議論と 634 条の関係が問題となることから，ここであわせて検討する。

まず，第三者が工事を続行したことによって完成した建物の所有権帰属を論じる前提として，丁建前の所有者は誰かが問題となる。請負人が契約に基づいて建物を完成した場合に，完成建物の所有権帰属については，従来から，請負人帰属説ないし材料供給者基準説と注文者帰属説の対立が存在した。通常の場合，請負人が自ら材料を供給して建築工事を行うが，その場合には，請負人帰属説と材料供給者基準説は一致する。以下，問題を単純化するために，請負人が材料を供給した場合を想定する。

この場合，判例（大判明治 37 年 6 月 22 日民録 10 輯 861 頁）及び従来の通説は，完成建物はいったん請負人に帰属し，引渡しによって所有権が注文者に移転すると解している。物権法における加工の法理との関係を考えると，加工者と加工の対象となる動産（＝材料）の所有者とが別人であるときは，原則として，材料所有者が加工物の所有権を取得し，例外的に，工作によって生じた価格が材料の価格を著しく超えるとき加工者が加工物の所有権を取得する（246 条 1 項)。そうだとすると，建築工事の場合において，請負人が自ら材料を供給し，かつ，その材料を用いて建物を完成するのであるから，請負人が完成建物の所有権を取得することが自然であるとも思われる。

しかし，近時の有力説である注文者帰属説は，請負契約の趣旨を考慮すると，他人の土地の上に建物を建築する場合，当初から注文者に建物所有権が帰属すると解する方が当事者の合理的意思に合致すると主張している。

当事者間に特約がある場合には，その特約に従って所有権の帰属が決まるとする点では両説において異なるところがないが，特約がない場合には，いずれの考え方を採るかによって，第三者が工事を続行した場合の法律関係も異なってくる。

完成建物について請負人帰属説を採る場合には，未完成建物である丁建前の所有権も請負人 B に帰属し，注文者帰属説を採る場合には，丁建前の所有権も当初から A に帰属すると解される。

> もっとも，丁建前は独立した不動産とはいえないから，丁建前の所有権を独立に観念することはできず，甲土地に付合する動産として甲土地所有権に吸収されるのではないかという疑問が生じうる。しかし，完成建物について請負人の所有権帰属を認める以上，未完成の段階で甲土地への付合が生じると解することは不自然であり，法的な構成としては，242条ただし書の適用により，建前の所有権は請負人に帰属すると見るべきである。

注文者帰属説を採る場合には，丁建前の所有者はAであり，その後にCが丙建物を完成させた場合でも，丙建物の所有者となるのはAである。

これに対して，丁建前の所有権が請負人Bに帰属すると解する場合には，その後の工事続行によってBの所有権がどうなるかをさらに検討する必要がある。以下においては，まず，(b)において請負人帰属説の考え方を前提とする。

(b)　工事完成と加工法理の適用

旧法下の判例（最判昭和54年1月25日民集33巻1号26頁）は，小問(2)に類する事案において，以下のとおり判示した。

> 「建物の建築工事請負人が建築途上において未だ独立の不動産に至らない建前を築造したままの状態で放置していたのに，第三者がこれに材料を供して工事を施し，独立の不動産である建物に仕上げた場合においての右建物の所有権が何びとに帰属するかは，民法243条の規定によるのではなく，むしろ，同法246条2項の規定に基づいて決定すべきものと解する。けだし，このような場合には，動産に動産を単純に附合させるだけでそこに施される工作の価値を無視してもよい場合とは異なり，右建物の建築のように，材料に対して施される工作が特段の価値を有し，仕上げられた建物の価格が原材料のそれよりも相当程度増加するような場合には，むしろ民法の加工の規定に基づいて所有権の帰属を決定するのが相当であるからである。」

小問(2)の事例に即していえば，Bが丁建前の所有者であっても，Aとの契約に基づいてCが工事を続行して丙建物を完成させた場合，丙建物の所有者がBであるか，Cであるかは，246条2項の規定に基づいて決まることになる。上掲昭和54年最判の事案では，Bが工事を行った丁建前部分の価格と，Cが提供した材料及び建築工事を合わせた価格を比較すると，後者の価格が前者の価格を大きく上回るものであり，したがって完成した建物は本来Cの所有に帰するものであるが，この判決の事案では，A・C間において完成建物の所有権はAに帰属するという特約が存在したことから，Aが完成建物の所有者とされた。

では，Bが加工の法理によって丁建前の所有権を失う場合に，Bは何らの救済も受けないことになるのか。ここで，248条の償金請求権を考慮する必要がある。すなわち，同条によれば，246条の加工の法理によってBが丁建前の所有権を失ったときは，丁建前の所有権を取得したAに対して，不当利得の一般規定（703条，704条）に従って，その償金を請求することができる。246条は所有権の帰属を物権的に定めるものにすぎず，Aが丁建前の所有権を取得する法律上の原因となるわけではない。248条は，この趣旨を明らかにするものである。

(c)　丁建前の所有権が注文者に帰属すると解する場合

では，注文者帰属説に立つ場合，あるいは当事者の特約により丁建前の所有権が注文者Aに帰属する場合に，Bが行った丁建前の工事部分について，BはAに対してどのような権利を行使することができるか。

Aがその後第三者Cに工事を行わせて丙建物を完成させた場合にも，A・B間において加工の法理の適用はない。246条2項は，もともとBが丁建前（原材料）を所有していたところ，加工者（c）が同項の適用によって加工物の所有権を取得する場合に関する規定であり，Bが丁建前の所有権を有していない以上，その適用の前提を欠くからである。したがって，248条の適用もなく，Bは償金請求権を行使することもできない。

しかし，この場合，Aが，Bが工事を行った丁建前を利用して丙建物を完成させているのであるから，Bは634条の規定に従って丁建前の工事部分に相当する一部報酬請求権を行使することができる。

(2)　加工法理適用への疑問と634条による解決

学説も，判例の立場を前提とする限り，上掲昭和54年最判を支持しているといえるが，私見によれば，加工法理の適用には疑問の余地があると思われる。すなわち，小問(2)において，昭和54年最判の事案とは異なり，丁建前の工事が相当程度進んでおり，丁建前の価格が，その後にCが供給した材料と工事の価格を上回る場合には，246条2項を適用すると，Bが完成した丙建物の所有者となり，Cが248条の償金請求権を行使することになる。Cが丙建物の所有権を取得する場合には，Bは償金請求権を行使することによって実質的には一部報酬請求権を行使することができるのと等しい結果を導くことができるが，Bが丙建物の所有権を取得する場合には，土地の利用権原を有しないBにとって丙建物の所有権を取得することに意味がないだけでなく，Cに対して償金支払義務を負うという負担が生じることになる。

この点を考慮し，かつ，634条が請負人の一部報酬請求権を認めていることからすると，未完成建物が他の請負人による工事続行によって完成した場合，丁建前の所有権が当初の請負人に帰属していた場合であっても，注文者が丁建前を引き取り，請負人がこれを承諾する場合，その時点で合意の効果として丁建前の所有権はAに移転し，Bは，もっぱら634条の規定に従って一部報酬請求権を行使することができるにとどまると解するべきではないか。

これによれば，丁建前の帰属について請負人帰属説を採る場合，注文者帰属説を採る場合のいずれであっても，丁建前の工事を行ったBの有する報酬請求権の根拠となるのは634条であることには変わりがないことになる。

上述したとおり，(2)で述べた加工法理の適用に対する疑問は私見にとどまるものであるが，加工法理の適用を認める場合，248条の償金請求権と634条による一部報酬請求権との関係がどうなるかという問題が残る。注文者Aが，請負人Bが工事を行ってきた丁建前を「引き取る」のは，単に事実的な行為ではなく，Aが丁建前の利益を受領する合意があると見るべきであり，加工法理の適用はこの合意の趣旨を十分に考慮していないように思われる。また，丁建前の工事がB自身ではなく，Bの下請負人Cによって行われていた場合に，Cが丁建前の所有権を主張できるか，A・B間において完成建物や丁建前の所有権帰属に関する特約があった場合，その特約の効力がCに及ぶか，Cは完成建物の所有権を取得するAに対して248条の償金請求権や703条，704条に基づく不当利得返還請求権（いわゆる転用物訴権）を行使できるか等の問題が議論されてきた。[→3] 私見によれば，この場合にも，CはBの履行補助者であり，Aが丁建前を利用して丙建物を完成させた場合，Bに対して一部報酬支払義務を負うことを前提として各当事者間の権利義務関係を考慮すべきであると考えているが，請負契約の改正を超える問題であり，詳細については割愛する。

Ⅲ　目的物の契約不適合に対する請負人の責任

[事例2]

> Aは，2021年5月15日，自己の所有する甲土地上に乙建物を新築することとし，その工事を請負人Bに依頼した。Aは遮音性を重視し，壁材として遮音性のとくに高い丙を利用することとし，Bもこれを了承したが，Bは，工事開始後，建築費用を抑えるため，丙に代えて壁材丁を利用した。丁は，一般的な基準によれば十分な遮音性を備えていたが，丙に比べると遮音性は劣るものであった。
> (1)　Aが，乙建物の工事中に，丙ではなく丁が用いられていることを発見した場合，AはBに対して，どのような根拠に基づいて，どのような請求をすることができるか。
> (2)　Aが，乙建物の引渡しを受けた後に，丙ではなく丁が用いられていることを発見した場合，AはBに対して，どのような根拠に基づいて，どのような請求をすることができるか。

1　はじめに

旧法の下で，請負契約には請負人の瑕疵担保責任に関する固有の規定が置かれ，多くの点で売買における瑕疵担保責任とは異なる内容となっていた。たとえば，修補請求権について，売買には規定がなかったが，請負については明文

3｜　問題状況について，山本敬三『民法講義Ⅳ-1』（有斐閣，2005年）663頁以下，転用物訴権について潮見佳男『債権各論Ⅰ』369頁以下参照。

の規定が置かれていたほか（旧634条1項），建物等の土地の工作物については，その完成後は契約目的達成不能の場合でも契約の解除ができないとされていた（旧635条ただし書）。また，担保責任の権利行使期間については，売買とは異なり，引渡し時を起算点とし，目的物の性質に応じて，担保責任の存続期間を区別していた（旧637条以下）。

新法は，基本的には，売買における目的物の契約不適合責任の規定が559条を介して，請負における目的物の契約不適合についても適用されることを前提として，若干の規定を置くにとどめており，一見すると，問題は単純化されたように見える。しかし，請負と売買の間でルールを同一に考えてよいかどうかという問題も残されている。

2　債務不履行ないし目的物の契約不適合の判断

まず，請負人が製作する目的物について，債務不履行責任や目的物の契約不適合責任を問題とする前提として，どのような場合に，当該目的物が契約に適合しないといえるのかが問題となる。この点は，売買における目的物の契約不適合責任について，旧法における目的物の瑕疵に当たるかどうかという判断基準が，新法の下では契約適合性の判断基準として意味を持つのと同様，請負契約においても，旧法における判例・学説の解釈が維持されることになる。

たとえば，最判平成15年10月10日判時1840号18頁は，契約当事者が，阪神淡路大震災後であったこともあり，耐震性を高めるため太い鉄骨を用いることを合意していたにもかかわらず，請負人が構造上安全であることを理由に，注文者の了解を得ないまま，約定されたものより細い鉄骨に変更したという事案において，原審が，約定と異なる鉄骨を用いた点で契約違反はあるが，居住用建物としての安全性に問題はなく，瑕疵があるとはいえないとしたのに対して，これを破棄して，以下のように判示した。瑕疵の存否に関するこの判断は，新法の下で債務不履行や契約不適合の判断の場面で維持されることになる。

> 「本件請負契約においては，上告人及び被上告人間で，本件建物の耐震性を高め，耐震性の面でより安全性の高い建物にするため，南棟の主柱につき断面の

寸法300 mm×300 mmの鉄骨を使用することが，特に約定され，これが契約の重要な内容になっていたものというべきである。そうすると，この約定に違反して，同250 mm×250 mmの鉄骨を使用して施工された南棟の主柱の工事には，瑕疵があるものというべきである。これと異なる原審の判断には，判決に影響を及ぼすことが明らかな法令の違反がある。」

したがって，［事例2］においても，壁材丁が一般的な基準によれば十分な遮音性能を備えているとしても，A・Bの間で合意されていた目的物の品質に適合するとはいえず，Bが約定に反して丙よりも品質の劣る丁を用いる場合，Bは，債務不履行責任ないし契約目的物の不適合責任を負うことになる。また，これらのうちいずれの責任が問題となるかは，売買におけると同様に，目的物の引渡しがあったかどうかによる。

3　引渡し前に契約不適合が発見された場合

［事例2］(1)においては，目的物の引渡しがなされる前に，Bが契約上合意された壁材丙を用いていないことが発見されているが，この場合，562条の準用はなく，債務不履行の一般原則が適用されるから，Aは，債務の本旨に従った壁材を用いるようにBに求めることができる。もっとも，丁を使用していることが判明した時点では履行期が到来しておらず，Bがこれに応じて履行期に本旨に従った履行をする限り，債務不履行に基づく損害賠償請求や解除は認められない。

しかし，Bが壁材の取替えを拒絶する意思を明確に表示する場合には，Aは，542条1項3号の要件を充たしていれば，履行期到来前であっても契約を解除することができる。

4　引渡し後に契約不適合が発見された場合

小問(2)においては，乙建物が一応完成し，すでに引渡しがなされていることから，559条によって562条以下の規定が準用される。以下，その具体的内容を検討する。

(1) 修補請求と修補に代わる損害賠償請求

(a) 履行の追完請求

請負の場合，代替物の引渡しは通常問題とならず，[4] 履行の追完請求として最も重要であるのは目的物の修補請求であるが，この点に関し，旧634条1項ただし書は，瑕疵が重要でない場合において，修補に過分の費用を要するときは，修補請求ができないとしていた。しかし，改正によりこの規定は削除されている。同様の趣旨は，412条の2第1項の履行不能の解釈として認められると解されているが，[5] より具体的なルールを削除する必要があったかどうかは疑問がないとはいえない。もっとも，この点に関して，旧634条1項ただし書を反対解釈すると，瑕疵が重要である場合には修補に過分の費用を要する場合でも，注文者の修補請求が認められることになり，その点を考慮して，この規定が削除されたとの説明もなされている。[6] しかし，修補請求が履行不能に当たると解される場合には，一般原則に従って修補請求が認められないとする解釈は，すでに旧法の下でも認められてきたものであり，ただし書を形式的に反対解釈すること自体を否定することができたのであるから，目的物の契約不適合が軽微である場合の例外規定を維持する方が透明性の高いルールであったように思われる。

また，旧634条2項は，修補請求ができる場合にも，ただちに修補に代わる損害賠償請求ができるとしていた。注文者は，これにより，瑕疵ある目的物を完成させた請負人ではなく，第三者に修補を行わせ，それに要する費用を損害賠償として請求することができた。これが新法の下で同様に解釈されるかど

4｜ もっとも，請負人が動産の製作・引渡義務を負う場合に，引き渡された動産が契約内容に適合せず，その修補が不可能であるとき，あるいは，建物の建築請負契約において，建物が引き渡されたが，その構造部分に根本的な欠陥があり，建物を取り壊して新たに建物を建築する必要があるときには，再度の履行を請求することもありうる。

5｜ 潮見佳男『改正法の概要』314頁参照。

6｜ 筒井健夫他編著『一問一答』340頁参照。

うか，規定上は必ずしも明らかではない。

新法は，563条の代金減額請求権について，履行の追完が可能である限り，まず履行の追完を求める必要があるとしているが，潮見佳男『債権各論Ⅰ』251頁は，追完に代わる損害賠償請求をする場合にも，追完請求権の優位性を認めて，注文者はまず追完請求をするべきであるとする。売買についても，損害賠償請求との関係で追完請求権の優位性を認めるべきかどうか異論の余地があるが，とりわけ請負契約においては，目的物は請負人自身が完成させたものであり，その請負人に対して不信感を抱く注文者にとっては，請負人に対して修補請求をすることなく，第三者に修補を行わせ，それに要する費用を請負人に請求できるとする方が合理的ではないかと思われる。私見によれば，少なくとも請負契約については，追完請求権の優位性を否定して，旧634条2項と同じく，ただちに修補費用の支払請求をすることができると解すべきである。

（b）　修補費用の損害賠償請求

上述のとおり，旧634条2項は修補請求に代えて損害賠償請求ができると規定していたが，旧法下では，請負人の瑕疵担保責任は無過失責任であると解されていたから，損害賠償請求は請負人に帰責事由がない場合でも可能であった。

これに対して，新法は，損害賠償請求についてはつねに債務者の帰責事由が必要であると解しており（564条による415条の準用），請負人に帰責事由がない場合には損害賠償請求ができないことになる。請負契約の場合，請負人は自ら仕事を完成する債務を負っているのであるから，目的物の契約不適合がある場合には，原則として請負人に帰責事由があるといえるが，例外的に，請負人に帰責事由がない契約不適合の場合（たとえば，請負人が用いた建築資材が不良品であり，請負人がこれをおよそ発見することができないまま使用した場合等[→7]）にどう考えるべきか。

7｜　もっとも，完成品が契約不適合である以上，請負人に帰責事由が認められると解する余地はあるが，この点は，帰責事由の有無をどのような基準に従って行うかという問題であり，議論が分かれる可能性がある。

新法の下では損害賠償請求として修補費用の支払を求めることはできないように見える。しかし，ここで，修補費用の支払請求が損害賠償請求の問題であるかどうかをあらためて考える必要がある。すなわち，本来であれば，追完請求に応じる必要のある請負人は追完をする債務を負っており，その履行費用についても自ら負担する必要がある（485条参照）。そうすると，請負人Bが負担するべき費用を注文者が代わって負担したときには，履行費用を立て替えたのであり，Bの帰責事由を問わず，その立替費用の支払をBに求めることができると解する余地がある。

上述のとおり，旧法では損害賠償請求と考えてもとくに相違が生じなかった問題であるが，新法の下では，修補費用の支払を損害賠償請求として位置づけることの適否を再検討するべきではないかと考える。[→8]

(c) 修補請求と報酬支払請求との関係

小問(2)において，契約に適合しない目的物を引き渡したBが報酬請求をした場合に，Aがこれに応ずる必要があるか。

この問題に関して，旧634条2項後段は旧533条の規定を準用し，修補請求についても修補に代わる損害賠償請求についても，同時履行の抗弁を主張することができる旨を規定していた。しかし，新533条は，「債務の履行に代わる損害賠償の債務の履行を含む」とする括弧書を挿入し，これに伴って，旧634条2項後段の規定は不要となるとして削除された。

この点に関して，まず，旧634条2項後段による旧533条の準用がどのような意味を有していたかを考える必要がある。請負人は，特約がある場合を除いて，契約に適合した目的物の履行の提供をしてはじめて報酬支払請求ができるのであるから（633条），修補を要する目的物を引き渡しても，いまだ債務の本旨に従った履行の提供をしていない以上，報酬の支払を求めることができず，

8｜ 売買における目的物の契約不適合の場合にも，修補費用の支払請求の根拠について同様の問題がある。この点について，**第14講**277頁以下参照。

目的物の修補を先履行として行う必要がある。注文者Aは目的物の契約不適合を理由として報酬の支払請求を拒絶することができるが，請負人Bは，報酬の履行の提供があるまで修補請求を拒絶すると主張することはできないのであり，したがって，本来の意味での双方的な同時履行関係にあるとはいえない。

旧法下の判例・通説は，この趣旨を修補請求の場合にとどまらず，修補に代わる損害賠償請求についても及ぼし，注文者は，請負人に対する損害賠償請求が履行されるまで報酬全額について支払請求を拒絶することができるとし（最判平成9年2月14日民集51巻2号337頁），ただ，注文者からの相殺は可能であるとしていた。

すなわち，旧634条2項後段による旧533条の準用は，本来の意味での同時履行の抗弁とは異なり，注文者が請負人に対して先履行の抗弁を主張できるものとして，いわば片面的な履行拒絶権として解釈されてきたといえる。この理解を前提とすると，新法において，旧634条2項を削除して，新533条の適用の問題として位置づける場合にも，請負契約における「同時履行」の意味については，旧法における解釈を維持するべきであると考えられる。

もっとも，ごく最近に現れた最判令和2年9月11日民集74巻6号1693頁は，旧法下の事案で，請負人が注文者を被告として報酬支払請求の本訴を提起し，注文者が請負人を被告として増築工事の瑕疵を理由として損害賠償請求を求める反訴を提起した事件において，瑕疵修補に代わる損害賠償請求権は「実質的，経済的には，請負代金を減額し，請負契約の当事者が相互に負う義務につきその間に等価関係をもたらす機能を有するものである」とし，「請負契約に基づく請負代金債権と同契約の目的物の瑕疵修補に代わる損害賠償債権の一方を本訴請求債権とし，他方を反訴請求債権とする本訴及び反訴が係属中に，本訴原告が，反訴において，上記本訴請求債権を自働債権とし，上記反訴請求債権を受働債権とする相殺の抗弁を主張することは許されると解するのが相当である。」と判示している。請負人からの相殺の主張を認めると，注文者が有する同時履行の抗弁の意義は乏しくなるが，令和2年最判と上掲平成9年最判の関係をどのように理解するか，今後の検討が必要である。

(2)　報酬減額請求権と損害賠償請求

559条により563条が準用される結果，注文者AはBに対して，履行の追完請求をした後，あるいは履行の追完請求が不能である等の場合はただちに，報酬減額請求権を行使することができる。もっとも，売買とは異なり，目的物に契約不適合がある場合，請負人には帰責事由があると考えられることから，注文者は，564条の規定に従い，報酬減額請求権よりも有利である債務不履行に基づく損害賠償請求をすることになると考えられる。

(3) 契約の解除

旧635条ただし書は，上述したとおり，建物その他の土地の工作物については，たとえ契約目的が達成できない場合であっても，解除できないとしていた。これは，一定の効用のある建物の収去を認めることが国民経済的な損失となること，また，請負人に過大な負担となることを考慮したものであるが，注文者に不利益を強いることになるだけでなく，建物の効用が乏しい場合にも解除を認めないとすることには疑問があった。すでに旧法の下でも，最判平成14年9月24日判時1801号77頁は以下のように判示して，建物の建替えに要する損害賠償請求を認めていたが，これは，実質的には解除を肯定するに等しい効果を認めるものといえた。

> 「請負契約の目的物が建物その他土地の工作物である場合に，目的物の瑕疵により契約の目的を達成することができないからといって契約の解除を認めるときは，何らかの利用価値があっても請負人は土地からその工作物を除去しなければならず，請負人にとって過酷で，かつ，社会経済的な損失も大きいことから，民法635条は，そのただし書において，建物その他土地の工作物を目的とする請負契約については目的物の瑕疵によって契約を解除することができないとした。しかし，請負人が建築した建物に重大な瑕疵があって建て替えるほかはない場合に，当該建物を収去することは社会経済的に大きな損失をもたらすものではなく，また，そのような建物を建て替えてこれに要する費用を請負人に負担させることは，契約の履行責任に応じた損害賠償責任を負担させるものであって，請負人にとって過酷であるともいえないのであるから，建て替えに要する費用相当額の損害賠償請求をすることを認めても，同条ただし書の規定の趣旨に反するものとはいえない。したがって，建築請負の仕事の目的物である建物に重大な瑕疵があるためにこれを建て替えざるを得ない場合には，注文者は，請負人に対し，建物の建て替えに要する費用相当額を損害としてその賠償を請求することができるというべきである。」

新法は，旧635条ただし書を削除することとしたが，その場合，同条本文の規定も不要となる。なぜなら，本文の規定は解除の一般原則を規定するものにほかならないと考えられるからである。これに従い，請負においては，解除の要件に関する規定は置かれず，559条及び564条の規定を通じて，541条ないし542条の規定に従って解除ができるかどうかが判断されることになる。

小問(2)において，Bが丙の壁材への取替えに応じない場合に，Aが契約を解除できるかどうかは，丙と丁の壁材の相違が，541条ただし書の軽微な不履行に当たるか，あるいは，542条1項3号の契約目的達成不能に当たるかどうかによることになる。

(4)　目的物の契約不適合責任を問うことができない場合

新636条は，旧636条の趣旨を目的物の契約不適合に合わせて修正したものであるが，規定の体裁としては分かりにくい。新636条は，上述したとおり，注文者は，559条を通じて，562条〜564条の規定に基づいて権利行使ができることを前提として，例外的に，その不適合の原因が，注文者の供した材料にあるとき，又は注文者の与えた指図にあるときに，これらの権利行使が原則として排除されること，及び，さらにその例外として，請負人が材料や指図が不適当であることを知りながら告げなかった場合に，権利行使が可能であることを規定するものである。

ところが，これを受けた新637条（内容については後述）は，「前条本文に規定する場合において」としており，文言をそのまま読めば，履行の追完請求等ができない場合という意味になりそうである。しかし，637条は，本来可能である権利行使について一定の期間内に通知する必要があることを定めるものであるから，「前条本文に規定する場合において」という文言は，新636条の規定する内容というよりも，同条で前提とされている権利行使が可能な場合という意味で理解する必要がある。

［事例2］においては，636条の規定によって契約不適合責任の追及ができないとすることは考えられないが，たとえば，壁材丙を用いることが，建物自体の安全性を低下させることになる場合に，Aが丙を用いるようにBに指示

したときは，原則として，Aは丙の壁材を原因とする乙建物の契約不適合責任を問うことができないが，その場合であっても，Bが丙を用いることが乙建物の安全性を低下させることを知りながらこれをAに告げなかったときは，AはBに対して契約不適合責任を問うことができる。

(5) 契約不適合の通知に関する期間制限

上述した新637条1項は，注文者が目的物の契約不適合を理由として請負人に対してその責任を追及することができる場合に，注文者が契約不適合を知った時から1年以内に請負人に対してその旨を通知する必要があり，これを怠ったときは，契約不適合による責任を追及することができないとする。また，同条2項は，請負人が契約不適合について悪意であるか，知らないことについて重大な過失があるときは通知に関する短期の期間制限が適用されないとするものである。

この規定内容は，売買における566条の規定に一致し，単純に559条によって566条が準用されれば足りるとも思える。しかし，566条は目的物の引渡しを前提とするものであるが，637条2項は，仕事の目的物の引渡しが不要な場合について，仕事が終了した後に，注文者が契約不適合を知った時にも適用があることから，566条とは別個に規定を置いたものと解される。

このように，通知期間の起算点が引渡しないし仕事終了の時点とされたことに伴い，旧法では目的物の性質に応じて区別していた担保責任の期間制限に関する旧637条〜639条は削除された。637条の定める期間制限は通知に関するものであり，期間内に通知がなされた場合に，注文者の契約不適合責任に基づく権利行使期間は一般原則に従うことは売買における566条の場合と同様である（**第14講**281頁以下参照）。

もっとも，請負契約においては，請負人が自ら目的物を製作し，あるいは仕事を完成するのであるから，637条2項の規定に該当する場合が少なくない。[事例2]（2)においても，Bは，約定に反することを知りながら丁を用いているのであるから，637条1項の適用は排除されることになる。

判例索引

事項索引

あ行

か行

さ行

た行

な行

は行

ま行

や行・ら行

著者紹介

磯村 保（いそむら・たもつ）

略歴

1951 年 12 月　京都に生まれる
1974 年 3 月　京都大学法学部卒業
1974 年 4 月　神戸大学法学部助手
1977 年 4 月　同助教授
1987 年 4 月　同教授
2012 年 4 月　早稲田大学大学院法務研究科教授（現在に至る）

主要著書

『民法トライアル教室』（共著，有斐閣，1999 年）
『民法Ⅳ——債権各論〔第 4 版〕』
（有斐閣 S シリーズ）（共著，有斐閣，2019 年）

事例でおさえる民法 改正債権法

2021 年 7 月 30 日　初版第 1 刷発行

著　者　磯村　保
発行者　江草貞治
発行所　株式会社有斐閣
〒 101-0051
東京都千代田区神田神保町 2-17
電話　03-3264-1314（編集）
03-3265-6811（営業）
http://www.yuhikaku.co.jp/
印刷　株式会社理想社
製本　大口製本印刷株式会社

ISBN 978-4-641-13850-6